Bei der Arbeit mit Schaubildern

- Das Schaubild stellt … dar.
- Die Kreise / Rechtecke stehen für …
- Die Pfeile beschreiben die Beziehung zwischen …
- Die Zeichnung stellt die Verbindungen zwischen … dar.

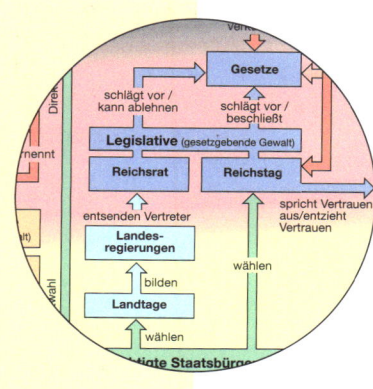

Bei der Arbeit mit Diagrammen und Grafiken

- Es handelt sich um ein …
  (Säulendiagramm / Kreisdiagramm / …).
- Die Überschrift lautet …
- Die Stäbe zeigen …
- Die Länge der Säulen stellen … dar.
- Es ist Folgendes festzustellen: …
- Die Entwicklung hat …
  (zugenommen / abgenommen / ist etwa gleich geblieben / …).
- Das … erläutert Zusammenhänge zwischen …

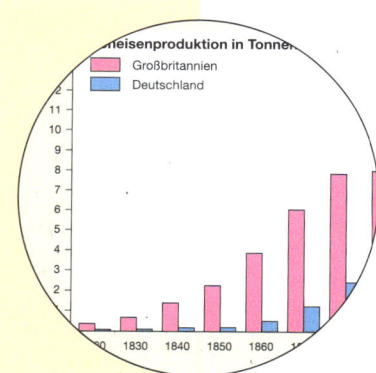

Bei der Arbeit mit Tabellen

- Der Titel der Tabelle lautet: …
- Die Tabelle stellt … dar.
- Die Zeilen zeigen …
- Die Spalten zeigen …
- Es ist zu erkennen, dass im Jahr …
- Insgesamt ist festzustellen, dass …
- Die Angaben erklären / verdeutlichen …

Durchblick 2
Rheinland-Pfalz

Geschichte

Moderator:
Ralf Tieke

Autorinnen und Autoren:
Jutta Brenneke
Uwe Hofemeister
Martin Lücke
Jürgen Oltmanns-Seebeck
Ralf Tieke
Carmen Weiß

westermann

Durchblick 2
Rheinland-Pfalz
Geschichte

Mit Beiträgen von
Annette Adam, Matthias Bahr, Frank Gerstenberg,
Martin Griepentrog, Harald Kontofski, Christiane Rein,
Gabriele Reißmann, Renate Teepe, Uta Usener

unter Mitarbeit der Verlagsredaktion

© 2010 Bildungshaus Schulbuchverlage
Westermann Schroedel Diesterweg Schöningh Winklers GmbH,
Braunschweig

www.westermann.de

Das Werk und seine Teile sind urheberrechtlich geschützt. Jede Nutzung in anderen als den gesetzlich zugelassenen Fällen bedarf der vorherigen schriftlichen Einwilligung des Verlages.
Hinweis zu § 52a UrhG: Weder das Werk noch seine Teile dürfen ohne eine solche Einwilligung gescannt und in ein Netzwerk gestellt werden. Dies gilt auch für Intranets von Schulen und sonstigen Bildungseinrichtungen.
Auf verschiedenen Seiten dieses Buches befinden sich Verweise (Links) auf Internet-Adressen. Haftungshinweis: Trotz sorgfältiger inhaltlicher Kontrolle wird die Haftung für die Inhalte der externen Seiten ausgeschlossen. Für den Inhalt dieser externen Seiten sind ausschließlich deren Betreiber verantwortlich. Sollten Sie bei dem angegebenen Inhalt des Anbieters dieser Seite auf kostenpflichtige, illegale oder anstößige Inhalte treffen, so bedauern wir dies ausdrücklich und bitten Sie, uns umgehend per E-Mail davon in Kenntnis zu setzen, damit beim Nachdruck der Verweis gelöscht wird.

Druck A^4 / Jahr 2014
Alle Drucke der Serie A sind im Unterricht parallel verwendbar.

Herstellung: Andreas Losse
Layout und Umschlaggestaltung: Dietrich Otto, Braunschweig
Satz: AndersARTig Werbung & Verlag GmbH, Braunschweig
Druck und Bindung: westermann druck GmbH, Braunschweig

ISBN 978-3-14-**110719**-7

Liebe Schülerinnen und Schüler,

vor euch liegt euer neues Geschichtbuch „Durchblick", das euch zu einer Entdeckungsreise in die Vergangenheit einladen will. Hierbei könnt ihr jede Menge interessante und spannende Dinge erfahren.

In eurem neuen Buch findet ihr viele Hinweiszeichen. Sie sollen euch helfen, euch im Buch zurechtzufinden.

Im i-Kasten werden euch schwierige Begriffe erklärt oder ihr erhaltet zusätzliche Informationen. So könnt ihr die beschriebenen Themen besser verstehen.

Wörter im Text, die ihr nicht versteht, müsst ihr nachschlagen. In vielen Fällen findet ihr dazu eine Erklärung im Minilexikon auf den Seiten 166–173.

M Der Buchstabe M bezeichnet alle Materialien, die den Text ergänzen. Material kann ein Bild, eine Karte, ein Diagramm, eine Zeichnung oder eine Textquelle sein.

> Alle Textquellen sind blau hinterlegt. Hier findet ihr alte Schriftstücke, Urkunden, Zeitungstexte, Briefe oder Berichte.

+ In den Arbeitsaufträgen findet ihr hin und wieder zwei Sonderzeichen. Das Plus zeigt euch, dass es sich hier um eine etwas schwierigere Aufgabe handelt.

↗ Der Pfeil gibt an, dass diese Aufgabe nicht allein mit den Materialien der Seite gelöst werden kann. Hier müsst ihr selbst Dinge erforschen und zusätzliche Materialien nutzen.

Der Schlüssel steht auf den „Gewusst wie"-Seiten. Hier wird euch gezeigt, mit welchen Methoden oder Arbeitsweisen ihr bestimmte Aufgaben am besten lösen könnt.

Die Lupe kennzeichnet Seiten, auf denen ein ausgewähltes Thema ausführlicher vorgestellt wird. Dieses Thema könnt ihr hier wie in einer Zeitlupe ganz genau untersuchen.

Die Glühlampe findet ihr auf der vorletzten Doppelseite eines Kapitels. Hier könnt ihr noch einmal selbstständig wiederholen und üben, was ihr in diesem Kapitel gelernt habt.

Die Waage zeigt an, dass euer Urteil gefragt ist. Hier erfahrt ihr an Beispielen, dass alles, was ihr in Geschichte lernt, euch dabei hilft, Vergangenes und Gegenwärtiges besser in einen Zusammenhang einzuordnen und zu verstehen.

Einige Seiten und Absätze sind mit einem Stern gekennzeichnet. Hier findet ihr Themen, die nicht alle von euch bearbeiten müssen (nur für den Realschulbildungsgang).

Inhalt

Einigkeit und Recht und Freiheit — 6

Wiederherstellung der alten Ordnung 8
Gewusst wie: Karikaturen auswerten 10
Wiederherstellung der alten Ordnung 11
Vorboten der Revolution 12
Die Revolution von 1848/49 14
Genau betrachtet: Mit Barrikaden für die Freiheit kämpfen 18
Das erste deutsche Parlament 20
Die Revolution scheitert 22
Wissen und können: Einigkeit und Recht und Freiheit 24
Erklären und beurteilen: Einigkeit und Recht und Freiheit 26

Das deutsche Kaiserreich — 28

Deutschland nach der Revolution 30
Das Deutsche Reich wird gegründet 32
★ Das deutsche Kaiserreich 34
Gewusst wie: Präsentationen vorbereiten 35
Die Innenpolitik im Kaiserreich 36
Die Gründerjahre 38
Die Gesellschaft im Kaiserreich 40
★ Kaiser, Soldaten, Untertanen 42
Genau betrachtet: Das Deutsche Reich – ein Kasernenhof 44
Wissen und können: Das deutsche Kaiserreich 46
Erklären und beurteilen: Das deutsche Kaiserreich 48

Die Industrielle Revolution — 50

Maschinen verändern das Leben 52
★ Die erste Industrienation 54
Die Textilproduktion im Umbruch 56
Gewusst wie: Ein Museum besuchen 57
Industrialisierung in Deutschland 58
Gewusst wie: Ein Diagramm erstellen 63
Leben in der Stadt 64
Genau betrachtet: Die Stadt im 19. und 20. Jahrhundert 66
Industrialisierung und Umwelt 68
Lebensbedingungen der Arbeiter 70
Die Arbeiterfrauen 72
Genau betrachtet: Kinderarbeit im 19. Jahrhundert 74
Gegensätze in der Gesellschaft 76
Arbeiter fordern Rechte 78
Wer löst die „Soziale Frage"? 80
Wissen und können: Die Industrielle Revolution 84
Erklären und beurteilen: Die Industrielle Revolution 86

Imperialismus und Erster Weltkrieg — 88

Das Zeitalter des Imperialismus 90

- ★ Die britische Kolonie Indien 92
- 🗝 **Gewusst wie:** Arbeit mit Karten 93
- ★ Kolonien der Europäer 94
- Kolonialmacht Deutschland 96
- 🔍 **Genau betrachtet:** Die Wahrnehmung der Kolonien 98
- Deutsche Außenpolitik im Wandel 100
- Der Weg in den Ersten Weltkrieg 102
- Der Erste Weltkrieg 104
- Kriegsalltag in der Heimat 108
- 🔍 **Genau betrachtet:** Verdun – Schauplatz der Unmenschlichkeit 110
- 🔎 **Wissen und können:** Imperialismus und Erster Weltkrieg 112
- 📖 **Erklären und beurteilen:** Imperialismus und Erster Weltkrieg 114

Die neuen Weltmächte   116

- Die USA auf dem Weg zur Weltmacht 118
- Der Kriegseintritt der USA 120
- 🔍 **Genau betrachtet:** Die USA als Weltmacht 122
- Russland – das Reich des Zaren 124
- Die Oktoberrevolution 126
- Die Sowjetunion unter Josef Stalin 128
- ★ Die Kollektivierung 130
- 🗝 **Gewusst wie:** Propagandaplakate analysieren 131
- Die Weltmacht Sowjetunion 132
- 🔎 **Wissen und können:** Die neuen Weltmächte 134
- 📖 **Erklären und beurteilen:** Die neuen Weltmächte 136

Die Weimarer Republik   138

- Die Novemberrevolution 1918 140
- Die Neuordnung Europas 142
- Die Weimarer Verfassung von 1919 144
- Das Krisenjahr 1923 146
- ★ Die neue deutsche Außenpolitik 148
- ★ Jahre des Aufschwungs 150
- 🗝 **Gewusst wie:** Ein Bild auswerten 151
- 🔍 **Genau betrachtet:** Ein Blick in den Wohnalltag 152
- Die Weltwirtschaftskrise von 1929 154
- Demokratie in der Krise 156
- Das Ende der Demokratie 160
- 🔎 **Wissen und können:** Die Weimarer Republik 162
- 📖 **Erklären und beurteilen:** Die Weimarer Republik 164

Anhang   166

- Minilexikon 166
- Textquellenverzeichnis 174
- Bildnachweis 176

Einigkeit und Recht und Freiheit

Barrikadenkämpfe in Berlin im März 1848.

Oben: Feierlicher Einzug der Abgeordneten in die Frankfurter Paulskirche am 30. März 1848.

Wiederherstellung der alten Ordnung

> **ℹ Restauration**
>
> Nach der endgültigen Niederlage Napoleons hatten die Fürsten Europas das Ziel, die alten Verhältnisse wiederherzustellen (zu restaurieren). Die Vorrechte des Adels und die absolute Monarchie sollten wieder eingeführt werden. Eine völlige Aufhebung von Napoleons Reformen war allerdings nicht mehr möglich. Da die Fürsten einige ihrer Ziele auf dem Wiener Kongress erreichten, nennt man die Zeit ab 1815 auch Restaurationszeit.

Der Wiener Kongress

Napoleon hatte die politische Landkarte Deutschlands verändert. Viele Kleinstaaten waren verschwunden.

Nachdem die französische Vorherrschaft auf dem europäischen Kontinent endete, blickten die Deutschen erwartungsvoll nach Wien. Dort verhandelten Vertreter der Fürsten aller europäischen Staaten 1815 über die zukünftige Ordnung in Europa. Viele Deutsche träumten von einem einheitlichen und freien Nationalstaat.

Die europäischen Fürsten, insbesondere die Vertreter der beiden deutschen Großmächte Österreich und Preußen, sahen ihre Interessen durch die nationalen Bewegungen in den deutschen Staaten stark gefährdet. Es gab nämlich in Deutschland immer mehr Menschen, die von den Fürsten forderten, politische Mitbestimmung zuzulassen. Nach den Vorstellungen des österreichischen Außenministers Fürst Metternich wurde daher der Deutsche Bund gebildet. Das war ein loser Zusammenschluss von 38 Staaten und freien Städten. Der Bund entsprach den Wünschen der Fürsten, denn es gab keine Möglichkeit für die Bevölkerung, an seinen Beschlüssen mitzuwirken.

M1 *Der Deutsche Bund.*

Ein Freiheitsfest und die Folgen

Die Beschlüsse des Kongresses sorgten vor allem unter den Teilnehmern der Freiheitskriege, darunter Dichter, Journalisten und Studenten, für heftigen Protest. Der Unmut richtete sich auch gegen manche Fürsten, die ihr Versprechen, eine Verfassung zu gewähren, nicht einhielten.

An den Universitäten schlossen sich die Studenten zu Burschenschaften zusammen und diskutierten die politischen Ereignisse.

Im Oktober 1817 lud die Jenaer Burschenschaft zu einem Fest auf die Wartburg ein. 500 Studenten und einige Professoren kamen. Das Wartburgfest wurde zu einer Demonstration, auf der die deutsche Einheit und Meinungs- und Redefreiheit gefordert wurden.

M4 *Fahne der Jenaer Burschenschaft (1816).*

> Wir wünschen unter den einzelnen Staaten Deutschlands einen größeren Gemeinsinn, größere Einheit in ihrer Politik, keine eigene Politik der einzelnen Staaten, sondern das engste Bundesverhältnis; überhaupt, wir wünschen, dass Deutschland als ein Land und das deutsche Volk als ein Volk angesehen werden könne.

M2 *Die politischen Ziele der Jenaer Burschenschaft.*

Solche Reden und Gedanken waren den Fürsten zu gefährlich.

Im März 1819 erstach ein Teilnehmer des Wartburgfestes, der Theologiestudent Carl Ludwig Sand, den Dichter und russischen Staatsrat August von Kotzebue. Dieser stand im Verdacht, Berichte über die deutschen Universitäten für den Zaren verfasst zu haben. Daraufhin vereinbarten die Fürsten auf Initiative Metternichs die Karlsbader Beschlüsse, die Meinungsfreiheit verboten.

M5 *Wartburgfest: Studenten verbrennen Beschlüsse des Wiener Kongresses und preußische Uniformteile.*

> Es soll bei jeder Universität … die strengste Vollziehung der bestehenden Gesetze (bewacht werden) … (Es) dürfen Schriften, die in der Form täglicher Blätter oder heftweise erscheinen, dergleichen solche, die nicht über 20 Bogen stark sind, in keinem deutschen Bundesstaate ohne Vorwissen und vorgängige Genehmigung der Landesbehörden zum Druck befördert werden.

M3 *Ausschnitt aus den Karlsbader Beschlüssen (1819).*

1. Die deutschen Fürsten hatten 1815 andere politische Ziele als viele Bürger. Erkläre.
2. Nenne die beiden mächtigsten Staaten des Deutschen Bundes (M1).
3. Erläutere, wogegen die Studenten auf dem Wartburgfest protestierten (M2–M5).
4. a) Erkläre, was in den Karlsbader Beschlüssen gefordert wird (M3).
   b) ✚ Vermute, welche Folgen das für Schriftsteller und Journalisten hatte.
   c) Bewerte in wenigen Sätzen die Reaktion der Fürsten auf die Ermordung Kotzebues.

> **ⓘ Burschenschaft**
> 1815 vereinigten sich die Studenten in Jena zu einer Burschenschaft, um gemeinsam zu forschen und über politische Fragen zu diskutieren. Von 1819–1848 waren Burschenschaften verboten. Auch heute gibt es an den Universitäten noch Burschenschaften.

Gewusst wie: Karikaturen auswerten

Auf dem Wandplakat steht:
Gesetze des Denker-Clubs
I. Der Präsident eröffnet präzise 8 Uhr die Sitzung.
II. Schweigen ist das erste Gesetz dieser gelehrten Gesellschaft.
III. Auf dass kein Mitglied in Versuchung gerathen möge, seiner Zunge freien Lauf zu lassen, so werden beim Eintritt Maulkörbe ausgeteilt.
IV. Der Gegenstand, welche in jedermaliger Sitzung durch ein reifes Nachdenken gründlich erörtert werden soll, befindet sich auf einer Tafel mit großen Buchstaben deutlich geschrieben.

M1 *Der Denker-Club (Karikatur, um 1825).*

Eine Karikatur bezieht sich meistens auf ein konkretes Ereignis und bewertet dieses. So gehst du bei der Auswertung vor:

1. Schritt: Beschreiben
Versuche zunächst die Personen zu benennen und ihr Verhalten zu beschreiben. Werden Tierfiguren, wie z. B. in einer Fabel, verwendet, deute ihre Eigenschaften (z. B. böse, schlau, friedlich usw.). Beschreibe auch die Gegenstände, die in der Zeichnung auftauchen.

2. Schritt: Sich über den geschichtlichen Hintergrund informieren
Kläre, aus welcher Zeit die Karikatur stammt und welches Problem angesprochen wird. Informiere dich, wer welche Meinung vertrat.

3. Schritt: Die Karikatur erklären
Erläutere, was ungewöhnlich ist und dir auffällt. Bestimme die Themen, auf die die Karikatur anspielt. Ermittle, welche bekannten politischen Persönlichkeiten dargestellt werden. Erkläre abschließend, welchen Standpunkt der Zeichner zum Thema vertritt.

1 Werte M1 und M2 nach den beschriebenen Schritten aus.

> **ℹ Karikatur**
> Sie ist eine künstlerische Darstellung, in der Eigenschaften von Personen besonders herausgestellt und Verhaltensweisen übertrieben dargestellt werden, um z. B. auf ein Fehlverhalten aufmerksam zu machen.

Die Tiere auf dem Bild haben symbolische Bedeutung:
Der Maulwurf steht für politische Blindheit, der Krebs im Banner für den Rückwärtsgang, die Schere für die Zensur, die jegliche Kritik an der Regierung verfolgt und gleichzeitig Journalisten am Band hinter sich herführt. Ganz rechts ein kaiserlicher Beamter als Esel, der wie der ihm folgende Spitz darauf aufpasst, dass die Bürger dem Staat gehorchen. Daher auch der Begriff Spitzel.

M2 *Die gute Presse (Karikatur, 1847).*

Wiederherstellung der alten Ordnung

Bürger zwischen Rückzug und Auflehnung

Viele Menschen im Deutschen Bund waren enttäuscht darüber, dass sich die Verhältnisse nach dem Wiener Kongress kaum geändert hatten. Die Forderungen der Bürger nach Pressefreiheit, mehr Rechten und Mitbestimmung blieben unerfüllt. Die meisten Menschen lebten weiterhin in einem der vielen deutschen Kleinstaaten. So musste z. B. ein Kaufmann, der von Hannover nach Braunschweig reiste, auf dieser kurzen Strecke seinen Pass vorzeigen, Zoll zahlen, Geld wechseln und mit unterschiedlichen Maßeinheiten rechnen.

Bei vielen Bürgerinnen und Bürgern stellte sich das Gefühl ein, gegen „die da oben" nichts ausrichten zu können. Sie beschränkten ihr Leben auf Haus und Familie. Dieser erzwungene Rückzug ins private Leben hat dieser Zeit ihren Namen gegeben: das Biedermeier.

Es gab aber auch Menschen, die weiter für mehr Rechte kämpften.

> **ⓘ Biedermeier**
> Bieder bedeutet brauchbar, nützlich. Der Biedermann war ein angepasster, nützlicher Bürger. In der Zeit zwischen 1815 und 1848 sah man in ihm den bequemen, unpolitischen Untertanen, der sich mit allem zufrieden gab und stets auf die Obrigkeit hörte.
> Die in dieser Zeit gebauten Möbel, die Kleidung und Teile der Kunst und Literatur werden entsprechend mit dem Begriff „Biedermeier" bezeichnet.

1 Beschreibe das Zimmer M1. Beachte vor allem die Einrichtung und die Tätigkeiten der Personen.
2 Vergleiche das Zimmer M1 mit heutigen Wohnungen, etwa mit deinem Zuhause. Ermittle Unterschiede und Gemeinsamkeiten und stelle sie in einer Tabelle zusammen.
3 ↗ Finde Spuren des Biedermeiers in der heutigen Zeit (zum Beispiel Blumensträuße, Kleidung, Möbel oder Kunst). Erläutere typische Merkmale dieser Gegenstände.
4 Nenne anhand der Informationen auf dieser Seite typische Merkmale der Biedermeierzeit, die in dem Gedicht von Victor von Scheffel zum Ausdruck kommen (M2).

M1 Ein bürgerliches Wohn- und Esszimmer (um 1850).

> Vor meiner Haustür steht 'ne Linde,
> In ihrem Schatten sitz' ich gern,
> Ich dampf' meine Pfeiflein in die Winde
> Und lob' durch Nichtstun Gott, den Herrn.
> …
> Und hätt' in Deutschland jeder Hitzkopf
> Wie ich 'ne Linde vor der Tür
> Und rauchte seinen Portoriko
> Mit so beschaulichen Pläsier:
> So gäb' es nicht so viele Krakehler
> In dieser schönen Gotteswelt.
> Die Sonne schien nicht auf Skandäler,
> Und doch wär' alles wohl bestellt.
> Amen.

M2 Victor von Scheffel: Des Biedermanns Abendgemütlichkeit (1848).

Vorboten der Revolution

M1 *Revolution in Paris im Juli 1830 (zeitgenössischer Stich).*

Das Hambacher Fest

In Europa gab es zwischen 1820 und 1830 viel Unruhe in der Bevölkerung und auch Aufstände gegen die Fürsten. Der Ruf nach politischer Mitbestimmung und nationaler Einheit wurde in Frankreich, Belgien und vor allem in Polen, das auf dem Wiener Kongress Russland zugeschlagen worden war, laut. Auch in Deutschland forderten immer mehr Bürger einen gemeinsamen Staat und die Freiheit, sich in der Öffentlichkeit versammeln und ihre Meinung äußern zu dürfen. 1832 zogen über 30 000 Menschen zum Hambacher Schloss, um für diese Forderungen zu demonstrieren.

Die Fürsten im Deutschen Bund reagierten mit Verboten und Verhaftungen. Zeitungen und Schriften wurden verstärkt zensiert, d. h., dass Texte, in denen Kritik an Regierung und Verwaltung geäußert wurde, nicht veröffentlicht werden durften. Darüber wachten von der Obrigkeit eingesetzte Zensoren.

Das Land, das unsere Sprache spricht … wird … geplündert, zerrissen … und entehrt. Reich an Hilfsquellen der Natur, sollte es für alle seine Kinder die Wohnung der Freude und Zufriedenheit sein, allein ausgesogen von 34 Königen, ist es für die … Bewohner der Aufenthalt des Hungers, des Jammers und des Elends … Hoch, dreimal hoch leben die vereinigten Freistaaten Deutschlands!

M2 *Aus der Festrede des Journalisten Johann G. A. Wirth auf dem Hambacher Fest (1832).*

Es wurde allgemein erkannt, dass die Begebenheiten dieses Festes von solcher Natur seien, dass sie die ernstesten Maßregeln notwendig machten …
1. der Rädelsführer des Hambacher Festes … habhaft zu werden und gerichtlich bestrafen zu lassen,
2. ferneren ähnlichen Versammlungen verhindernd entgegenzutreten und …
3. durch ernste Bekämpfung des Press-Unfugs, der revolutionären Partei ihre Hauptwaffen zu nehmen.

M4 *Reaktionen des preußischen Staatsministeriums (Juni 1832).*

1. Nenne die Forderungen, die auf dem Hambacher Fest aufgestellt wurden (Text, M2, M3).
2. Durch das Hambacher Fest traten keine direkten Veränderungen ein. Erkläre, was es dennoch bewirkt hat.
3. Stelle dar, wie die Obrigkeit auf das Fest reagierte. Erläutere die Befürchtungen, die zu diesen Maßnahmen führten (M4).

M3 *Die Fahne des Hambacher Festes (1832).*

M5 *Zug zum Hambacher Schloss im Mai 1832.*

M6 *Die Pfändung (Gemälde, um 1846).*

Armut und Elend nehmen zu

Die Unzufriedenheit mit den Verhältnissen im Deutschen Bund hatte noch weitere Gründe. Viele Bauern und ihre Familien litten unter Missernten. Davon war auch die rasch wachsende Bevölkerung betroffen. Knechte, Mägde, Tagelöhner, Handwerker oder Fabrikarbeiter waren stets von Hunger und Arbeitslosigkeit bedroht, weil sie ein sehr geringes – oft auch unregelmäßiges – Einkommen hatten.

Ab 1840 verschlimmerte sich die Lage der Bevölkerung nochmals durch erneute Missernten und kalte Winter, in denen die Menschen froren und hungerten. Der Gegensatz zwischen Reich und Arm wurde größer und auch die Wut und der Protest gegen Regierungen, die ihre Bürger in der Not im Stich ließen.

> Von Martini bis Weihnachten wurde alle Tage zweimal bloß Rüben gegessen, die zu Mittag gekocht und am Abend wieder aufgewärmt wurden … Von Weihnachten bis Ostern wurden in derselben Weise täglich zweimal Erbsen gegessen, die mit Rüböl mundgerecht gemacht werden, und von Ostern, bis die frischen Gemüse herankamen, zweimal Linsen. Fleisch wurde nur an den vier Hauptfesten gegessen … Anderes Brot (als aus Kartoffeln gemachtes) kannte man in den meisten Häusern fast nicht; denn die kleinen Bauern, wenn sie auch zwei Pferde hielten, produzierten nicht so viel Korn, als sie dem Gutsherrn als Pacht abliefern mussten.

M7 *Ernährung der Bauern um 1840 (zeitgenössischer Bericht).*

4 Beschreibe die Situation auf dem Bild „Die Pfändung" (M6).
5 Erläutere die Stimmung, die im Flugblatt M8 zum Ausdruck kommt.
6 Erkläre, welchen Eindruck von der Polizei der Stich vermittelt (M9).
7 Liste die Speisen auf, von denen sich die Bauern ernährten (M7).
8 ✛ Erörtere die Folgen der in M7 beschriebenen Ernährung.

> Männer aus dem Proletariat! Handwerksburschen, die ihr am Bettelstabe Deutschland durchzieht, geschunden von den jammervollsten Polizeischergen, geprügelt und geplagt von den erbärmlichsten Gendarmentröpfen, lasst euch nicht länger mehr als Hunde behandeln … wendet euch an die Männer des Volks … Deutsche Handwerksburschen, ihr seid der Kern des Volks, zeigt euch dessen wert, erhebt euer Haupt stolz. Zeigt, dass ihr Männer seid, und wenn die Zeit des Kampfes kommt, schlagt zu.

M8 *Ein Flugblatt aus Frankfurt (1847).*

M9 *Umgang der Polizei mit wandernden Handwerksburschen, die hungernd auf der Straße gebettelt haben (zeitgenössischer Stich).*

Die Revolution von 1848/49

Politische und wirtschaftliche Missstände in Europa

Die Abschaffung der Zollgrenzen zwischen vielen deutschen Einzelstaaten durch die Gründung des Deutschen Zollvereins führte zu einem wirtschaftlichen Aufschwung im Deutschen Bund. Politisch aber war das Land nach wie vor zersplittert. Wer öffentlich einen deutschen Nationalstaat forderte, wurde verfolgt. Nach 1832 hatte der österreichische Staatskanzler Metternich die Unterdrückungsmaßnahmen im Deutschen Bund verschärft. Presse und Universitäten wurden so stark kontrolliert wie noch nie. Vereine und Versammlungen waren verboten. Auch das Rauchen in der Öffentlichkeit stand unter Strafe. Der preußische König behandle das Volk „wie eine Herde kleiner Kinder", schimpfte der liberale Arzt Rudolf Virchow in dieser Zeit.

Vom wirtschaftlichen Aufschwung profitierten nicht alle: Mit dem Entstehen von Fabriken verloren viele Heimarbeiter ihre Arbeit. Die Weber traf es besonders hart. Noch bis vor wenigen Jahren hatten sie ganz Europa mit ihren Leinentüchern versorgt. Nun mussten sie erkennen, dass sie gegen die Maschinen keine Chance hatten.

Im Juni 1844 trieb der drohende Hungertod die schlesischen Weber zum Aufstand: Sie marschierten zu den Fabriken, zerstörten die Maschinen und verbrannten die Geschäftsbücher, in denen ihre Schulden verzeichnet waren. Das preußische Militär schlug den Aufstand blutig nieder. Hunger und Missernten verschärften in den darauf folgenden Jahren die Lage in Deutschland. 1847 starben allein in Schlesien 18 000 Menschen an Hungertyphus.

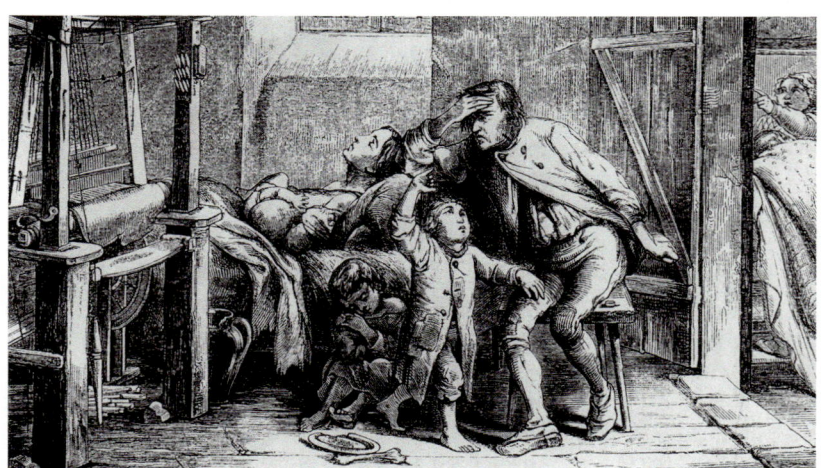

M3 *Elend einer schlesischen Weberfamilie, Holzstich von 1844.*

Wie schon 1789 und 1830 kam es im Jahr 1848 in Frankreich zu einem bewaffneten Aufstand gegen den König Louis Philippe. Dieser hatte weder die Hungersnot der arbeitslosen Handwerker und Arbeiter verhindert noch das Elend der Landbevölkerung mindern können. Zudem fühlten sich die Bürger von ihrem „Bürgerkönig" betrogen: Als sie ihn 1830 auf den Thron hoben, hatte er gerechte Wahlen für alle versprochen. Tatsächlich durften aber nur die 250 000 reichsten Franzosen wählen.

Oftmals bin ich im Winter solchen Armen begegnet, die in dem schrecklichsten Winter, hungrig und frierend, viele Meilen weit ein fertig gewordenes Stück zum Fabrikanten trugen.
Zu Hause warteten Frau und Kinder auf die Rückkunft des Vaters; sie hatten seit 1 ½ Tagen bloß eine Kartoffelsuppe genossen.
Der Weber erschrak bei dem auf seine Waren gemachten Gebot; da war kein Erbarmen. Er nahm, was man ihm reichte, und kehrte, Verzweiflung in der Brust, zu den Seinigen zurück …
Ließ der Weber seinen Klagen freien Lauf … so hieß es, die schlechte Handelskonjunktur sei an allem schuld.

M1 *Ein Zeitgenosse über die Lage der Weber im Jahre 1844.*

Im düstern Auge keine Träne,
Sie sitzen am Webstuhl und fletschen die Zähne:
Deutschland wir weben
dein Leichentuch,
Wir weben hinein
den dreifachen Fluch –
Wir weben, wir weben!
…
Ein Fluch dem König,
dem König der Reichen,
den unser Elend
nicht konnte erweichen,
der den letzten Groschen
von uns erpresst und uns
wie Hunde erschießen lässt –
Wir weben, wir weben!

M2 *Auszug aus Heinrich Heines Gedicht „Die schlesischen Weber", 1844.*

M4 *Paris, 24. Februar 1848, Sturm auf das Palais Royal.*

M5 *Wien, 13. März 1848, Kämpfe der Bürger gegen Soldaten.*

In Massendemonstrationen forderten die Menschen in Paris Anfang Februar 1848 ihr Mitspracherecht. Als Louis Philippe nicht reagierte, brach am 22. Februar die Revolution aus: Die arbeitslosen Handwerker und Arbeiter aus den Vorstädten errichteten über 1 500 Barrikaden in der Stadt. Straßenkämpfe tobten. Wenige Tage später stürmte das Volk das Stadtschloss in Paris. Der König floh nach England. Frankreich wurde wieder eine Republik. Ein allgemeines Wahlrecht wurde eingeführt. Neun Millionen Männer durften jetzt wählen.

Die Ereignisse in Paris strahlten auf andere europäische Länder aus. Im Deutschen Bund kam es in mehreren Städten zu Aufständen. Die Zentren der revolutionären Bewegung aber waren Wien und Berlin.

In der österreichischen Hauptstadt waren viele mit den politischen Zuständen unzufrieden: die liberalen Bürger, die Studenten und die vielen Not leidenden Menschen, die in den Vorstädten lebten. In Wien spitzten sich die Kämpfe zu. Da der österreichische Staatskanzler Fürst Metternich nicht bereit war, den Forderungen der Bürger nachzugeben, kam es am 13. März 1848 zu blutigen Straßenschlachten. Der Kaiser ließ ihn daraufhin fallen und versprach dem Volk eine Verfassung. Fürst Metternich, das Symbol der Restauration, musste nach 40 Jahren an der Macht abdanken und flüchtete nach London.

1. Beschreibe die politische Entwicklung in Deutschland um 1840.
2. Versetze dich in die Lage der Weber (M1, M3). Beschreibe ihre Situation mit deinen Worten.
3. Beschreibe die Stimmung in dem Gedicht M2.
4. Erkläre, warum es in Frankreich und Österreich zur Revolution kam.
5. Betrachte M4 und M5. Erkläre, welcher Zusammenhang zwischen den jeweils dargestellten Vorgängen besteht.

Die Revolution von 1848/49

Demonstrationen und Straßenkämpfe

In fast allen deutschen Ländern kam es im Februar und März 1848 zu Demonstrationen und Straßenkämpfen. Überall gingen die Menschen für mehr Mitbestimmung und Freiheitsrechte auf die Straßen. In Köln forderten am 3. März 5000 Menschen zudem kostenlose Schulbildung sowie den Schutz der Arbeit für alle.

Viele Fürsten in den Staaten des Deutschen Bundes wagten nicht, Polizei oder Militär einzusetzen. Zu frisch war noch die Erinnerung an die Französische Revolution. Sie gaben den Märzforderungen nach. Badens Großherzog Leopold etwa versprach die Erfüllung aller Forderungen und bildete bereits am 9. März aus den liberalen Parteiführern der Revolutionäre eine neue Regierung. Der badische Revolutionsführer Friedrich Hecker erkannte: „Den Erfolg verdanken wir nicht den Anstrengungen des eigenen Volkes, sondern den Leichen der Franzosen."

In Berlin liefen die Aufstände weniger glimpflich ab. Seit dem 7. März versammelten sich die Menschen täglich in immer größeren Gruppen. Am 13. März kam es zu Zusammenstößen zwischen Militär und Demonstranten. Dabei gab es auch Tote. Die Bürger forderten den Rückzug der Truppen. Am 18. März demonstrierte eine große Menschenmenge vor dem Berliner Stadtschloss. Der preußische König Friedrich Wilhelm IV. versprach die Aufhebung der Zensur und eine Verfassung. Obwohl damit nur ein kleiner Teil der Forderungen erfüllt worden wäre, applaudierte die begeisterte Menge dem König.

Doch plötzlich fielen zwei Schüsse aus den Gewehren der Schlosswache. Das Volk glaubte an Verrat und rief „zu den Waffen". Rund 10 000 Bürger errichteten in kürzester Zeit Hunderte von Barrikaden. In der ganzen Innenstadt wurde geschossen und gefochten, 254 Aufständische starben.

 Märzforderungen
Forderungen an die Fürsten im Deutschen Bund im März 1848:
- Pressefreiheit
- Meinungs- und Redefreiheit
- Freilassung politisch Verurteilter
- freies Versammlungs- und Vereinigungsrecht
- politische Gleichberechtigung ohne Rücksicht auf Besitz oder Religion
- unabhängige Justiz
- Verminderung des Heeres, Volksbewaffnung
- politische Volksvertretung durch ein gewähltes Parlament

M1 *Barrikadenkämpfe auf dem Berliner Alexanderplatz am 18. März 1848 (Grafik von 1848).*

M2 *Umritt Friedrich Wilhelms IV. durch Berlin am 21. März 1848.*

Der preußische König Friedrich Wilhelm IV. gibt nach

Dreizehn Stunden lang lieferte sich das Berliner Volk eine erbitterte Schlacht mit der königlichen Armee. Die 20 000 schwer bewaffneten Soldaten konnten trotz ihrer Übermacht die Freiheitskämpfer nicht unterdrücken. Schließlich versprach der König, die Truppen zurückzuziehen.

Doch die Aufständischen waren nicht so leicht zu besänftigen. Am Morgen des 19. März luden sie ihre Toten auf Leiterwagen und bahrten sie im Hof des Berliner Schlosses auf. Als Friedrich Wilhelm IV. herauskam, zwangen sie ihn mit den Worten „Hut ab", sich vor den Gefallenen zu verneigen. Die Stimmung schlug erst um, als der König erklären ließ, dass alle Forderungen erfüllt seien.

Zwei Tage später ritt der preußische König mit einer schwarz-rot-goldenen Armbinde durch die Stadt und erklärte, er wolle „Deutschlands Freiheit" und „Deutschlands Einheit" und versprach die Umbildung der Regierung sowie Wahlen zu einer preußischen Nationalversammlung. Zurück im Schloss zeigte Friedrich Wilhelm IV. jedoch sein wahres Gesicht: „Das Volk ist mir zum Kotzen", schrieb er an seinen Bruder Wilhelm I., der die Aufständischen hatte niederschießen wollen.

1. Erkläre Heckers Aussage: „Den Erfolg verdanken wir nicht den Anstrengungen des eigenen Volkes, sondern den Leichen der Franzosen."
2. Erkläre anhand von M1, was eine Barrikade ist und wozu sie dient.
3. Schildere die Ereignisse vom 18. bis zum 21. März in Berlin.
4. Stelle Anlass und Ursache für die Revolution in Berlin gegenüber.
5. Beschreibe und erkläre das Verhalten der Berliner in M2.
6. Bewerte das Verhalten des preußischen Königs.

> An meine lieben Berliner! An Euch, Einwohner meiner geliebten Vaterstadt, ist es jetzt, größerem Unheil vorzubeugen. Erkennt, Euer König und treuester Freund beschwört Euch darum, bei allem, was Euch heilig ist, den unseligen Irrtum! Kehrt zum Frieden zurück, räumt die Barrikaden, die noch stehen, hinweg und entsendet an mich Männer, voll des echten alten Berliner Geistes, mit Worten, wie sie sich Eurem König gegenüber geziemten, und ich gebe Euch mein königliches Wort, dass alle Straßen und Plätze sogleich von Truppen geräumt werden sollen …

M3 *Aufruf Friedrich Wilhelms IV. am 18. März 1848.*

Genau betrachtet:

M2 *Barrikadenkämpfe in Berlin 1848.*

Am 18. und 19. März 1848 errichtete das Volk Berlins – Bürger, Studenten, Handwerker und Arbeiter – Barrikaden und lieferte sich blutige Kämpfe mit den königlichen Truppen.

Von den bei den Barrikadenkämpfen in Berlin Getöteten waren etwa:
- 20 % Arbeiter und Angestellte,
- 70 % Handwerker,
- 2,5 % mittlere Beamte,
- 3,5 % Wissenschaftler, Studenten und Künstler,
- 4 % höhere Beamte, Kaufleute und Gutsbesitzer.

M1 *Die Märzgefallenen.*

Ich befand mich im Gasthofe Zum Kronprinzen inmitten der Königsstraße … Da tönt ein wüstes Geschrei von der Kurfürstenbrücke herab. Haufen flüchten durch die Königsstraße; Bürger kommen, aufgeregt bis zur rasenden Wut, knirschend, bleich, atemlos. Sie rufen: „Man hat auf dem Schlossplatze soeben auf uns geschossen!" Wut- und Rachegeschrei erhebt sich durch … die ganze Stadt … das Straßenpflaster wird aufgerissen, die Waffenläden werden geplündert, die Häuser sind erstürmt, Beile, Äxte werden herbeigeholt. 12 Barrikaden erheben sich im Nu in der Königsstraße; aus Droschken, aus Omnibuswagen, aus Wollsäcken, aus Balken, aus umgestürzten Brunnengehäusen bestehend, tüchtige, musterhaft gebaute Barrikaden. Haus an Haus werden die Dächer abgedeckt. Oben am schwindelnden Rande stehen die Menschen, mit Ziegeln in der Hand die Soldaten erwartend. Alles ist bewaffnet, mit Mistgabeln, mit Schwertern, mit Lanzen, mit Pistolen, mit Planken … Zwischen 4 und 5 Uhr prasseln die ersten Schüsse von der Kurfürstenbrücke aus die Königsstraße hinab; sie vermögen die Barrikaden nicht zu zerstören. Kanonendonner folgt Schlag auf Schlag; die Barrikade erschüttert; zerrissene Leichen liegen an den Straßenecken. Zwischen 5 und 6 kommt Infanterie. Man schießt auf sie aus den Fenstern, man schleudert Steine auf sie von den Dächern. Ein furchtbares Gemetzel …

M3 *Bericht eines Augenzeugen über die Barrikadenkämpfe.*

Mit Barrikaden für die Freiheit kämpfen

Bald waren in allen Richtungen die Straßen mit Barrikaden gesperrt, … auf denen dann schwarz-rot-goldene Fahnen flatterten – und hinter ihnen Bürger aus allen Klassen … hastig bewaffnet mit dem, was eben zur Hand war – Kugelbüchsen, Jagdflinten, Pistolen, Spießen, Säbeln, Äxten, Hämmern usw. Es war ein Aufstand ohne Vorbereitung, ohne Planung, ohne System. Jeder schien nur dem allgemeinen Instinkt zu folgen … Und hinter den Barrikaden waren die Frauen geschäftig, den Verwundeten beizustehen und die Kämpfenden mit Speis und Trank zu stärken, während kleine Knaben eifrig dabei waren, Kugeln zu gießen oder Gewehre zu laden …

M4 *Erinnerungen an den 18. März 1848 von Carl Schulz, Politiker und Revolutionär.*

M5 *Frauen und Kinder gießen hinter den Barrikaden Bleikugeln.*

Die Kugel mitten in der Brust,
die Stirne breit gespalten,
so habt ihr uns auf blut´gem
Brett hoch in die Luft gehalten!
Hoch in die Luft mit wildem
Schrei, dass unsre Schmerz-
geberde dem, der zu tödten
uns befahl, ein Fluch auf ewig
werde!
Dass er sie sehe Tag und
Nacht, im Wachen und im
Traume – im Oeffnen seines
Bibelbuchs wie im Champag-
nerschaume!
Dass wie ein Brandmal sie
sich tief in seine Seele brenne:
dass nirgendwo und nimmer-
mehr er vor ihr fliehen könne!
Dass jeder qualverzogne
Mund, dass jede rothe Wunde
ihn schrecke noch, ihn ängste
noch in seiner letzten Stunde!
Dass jedes Schluchzen um
uns her dem Sterbenden
noch schalle, dass jede todte
Faust sich noch nach seinem
Haupte balle –
Mög´ er das Haupt nun auf
ein Bett, wie andre Leute
pflegen,
Mög er es auf ein Blutgerüst
zum letzten Athmen legen.

M6 *„Die Todten an die Lebenden" von F. Freiligrath.*

1 Berichte,
   a) welche Personengruppen sich am Aufstand beteiligen,
   b) welche „Waffen" sich die Aufständischen beschaffen,
   c) wie sie gegen das Militär kämpfen.
2 Nimm Stellung zum Kräfteverhältnis zwischen Militär und Aufständischen (M2, M3).
3 Berichte über die Rolle von Frauen und Kindern bei den Barrikadenkämpfen.
4 ✚ Werte die Quelle M6 aus:
   a) Gib den Inhalt wieder.
   b) Erkläre, wer der Verfasser des Textes in der Quelle ist.
   c) Beurteile, wer mit „Dem, der zu tödten uns befahl" gemeint ist.
   d) Arbeite heraus, was demjenigen vom Verfasser gewünscht wird.
5 Nimm Stellung zur Brutalität der Barrikadenkämpfe.

Das erste deutsche Parlament

M1 *Der Einzug der Parlamentarier in die Paulskirche.*

Die Nationalversammlung

Die Angst vor weiteren Aufständen veranlasste die Fürsten der Einzelstaaten des Deutschen Bundes, Wahlen für eine gesamtdeutsche Nationalversammlung zu gestatten. In allen Staaten sollte jeder „selbstständige" Volljährige die Mitglieder zur Nationalversammlung wählen dürfen. Jeder Staat legte diese Idee in seinem Wahlgesetz jedoch anders aus: Teilweise durften Arbeiter und Dienstboten nicht wählen. Direkte Wahlen gab es nur in sechs Einzelstaaten. In allen anderen Staaten bestimmten die Wahlberechtigten zunächst Wahlmänner, die ihre Stimme dann stellvertretend für sie abgaben.

Am 18. Mai 1848 versammelten sich die Abgeordneten des deutschen Volkes in der Paulskirche in Frankfurt am Main.

Die Nationalversammlung sollte eine Verfassung für ein zukünftiges Deutsches Reich ausarbeiten. Darin sollten die Grundrechte für alle Bürger verankert werden.

Mit Zuversicht und Stolz verfolgten die Abgeordneten die Eröffnungsrede des gewählten Präsidenten der Nationalversammlung. Dieser betonte die Souveränität der Nation. Die Ziele der Revolution seien jedoch nur im Einklang mit den alten Mächten zu erreichen.

Ein anderes Problem, das die Nationalversammlung lösen musste, war die Frage nach dem Staatsgebiet: Sollte Österreich dem neuen deutschen Nationalstaat angehören? Bislang hatte es mit seinen deutschsprachigen Gebieten zum deutschen Bund gehört, nicht aber mit anderen Reichsteilen, wie etwa Ungarn. Eine Überlegung war nun, nur die ehemals zum Deutschen Bund gehörenden Reichsteile Österreichs in das neue Deutsche Reich aufzunehmen. Diese „großdeutsche" Lösung wäre auf eine Spaltung Österreichs hinausgelaufen.

ⓘ Paulskirche

Da es für die Abgeordneten kein Parlamentsgebäude gab, versammelten sie sich in der neu erbauten Frankfurter Paulskirche, die den größten und modernsten Saal in der Stadt hatte.
Für die Plätze auf der Galerie der Paulskirche konnten Zuschauer Eintrittskarten erwerben, um die Beratungen zu beobachten. Für Frauen, die nur als Zuschauer an den Beratungen teilnehmen durften, gab es extra eine Damenloge.

M2 *Die Nationalversammlung tagt in der Paulskirche in Frankfurt. Stich, 1848.*

Gleiche Ideen verbinden

In der Nationalversammlung gab es noch keine Parteien, wie wir sie heute aus dem Bundestag kennen. Als Volksvertreter wurden meist Personen mit angesehenen Ämtern wie Richter, Rechtsanwälte, Beamte, Lehrer oder auch adlige Gutsbesitzer gewählt. Abgeordnete mit ähnlichen politischen Ideen und Zielen schlossen sich schnell zu festeren politischen Gruppen zusammen, um sich gegenseitig zu unterstützen. Diese sogenannten Fraktionen benannten sich nach ihren Treffpunkten, die sich in Gasthäusern in Frankfurt befanden. Jede der Gruppierungen wählte einen Vorstand, hatte eine eigene Zeitung und beschloss ein Programm. Damit waren sie die Vorläufer unserer modernen Parteien.

Die Sitzordnung in der Frankfurter Paulskirche orientierte sich an der Sitzordnung in anderen europäischen Parlamenten. Schon im englischen Parlament saß der vermeintlich niederere Stand links. Auch die Republikaner in der französischen Nationalversammlung saßen links vom Rednerpult.

Entsprechend der von ihnen eingenommenen Sitzplätze im Parlament wurden die Fraktionen daher als Linke, als Mitte bzw. Zentrum und als Rechte eingestuft. Mit den Bezeichnungen „links", „rechts" und „Mitte" werden bis heute politische Grundrichtungen beschrieben.

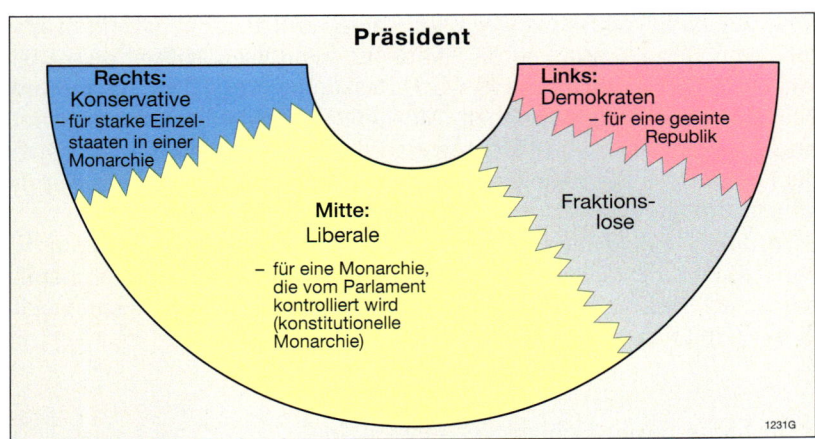

M3 Sitzverteilung in der Paulskirche. Die Abgeordneten waren nicht an eine Fraktion gebunden, sondern konnten diese wechseln.

Die mehr als 800 Abgeordneten und ihre Stellvertreter gehörten zu folgenden Berufsgruppen (Auswahl):

Richter, Staatsanwälte, Anwälte:	226
Beamte:	152
Professoren:	94
Lehrer, Ärzte, Schriftsteller, Geistliche, Akademiker:	157
Bauern:	46
Kaufleute:	35
Offiziere:	18
Fabrikanten:	14
Handwerker:	4
Arbeiter:	0

M4 Die Zusammensetzung der Nationalversammlung.

1. Nenne die Aufgaben, die die Nationalversammlung lösen sollte.
2. Beschreibe das Bild M2.
3. Vergleiche die Berufe der Abgeordneten der Nationalversammlung (M4) mit denen der getöteten Barrikadenkämpfer (S. 18, M5). Notiere dein Ergebnis.
4. Erläutere die Gründe für eine „kleindeutsche Lösung".
5. Diskutiert: War die Nationalversammlung ein Parlament aller Deutschen?
6. Stellt gemeinsam zusammen, für welche politischen Haltungen die Bezeichnungen „rechts", „links" und „Mitte" heute stehen.

Die Revolution scheitert

Zwischen Republik und Monarchie

Seit dem 18. Mai 1848 berieten die gewählten Volksvertreter in der Frankfurter Paulskirche über die Zukunft Deutschlands. Im Mittelpunkt standen drei Fragen: Wer sollte in Deutschland regieren, ein König oder das Volk selbst? Wie groß sollte Deutschland sein, sollte Österreich dazugehören oder nicht? Welche Grundrechte sollten die Deutschen haben?

Vor allem zu den beiden ersten Fragen gab es unterschiedliche Meinungen, die das Paulskirchen-Parlament in zwei Lager spalteten: Die Liberalen wollten die Monarchie erhalten. Allerdings sollte der König gemeinsam mit dem Parlament regieren. Die radikalen Demokraten forderten eine Republik, also die Abschaffung des Königtums. Dazwischen saßen die gemäßigten Demokraten, die zwischen beiden Gruppen zu vermitteln versuchten.

Auch die zweite Frage blieb umstritten. Die „Großdeutschen" wollten die deutschsprachigen Teile Österreichs in das zukünftige Reich aufnehmen. Das hätte eine Spaltung des Vielvölkerstaates Österreich bedeutet. Die „Kleindeutschen" wollten dagegen ein Deutschland ohne Österreich unter Preußens Führung. Österreich wollte seine Großmachtstellung als Vielvölkerstaat nicht aufgeben. Schließlich entschied sich die Nationalversammlung nach langen Debatten für eine kleindeutsche Lösung ohne Österreich.

Im März 1849 hatten sich die Abgeordneten der Nationalversammlung auf eine Verfassung geeinigt: Kaiser und Parlament sollten gemeinsam Gesetze erlassen. Die Minister des Kaisers sollten dem Parlament verantwortlich sein. In der Verfassung wurden die Grundrechte der Deutschen festgeschrieben. Mit dem Streit über das Staatsgebiet und die Staatsform war jedoch wertvolle Zeit verstrichen, in der sich die Fürsten von ihrer Niederlage erholten. Die Gegenrevolution war in vollem Gange.

Im März 1849 wählte die Nationalversammlung Friedrich Wilhelm IV. zum „Kaiser der Deutschen". Eine Delegation von 32 Abgeordneten reiste nach Berlin, um dem Preußenkönig die Krone anzutragen. Doch dieser lehnte ab.

---

§ 137. Vor dem Gesetz gilt kein Unterschied der Stände. Der Adel als Stand ist aufgehoben. Alle Standesvorrechte sind abgeschafft. Die Deutschen sind vor dem Gesetze gleich …

§ 138. Die Freiheit der Person ist unverletzlich.

§ 140. Die Wohnung ist unverletzlich.

§ 142. Das Briefgeheimnis ist gewährleistet …

§ 143. Jeder Deutsche hat das Recht, durch Wort, Schrift, Druck und bildliche Darstellung seine Meinung frei zu äußern.
Die Pressefreiheit darf unter keinen Umständen und in keiner Weise … aufgehoben werden.

§ 144. Jeder Deutsche hat volle Glaubens- und Gewissensfreiheit.

§ 152. Die Wissenschaft und ihre Lehre sind frei.

§ 153. Das Unterrichts- und Erziehungswesen steht unter der Oberaufsicht des Staates …

§ 161. Die Deutschen haben das Recht, sich friedlich und ohne Waffen zu versammeln …

§ 162. Die Deutschen haben das Recht, Vereine zu bilden.

M1 *Grundrechte der Paulskirchenverfassung.*

Die Krone, die ein Hohenzoller nehmen dürfte, … ist … eine, die den Stempel Gottes trägt …
Diese Krone (aber) … ist verunehrt mit dem … (Aasgeruch) der Revolution von 1848, der albernsten, dümmsten, schlechtesten, wenn auch, Gottlob, nicht der bösesten dieses Jahrhunderts …
Einen solchen Reif … soll … ein legitimer (rechtmäßiger) König von Gottes Gnaden und nun gar der König von Preußen sich geben lassen …?
Soll die tausendjährige Krone deutscher Nation wieder einmal vergeben werden, so bin ich es und meinesgleichen, die sie vergeben; und wehe dem, der sich anmaßt, was ihm nicht zukommt.

M2 *Friedrich Wilhelm IV. über das Angebot der Kaiserwürde durch die Nationalversammlung.*

Alles bleibt beim Alten

Mit der Ablehnung der Kaiserkrone durch den preußischen König war die Arbeit der Nationalversammlung gescheitert. Die Nationalversammlung löste sich selbst auf. Einige Abgeordnete wichen im Mai 1849 nach Stuttgart aus, um dort weiter an einer politischen Lösung zu arbeiten, doch sie wurden vom Militär auseinandergetrieben.

28 Bundesstaaten nahmen die Verfassung zwar an, doch die Regierungen fast aller größeren Länder wie Preußen, Sachsen oder Bayern lehnten sie ab. Diese Entwicklung trieb die Menschen 1849 in vielen Teilen Deutschlands wieder auf die Straße. 6000 Revolutionäre verschanzten sich in der badischen Festung Rastatt. Als preußische Truppen sie am 23. Juli 1849 stürmten, war die Revolution am Ende.

Viele Länderparlamente wurden aufgelöst, Landesverfassungen für ungültig erklärt und liberale Minister durch konservative ersetzt.

Liberale und Demokraten, die sich an den Kämpfen beteiligt hatten, wurden verfolgt, zu Gefängnisstrafen verurteilt oder standrechtlich erschossen. Viele flohen in die USA, weil sie in Deutschland keine Zukunft für die Umsetzung ihrer politischen Ziele sahen.

Der Adel hatte die Herrschaft zurückerobert. 1851 hob der Deutsche Bund die „Grundrechte des deutschen Volkes" wieder auf.

M3 „Andere Zeiten, andere Sitten. – Am 22. März 1848: Hut ab! Am 26. Februar 1849: Hüte ab!" Karikatur, 1849.

> Eine große Zahl Männer ... sind in der Fremde, in notwendigem Exil, materieller Not, blutenden Herzens vom Vaterlande, von Familie und Freunden getrennt; und es sind Männer darunter, die man eines politischen Irrtums anklagen, die aber sicher kein Mensch auf Erden einer persönlichen, eigennützigen Schuld bezeihen kann, denn es sind Menschen von fleckenlosem Charakter. ... alle diese Männer hatten Familienbande, Eltern, Weib und Kind, bürgerliche ehrenvolle Stellung und einen Besitz, der ihr Leben leicht machte; und all diese Männer schlugen das alles für eine Überzeugung, für ein sittliches Ideal in die Schanze – und jeder von ihnen trägt die Niederlage still und gefasst ...

M4 Aus einem Brief der Schriftstellerin Fanny Lewald-Stahr vom September 1849.

1. a) Erkläre den Inhalt ausgewählter Grundrechte.
   b) Beurteile, ob sie den Zielen der Revolution entsprächen.
2. Vergleiche die Grundrechte von 1848 mit den Grundrechten im Grundgesetz der Bundesrepublik.
3. Erläutere, warum Friedrich Wilhelm IV. die Kaiserkrone ablehnte.
4. Interpretiere die Karikatur M3.
5. Berichte über die Schicksale der Revolutionäre von 1848 (M4).
6. Bewerte die Ergebnisse der Revolution von 1848/49.

Wissen und können

1 Bringe die nachfolgenden Bilder aus diesem Kapitel in die richtige Reihenfolge, indem du in deiner Mappe die Kennzahlen der Bilder zeitlich ordnest und dazu den Titel des jeweiligen Bildes notierst.

2 Übertrage die Tabelle in deine Mappe und ergänze die freien Felder mit den folgenden Begriffen:

Metternich geht ins Exil nach London – Barrikadenkämpfe, 254 Tote – Paris – König flieht nach England – 13.03.1848 – Berlin – Sturm auf das Palais Royal – Demonstrationen, Metternich gibt nicht nach – 18.03.1848

Datum	Stadt	Ereignis	Folge
24.02.1848			
	Wien		
		Demonstration vor Stadtschloss	

1815: Wiener Kongress

1817: Wartburgfest

1830: Juli-Revolution in Paris

1832: Hambacher Fest

1815 1820 1825 1830

Einigkeit und Recht und Freiheit

3 Auf dem Bild sind Forderungen und Gegenforderungen aus der Paulskirchen-Debatte in Sprechblasen wiedergegeben. Trage Forderung und Gegenforderung in eine Tabelle ein und markiere die Forderung, für die sich eine Mehrheit fand.

- Eine Monarchie für Deutschland!
- Gleiche Grundrechte für alle!
- Für ein großdeutsches Reich mit Österreich!
- Für ein erbliches Kaisertum!
- Für den Erhalt der Stände-Vorrechte!
- Das künftige Deutschland – eine Republik!
- Für eine kleindeutsche Lösung – ohne Österreich!
- Der Kaiser muss gewählt werden.

4 Interpretiere die Karikatur, indem du die dargestellten Personen benennst und den Ausspruch auf den Ausgang der Revolution beziehst.

Borussia (Schutzgöttin Preußens) fragt den Präsidenten der Paulskirche: „Wat heulst'n, kleener Hampelmann?" – „Ick habe Ihr'n Kleenen 'ne Krone jeschnitzt, nu will er se nich!"

Grundbegriffe

Burschenschaften
Friedrich Wilhelm IV.
Hambacher Fest
Nationalversammlung
Paulskirche
Vormärz
Wartburgfest
Wiener Kongress

März 1848: Unruhen in Paris, Wien, Berlin u. a.

1848–49: Frankfurter Nationalversammlung

März 1849: Scheitern der Revolution

Erklären und beurteilen

Auch Frauen forderten politische Mitbestimmung

M1 „Das Mittagessen" (Radierung von J. M. Volz, 1823).

(…) Neben dem (den Frauen) angeborenen Sinne für Zurückgezogenheit und stille Häuslichkeit (kommt) noch die Einrichtung ihrer körperlichen Beschaffenheit. Der weibliche Körper ist im Verhältnis zum männlichen kleiner, schwächer und zarter, die Knochen sind dünner und weicher, das Blut heller und milder, die Muskeln lockerer und feiner, (…) die Nerven zarter und empfindlicher (…). Daher kommt es denn auch, dass sie Anstrengungen weniger ertragen können und von Natur weichlich und schüchtern sind, zartere Gefühle in sich tragen und deshalb leicht zur innigen Wehmut angeregt werden.

M2 Aus einem Lexikon von 1839.

M3 Soldaten des Pfälzischen Volksheeres (Illustration, 1849).

An die Frauen und Jungfrauen in Offenburg.

Der Landesausschuß von Baden hat am 17. Mai einen Aufruf an die Männer und Frauen des Landes erlassen, und uns zur Hülfe im Kampfe für die heilige Sache der Freiheit aufgefordert. Man wendet sich an unsern Freiheitssinn, an unsere Vaterlandsliebe, und fordert Gaben von Allen, denen das Vaterland und die Freiheit heilig ist. Der Bestimmung nach sollen die geforderten Gaben, von denen auch die geringste willkommen sein wird, zu einer vollständigen Ausrüstung der Festung Rastatt verwendet werden, um einer Belagerung auf die Dauer dort widerstehen zu können. Besonders nothwendig sind: alte Leinwand, Hemden und Socken, sowie Geld zur Anschaffung anderer Bedürfnisse.

Die unterzeichneten Frauen glauben eine Pflicht für das Vaterland zu erfüllen, wenn sie erklären, daß sie zum Empfange von Beiträgen bereit seien.

Wir richten noch die Schlußworte des Aufrufs an Euch: „Säumet nicht, die Opfer zu bringen, die das Vaterland in der Stunde der Gefahr von Euch verlangt. Ihr werdet für ewige Zeiten Euch ein ruhmvolles Denkmal setzen. Wir rufen an die Kraft Eures Willens, die Güte Eures Herzens, den Fleiß Eurer Hände. Säumet nicht! Die Zeit drängt, wer rasch gibt, der gibt doppelt."

Offenburg, den 30. Mai 1849.

Amalie Hofer.
Nannette Rehmann.

M4 Ein Aufruf von Frauen an Frauen.

Einigkeit und Recht und Freiheit

Die sehr gebildete Emma Herwegh (geborene Siegmund) beherrschte mehrere Sprachen, war als Pianistin und Malerin ausgebildet und in der Literatur und Geschichte zu Hause. 1843 heiratete sie den Dichter Georg Herwegh, der bereits in den Jahren zuvor mit Polemiken gegen die Herrschenden aufgefallen und deshalb 1839 in die Schweiz geflohen war. Ein Jahr später zogen sie nach Paris, wo sie auch Karl Marx und Michael Bakunin trafen.
Während der Märzrevolution 1848 begleitete sie ihren Mann nach Baden, wo er als Führer der Deutschen Demokratischen Legion mit 2 000 Aufständischen gegen die württembergischen Truppen unterlag und nach Straßburg floh. Emma Herwegh war in Männerkleidung und mit kurz geschnittenen Haaren als Kundschafterin aktiv. Über diese Erfahrungen schrieb sie das Buch „Im Interesse der Wahrheit. Zur Geschichte der Deutschen demokratischen Legion aus Paris, von einer Hochverräterin".
Nach der Niederschlagung der badischen Revolution lebte sie mit ihrem Mann im Exil in der Schweiz.(…)
1866 zogen die Herweghs nach einer Amnestie zurück nach Baden. 1875, nach dem Tod ihres Ehemanns, zog Emma Herwegh wieder nach Paris, wo sie als Lehrerin und Übersetzerin arbeitete.

M5 *Eine Kurzbiografie von Emma Herwegh, geb. 10. 5. 1817 (Berlin), gest. 24. 3. 1904 (Paris).*

Inzwischen ist erforscht, dass die Frauen die behütete Schwelle des Hauses sehr wohl verließen und sich öffentlich und organisiert weit mehr an der Revolution beteiligt hatten. (…)
Ohne weibliche Beteiligung sind die Brotkrawalle, die im Jahr 1847 in Ulm, Stuttgart, Villingen, Mannheim und Tübingen zur Plünderung von Speichern und Marktständen geführt haben, nicht vorstellbar. Die Frauen, die sich an „Katzenmusiken" und Krawallen beteiligten und lautstark ihre Forderungen vorbrachten, wurden wegen ihrer Aktion häufig mit Gefängnis und Ausweisung bestraft.

M6 *Ein Urteil über Frauen in der Revolution (2007).*

Soll eine weiter fortschreitende Civilisation uns wirklich dahin führen, die Unterordnung der Frau unter den Mann (…) aufzugeben, dahin, dass wir (…) überhaupt ihre gleiche Teilnahme (…) an allen männlichen Bestrebungen und Kämpfen, auch den kriegerischen, als ihre höchsten Güter und Ehren ansehen sollten?

M7 *K. T. Welcker, 1847, ein Liberaler zur Frage der Beteiligung von Frauen am politischen Kampf.*

1. Beschreibe mit deinen Worten das Idealbild, dem bürgerliche Frauen in der ersten Hälfte des 19. Jahrhunderts entsprechen sollten (M1, M2).
2. a) Beschreibe den Lebensweg Emma Herweghs (M5).
   b) ✚ Beurteile, inwiefern sie sich vom bürgerlichen Frauenideal unterschied.
3. Zähle mithilfe von M3, M4, M5 und M6 Tätigkeiten auf, mit denen Frauen sich an den revolutionären Vorgängen beteiligten.
4. Erläutere die Position des liberalen Abgeordneten Welcker gegenüber den aktiv kämpfenden Frauen (M7).
5. ✚ Nimm Stellung zum Urteil der Historikerin Hanna Müller über die Rolle der Frauen in der Revolution von 1848/1849 (M6).
6. Recherchiere im Internet und stelle weitere Lebenswege von Frauen dar, die sich an der Revolution beteiligten (z. B. Elise Blenker, Kathinka Zitz, Mathilde Hitzfeld, Mathilde F. Anneke, Amalie Struve, Nannette Rehmann).

Das deutsche Kaiserreich

Der preußische König Wilhelm I. wird zum Deutschen Kaiser ausgerufen (Gemälde von Anton von Werner, 1877).

Oben: Kaiser Wilhelm II. bei einer Flottenparade (Gemälde von Willy Stöwer, 1912).

Deutschland nach der Revolution

M1 *Otto von Bismarck (1815 – 1898). Foto, 1862.*

Preußen will die Vorherrschaft in Deutschland

Die Revolution von 1848 / 49 war gescheitert – und damit die Schaffung eines einheitlichen deutschen Nationalstaates. Die nationale Einheit blieb jedoch ein wichtiges Ziel der Mehrheit der Deutschen.

Die Revolutionsereignisse von 1848 / 49 hatten zwei Wege zu einem einheitlichen Nationalstaat gezeigt: die Schaffung eines einheitlichen Nationalstaates von unten durch die Bürger oder von oben durch die Fürsten.

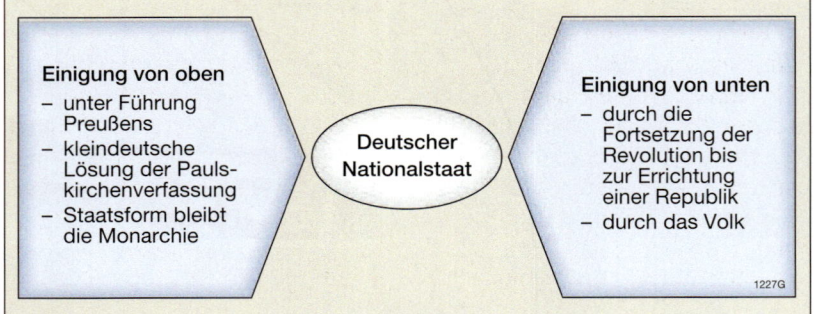

Einigung von oben
– unter Führung Preußens
– kleindeutsche Lösung der Paulskirchenverfassung
– Staatsform bleibt die Monarchie

Deutscher Nationalstaat

Einigung von unten
– durch die Fortsetzung der Revolution bis zur Errichtung einer Republik
– durch das Volk

M2 *Wege zum deutschen Nationalstaat.*

Die Einigung von unten war gescheitert. Die Einigung von oben war aber nur denkbar, wenn sie von Österreich und Preußen als den mächtigsten Mitgliedern des Deutschen Bundes befürwortet wurde.

1858 übernahm König Wilhelm I. die Herrschaft in Preußen. Er hatte das Ziel, die Macht Preußens im Deutschen Bund durch eine Heeresreform zu stärken. Für die Finanzierung brauchte er die Zustimmung des preußischen Landtages. Dieser verweigerte lange Zeit sein Ja, da die Abgeordneten über die Verwendung des von ihnen zu bewilligenden Geldes kein Mitspracherecht haben sollten. Außerdem fürchtete der Landtag, dass durch die Reform das stehende Heer und damit die Stellung des Königs ausgebaut würden.

Erst die Ernennung Otto von Bismarcks zum preußischen Ministerpräsidenten brachte eine Lösung. Bismarck wollte die Macht seines Königs und die Macht Preußens in Deutschland sichern und appellierte an die nationalen Gefühle der Landtagsabgeordneten. Er war außerdem dazu bereit, auch ohne die Zustimmung des Landtages zu regieren.

> **ⓘ Preußen**
> Preußen war der größte Bundesstaat im Deutschen Reich. Es nahm 2/3 des Reichsgebiets ein. 3/5 der Bevölkerung lebte in Preußen.

> Nicht auf Preußens Liberalismus sieht Deutschland, sondern auf seine Macht. Preußen muss seine Kraft zusammenfassen und zusammenhalten … Preußens Grenzen nach den Wiener Verträgen sind zu einem gesunden Staatsleben nicht günstig. Nicht durch Reden und Majoritätsbeschlüsse werden die großen Fragen der Zeit entschieden – das ist der große Fehler von 1848 gewesen – sondern durch Eisen und Blut.

M3 *Otto von Bismarck vor preußischen Abgeordneten (1862).*

Preußen erringt die Vorherrschaft

Als 1863 Dänemark Anspruch auf das Herzogtum Schleswig erhob und es von Holstein abtrennen wollte, führten Preußen und Österreich gemeinsam erfolgreich Krieg gegen Dänemark. Gegensätzliche Interessen bei der gemeinsamen Verwaltung Schleswig-Holsteins ließen jedoch aus den Kriegsverbündeten Kriegsgegner werden.

Im sogenannten Deutschen Krieg von 1866 konnte das preußische Heer Österreich und die übrigen Staaten des Deutschen Bundes vernichtend schlagen, obwohl Preußen nur von den kleineren norddeutschen Staaten unterstützt wurde. Damit hatte Preußen den Machtkampf gegen Österreich für sich entschieden. Österreich musste aus dem Deutschen Bund ausscheiden, aber keine Gebiete abtreten.

Preußen gründete daraufhin ohne Österreich mit allen Staaten nördlich des Mains den Norddeutschen Bund. An der Spitze des Bundes stand der preußische König Wilhelm I. Bismarck wurde sein Bundeskanzler. Die süddeutschen Staaten Bayern, Baden, Württemberg und Hessen-Darmstadt wurden mit einem geheimen Schutzvertrag an den Norddeutschen Bund gebunden. 1867 erhielt der Norddeutsche Bund eine Verfassung, die Preußen die Vormachtstellung garantierte.

M4 *Der Norddeutsche Bund.*

… Österreich darf nicht gedemütigt werden. Man muss für die Zukunft seine Freundschaft gewinnen, sonst wird es der Bundesgenosse Frankreichs …
Wir wollen die Anbahnung der deutschen Einheit unter dem König von Preußen ins Auge fassen …

M5 *Otto von Bismarck zum Frieden mit Österreich (1866).*

1 Erkläre die Wege zu einem deutschen Nationalstaat. Beziehe M2 ein.
2 Analysiere die Quelle M3.
3 Stelle in einer Collage dar, was „Eisen und Blut" für dich bedeuten.
4 Lest M5 und diskutiert, warum Bismarck diese Haltung gegenüber Österreich vertrat.
5 Werte die Karte M4 aus und bewerte die Stellung Preußens im Norddeutschen Bund.

Das Deutsche Reich wird gegründet

Der Deutsch-Französische Krieg und die Reichsgründung

Seit dem Sieg Preußens über Österreich fürchtete Frankreich um seine europäische Vormachtstellung. Als ein Mitglied der preußischen Königsfamilie den spanischen Thron besteigen sollte, fühlte sich Frankreich massiv bedroht und protestierte. Obwohl Preußen seine Kandidatur zurückzog, führte ein diplomatischer Schachzug Bismarcks, die Emser Depesche, direkt in den Krieg.

Als Frankreich Preußen den Krieg erklärte, fühlten sich alle Deutschen angegriffen. Die süddeutschen Staaten stellten ihre Truppen ebenso wie die Staaten des Norddeutschen Bundes unter den preußischen Oberbefehl. Der Aufmarsch der vereinten deutschen Truppen an der französischen Grenze verlief dank der neuen Eisenbahnstrecken sehr schnell. Im September 1870, wenige Wochen nach Bismarcks Emser Depesche, musste sich Kaiser Napoleon III. mit etwa 80 000 Soldaten nach der Schlacht bei Sedan ergeben.

Die Bürger von Paris waren allerdings nicht bereit, kampflos aufzugeben. Sie setzten Napoleon III. ab und riefen eine Republik aus. Daraufhin marschierten die deutschen Truppen nach Paris. Mit Granatbeschuss und einer Blockade zwangen sie die Pariser Bürger im Frühjahr 1871 aufzugeben.

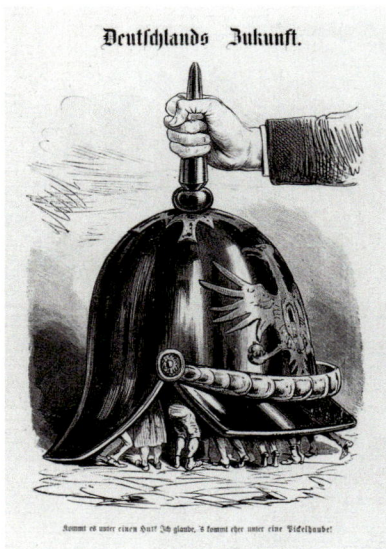

M1 Karikatur von 1870. (Die Pickelhaube ist ein seit 1842 im preußischen Heer getragener Helm mit Spitze.)

Das Deutsche Reich wird in Versailles gegründet

Noch während deutsche Truppen Paris belagerten, versammelten sich die deutschen Landesherren am 18. Januar 1871 im Spiegelsaal von Versailles. Hier, im alten Machtzentrum der französischen Monarchie, ernannten sie den König von Preußen zum deutschen Kaiser. Damit war die Gründung eines einheitlichen deutschen Reiches vollzogen. Aus 22 Einzelstaaten und drei freien Städten wurde ein einheitlicher Bundesstaat.

 Emser Depesche
Bismarck ließ ein Telegramm des preußischen Königs, der sich zur Kur in Bad Ems aufhielt, verkürzt und verändert veröffentlichen. Diese Emser Depesche war so formuliert, dass das deutsche Volk sich beleidigt fühlte und die Franzosen sich angegriffen sahen. Als Reaktion war eine Kriegserklärung Frankreichs zu erwarten.

Und was für ein Friede für uns Deutsche! ... Vereint zu einem Reiche, dem größten, mächtigsten, gefürchtetsten in Europa, groß durch seine ... Macht, größer noch durch seine Bildung ... Jedes deutsche Herz hatte das gehofft.

M2 Tagebuchnotiz vom 3. März 1871 der Baronin Spitzemberg.

M3 König Wilhelm I. von Preußen wird Deutscher Kaiser. Gemälde von Anton von Werner, 1885.

M4 *Eine neue Macht entsteht in Europa.*

Mit der Gründung des Deutschen Reiches im Spiegelsaal von Versailles ging für viele Deutsche ein Traum in Erfüllung. Auch manche Freiheitskämpfer von 1848, die noch von Militär und Polizei der Fürsten verfolgt worden waren, stimmten jetzt in den allgemeinen Jubel ein. Zwar war der Wunsch nach nationaler Einheit erfüllt worden. Ungewiss war jedoch, ob auch die anderen Forderungen der demokratischen Bewegung, wie z. B. freie Wahlen und politische Mitbestimmung, umgesetzt werden würden.

Offen war auch, wie die anderen europäischen Mächte, z. B. Großbritannien, auf die Gründung eines mächtigen Staates in der Mitte Europas reagieren würden. Und wie würde Frankreich sich verhalten? Von der Lösung dieser Fragen hing die Zukunft des Reiches ab.

1. Nenne Gründe, die zum Ausbruch des Krieges führten.
2. Diskutiert, welche Bedeutung die Ausrufung des Deutschen Reiches in Versailles für a) die deutschen Fürsten, b) die deutschen Bürger, c) Preußen und d) die Franzosen hatte.
3. Vergleiche die Stellungnahmen zum Ergebnis des Krieges von 1871 (M2, M5). Erläutere die Positionen der Verfasser.
4. Erläutere die Probleme, die sich für Deutschland und Europa aus der Reichsgründung ergaben.

> An den ewigen Frieden nach dieser Campagne (dem deutsch-französischen Krieg) glaube ich nicht, vielmehr bin ich der Meinung, dass wir von 1866 an in eine unabsehbare Reihenfolge von Kriegen eingetreten sind … Der nächste Krieg … wird ein Weltbrand sein, und es wird der jetzige Krieg dahinter wie ein Kinderspiel zurücktreten.

M5 *Der Oppositionspolitiker Ludwig Windthorst am 22. Oktober 1871 über die Folgen des deutsch-französischen Krieges.*

Das deutsche Kaiserreich

M1 *Das Wappen des Kaiserreiches: Reichsadler mit preußischem Wappenschild und der Krone des Heiligen Römischen Reiches Deutscher Nation.*

M2 *Die neue Nationalflagge des Kaiserreiches bestand aus den Farben Preußens (Schwarz-Weiß) und dem Rot der alten Reichsstädte.*

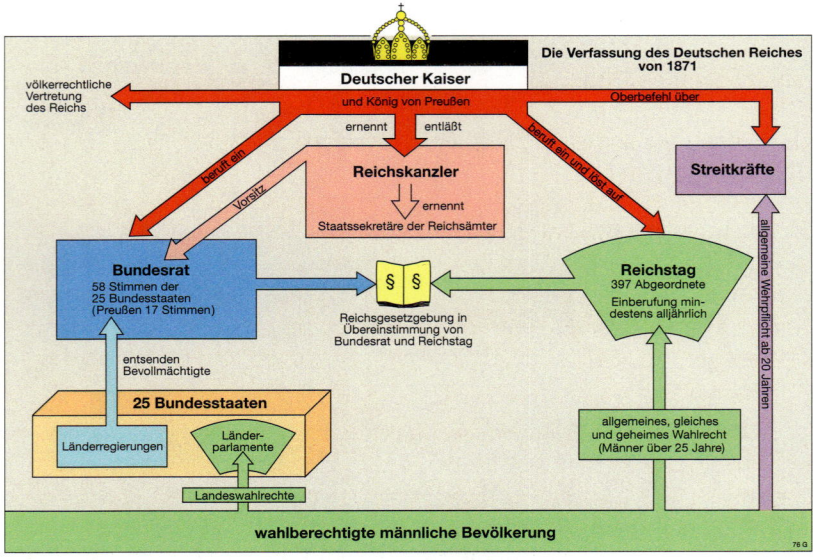

M3 *Die Verfassung des deutschen Kaiserreiches von 1871.*

Die Verfassung des Deutschen Reiches

Bei der Gründung des Reiches waren ausschließlich deutsche Fürsten und hochrangige Angehörige des Militärs anwesend. Die Bürger der deutschen Staaten, die 1848/1849 für die Reichseinigung gekämpft hatten, waren hier ohne Bedeutung. Dies spiegelte sich auch in der neuen Nationalflagge des Reiches wider. Die Farben Schwarz-Rot-Gold, die 1848 für ein einiges und freies Deutschland gestanden hatten, wurden strikt abgelehnt. Die neue Flagge war schwarz-weiß-rot.

Im Deutschen Reich von 1871 hatte der Kaiser sehr viel Macht: Er allein entschied über Krieg und Frieden. Er ernannte den Reichskanzler, der die Politik bestimmte. Der erste Reichskanzler wurde Otto von Bismarck. Er schuldete niemandem als dem Kaiser Rechenschaft. Zusammen gestalteten sie die Außenpolitik.

Die inneren Angelegenheiten des Reiches konnte der Reichstag mitbestimmen. Doch alle Gesetze, welche die Reichstagsabgeordneten einführen wollten, musste der Bundesrat billigen. Die Regierungen der Bundesländer waren somit genauso mächtig wie die Volksvertretung.

Der Reichstag ging aus allgemeinen, geheimen, gleichen und direkten Wahlen hervor: Alle männlichen Bürger über 25 Jahre konnten somit wählen und gewählt werden (allgemein). Jeder Bürger wählte die Abgeordneten direkt. Er konnte auf einem Wahlzettel den gewünschten Kandidaten ankreuzen, ohne dass er dabei beobachtet wurde (geheim). Außerdem zählte die Stimme jedes Wählers gleich viel. Frauen besaßen allerdings kein Wahlrecht. Die Reichsverfassung enthielt keine Grundrechte.

1 Nenne die Farben der Flagge des Kaiserreiches und erkläre, warum diese Farben gewählt wurden.
2 Erkläre die Verfassung des Kaiserreiches (Text, M3).
3 Vergleiche das Wahlrecht des Deutschen Kaiserreiches mit dem heutigen Wahlrecht.

Gewusst wie: Präsentationen vorbereiten

Im Unterricht arbeiten Schüler mitunter gleichzeitig an verschiedenen Themen einer Unterrichtseinheit, z. B. für ein Referat oder in einer Gruppenarbeit. Da wirst du zum Experten, der seine Mitschüler über die Ergebnisse seiner Arbeit möglichst anschaulich informieren sollte. So gehst du vor:

1. Schritt: Thema und Art der Darstellung
Lege das Thema und deine Ziele genau fest. Willst du in der Klasse oder andere Schüler der Schule informieren? Wie willst du dein Thema präsentieren: mit einer Wandzeitung oder einem Plakat, mit einer Folie (Overhead-Projektor), an der Pinnwand, mit dem Beamer?

2. Schritt: Beschaffung und Auswahl von Informationen
Dabei hast du verschiedene Möglichkeiten: Lexika, Fachbücher (aus der Stadt- und Schulbücherei oder von zu Hause), das Internet. Du kannst auch mit Fachleuten sprechen.
Danach musst du aus deinen Informationen auswählen, sie auswerten und Ergebnisse festhalten. Übertrage deine Ergebnisse in Stichworten auf Karteikarten. Bilder und Statistiken können kopiert werden. Notiere auch, woher deine Informationen stammen.

3. Schritt: Gestaltung der Präsentation
Überlege, wie du deine Ergebnisse anschaulich präsentieren kannst. Tipp: Verwendest du ein Gerät, solltest du es unbedingt vorher ausprobieren und sicherstellen, dass es funktioniert. Gestalte dein Thema übersichtlich und gegliedert. Übersichten, Statistiken und Fotos können deine Texte veranschaulichen und Interesse erzeugen.

4. Schritt: Präsentation – Vorstellung des Themas
In der Gruppe muss vorher entschieden werden, wer welche Ergebnisse vorstellt. Lies nicht einfach deine Ergebnisse vor, sondern erläutere und erkläre sie (z. B. eine Statistik). Anschließend solltest du auf Fragen deiner Mitschüler eingehen können.

M1 *Schülerinnen und Schüler präsentieren Ergebnisse.*

Die Innenpolitik im Kaiserreich

Bismarck und die Parteien

Die Politik des Reiches bestimmte bis 1890 maßgeblich Reichskanzler Otto von Bismarck. Nach seinem Jurastudium übernahm er die Verwaltung des landwirtschaftlichen Familienbetriebes.

Während der Revolution von 1848/49 vertrat Otto von Bismarck als Mitglied des Landtages einen sehr konservativen und königstreuen Standpunkt. Als es 1862 zum Machtkampf zwischen dem preußischen Landtag und König Wilhelm I. kam, machte dieser Bismarck zum Ministerpräsidenten. Denn dieser war bereit, das Bewilligungsrecht des Landtages für den Etat zu übergehen und damit die Macht des Königs zu stärken.

Mit der Kaiserkrönung Wilhelms I. im Jahre 1871 nahm auch die Macht Bismarcks zu. Denn er wurde nun Reichskanzler. In dieser Funktion konnte Bismarck das Kaiserreich mit großer Handlungsfreiheit führen. „Bismarck ist wichtiger für das Reich als ich", soll Wilhelm I. über seinen Reichskanzler geäußert haben.

An der Gestaltung der Innenpolitik beteiligten sich auch die gewählten Abgeordneten des Reichstages. Sie vertraten Parteien, die bereits vor der Reichsgründung aus Zusammenschlüssen von Persönlichkeiten mit ähnlichen politischen Ansichten entstanden waren. Diese Parteien entwickelten sich jetzt zu politischen Massenorganisationen mit einem festen Programm und bestimmten Wählergruppen.

> Ich habe bestimmte, positive, praktische Ziele, nach denen ich strebe, zu denen mir mitunter die Linke, mitunter die Rechte geholfen hat. Ich gehe mit dem, der mit den Staats- und Landesinteressen nach meiner Überzeugung geht; die Fraktion, der er angehört, ist mir vollständig gleichgültig.

M2 *Otto von Bismarck über sein Verhältnis zu den Parteien (1878).*

Kampf gegen Kirche und Sozialdemokratie

Ein Ziel Bismarcks war es, den Einfluss der Kirche, vor allem der katholischen, aber auch der evangelischen, im Staat zurückzudrängen. Bismarck unterstellte der katholischen Kirche, dass sie sich über die Zentrumspartei in „einer den öffentlichen Frieden gefährdenden Weise" in staatliche Angelegenheiten einmische. Zwischen dem Staat und der Kirche entwickelte sich eine ernste Auseinandersetzung, der Kulturkampf.

Bismarck entzog der Kirche die Aufsicht über die Volksschulen und übertrug sie dem Staat. 1874 wurde die zivile Eheschließung vor dem Standesamt eingeführt und erhielt alleinige rechtliche Gültigkeit.

Wer ein geistliches Amt anstrebte, musste eine staatliche Prüfung ablegen. Viele Geistliche stellten sich dagegen. Als Antwort auf ihren Widerstand ließ Bismarck sie ihres Amtes entheben. Da der Widerstand der Geistlichkeit jedoch dauerhaft nicht zu unterdrücken war, nahm er die meisten Maßnahmen schließlich zurück. Das Misstrauen zwischen katholischer Kirche und Staat blieb aber bestehen.

M1 *„Am Steuer". Die Speichen des Steuerrades zeigen Abgeordnete der Konservativen, Liberalen und des Zentrums. Karikatur von 1879.*

1875 gründete sich die Sozialdemokratische Arbeiterpartei und gewann schnell Wählerstimmen. Bismarck verfolgte ihre Politik mit Argwohn. Er glaubte, dass diese Partei den Umsturz der Kaiserherrschaft vorbereitete. Deshalb wollte er ihren Einfluss einschränken. Zwei Attentate auf den Kaiser gaben ihm dazu die Gelegenheit, obwohl eine Tatbeteiligung der Sozialdemokratie nicht nachgewiesen werden konnte.

Am 18. Oktober 1878 brachte Bismarck im Reichstag das „Gesetz gegen die allgemeingefährlichen Bestrebungen der Sozialdemokratie" ein und stellte die Partei damit unter Ausnahmerecht. Damit begann für die Sozialdemokraten eine Zeit der Verfolgung. Bald wurden sie als „Reichsfeinde" und „vaterlandslose Gesellen" bezeichnet. Während der Zeit des sogenannten Sozialistengesetzes ließ der Staat 1500 Arbeiterführer ins Gefängnis werfen und 900 aus dem Reich ausweisen. Die Partei selbst verbot der Reichstag zwar nicht, aber Versammlungen und Parteimitglieder wurden strengstens überwacht. Um das Gesetz zu umgehen, fanden Veranstaltungen der Partei getarnt als Kegelnachmittage, Turnvereinsveranstaltungen oder Ausflüge in die Natur statt. Ihre verbotenen Zeitschriften ließ die Partei während dieser Zeit im Ausland drucken.

Um die Arbeiter für das Kaiserreich zu gewinnen, wurden staatliche Sozialgesetze eingeführt. 1890 musste der Reichstag das „Sozialistengesetz" wieder aufheben.

Partei	Wähler
Sozialdemokraten	Arbeiter
Fortschrittspartei	Bürger
Nationalliberale Partei	Unternehmer, Bürger
Zentrum	Katholiken

M4 *Parteien im Kaiserreich und ihre Wähler.*

Jahr	Stimmen
1877	0,5 Millionen
1890	1,5 Millionen
1912	4,3 Millionen

M5 *Wählerstimmen für die Sozialdemokraten.*

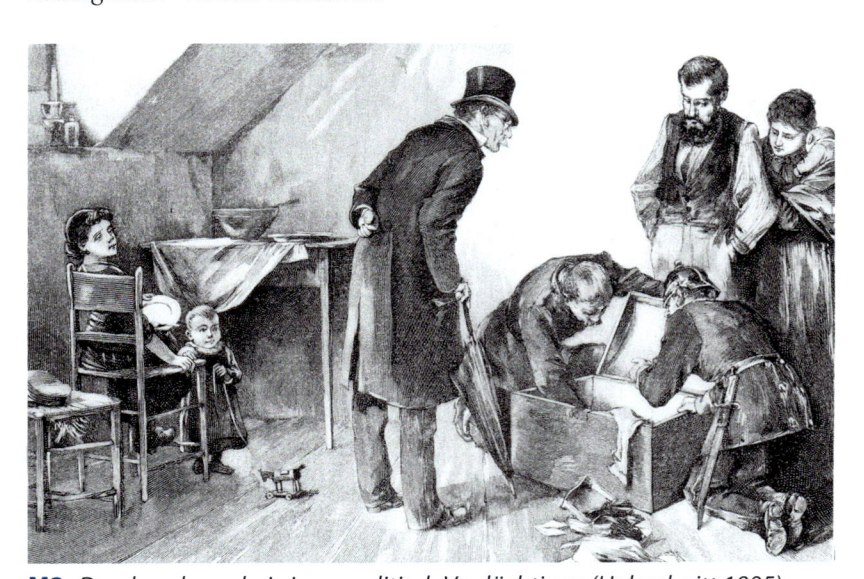

M3 *Durchsuchung bei einem politisch Verdächtigen (Holzschnitt, 1895).*

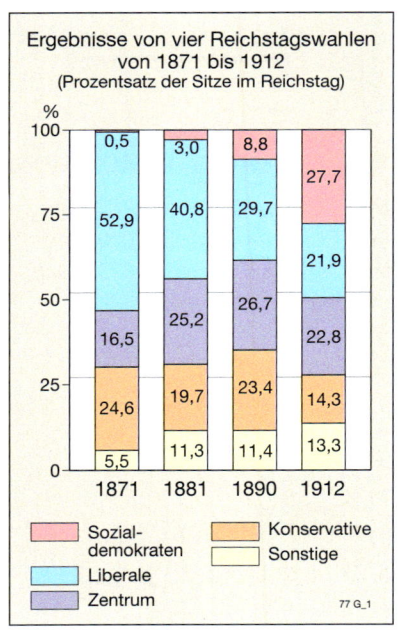

M6 *Reichstagswahlen zwischen 1871 und 1912.*

1 Beschreibe den politischen Aufstieg Bismarcks.
2 Interpretiere die Karikatur M1 mithilfe der Quelle M2.
3 a) Erkläre die Bedeutung des „Sozialistengesetzes".
   b) Prüfe mithilfe von M5, ob das Sozialistengesetz erfolgreich war.
4 Bismarcks Innenpolitik wird als „Zuckerbrot und Peitsche" bezeichnet. Erkläre diese Beschreibung.
5 ✚ Beurteile die Innenpolitik Bismarcks aus heutiger Sicht.
6 Erläutere, wie sich die Wahlergebnisse der Parteien im Kaiserreich entwickelten (M6).

Die Gründerjahre

Die wirtschaftliche Situation des Kaiserreiches

Mit der Gründung des Kaiserreiches im Jahre 1871 entstand ein Nationalstaat, aber die wirtschaftliche Einigung musste erst vollzogen werden. Überall im Land gab es verschiedene Währungen, Maße und Gewichte (Fuß, Zoll, Meter, Meile …). Das war für die wirtschaftliche Entwicklung von Nachteil. Ein erster wesentlicher Schritt zur Belebung der Wirtschaft und des Handels war das im November 1871 eingeführte Reichsmünzgesetz. Es vereinheitlichte die Währungen, sodass im Kaiserreich nur noch Mark, Groschen und Pfennige gültige Zahlungsmittel waren.

Die Banken verliehen Kredite zu sehr niedrigen Zinsen, sodass sich zahlreiche Firmen gründeten und überall Häuser, Kaufhäuser, Fabrikhallen oder Banken gebaut wurden. Die Industriestädte wuchsen enorm. Die Zeit zwischen 1871 und 1873 wird daher als die Zeit der Gründerjahre bezeichnet.

Dieser wirtschaftliche Aufschwung wurde vor allem mit Aktien finanziert. Viele Menschen verfielen einem regelrechten Aktienrausch. Als aber im Oktober 1873 die Werte der Aktien durch einen Börsenkrach fielen, kam es zum „Gründerkrach". Viele der neuen Firmen mussten Konkurs anmelden. Die Folgen waren Massenarbeitslosigkeit, Kurzarbeit und Lohnsenkungen. Dadurch verloren viele Menschen ihre Ersparnisse und ihre finanzielle Lebensgrundlage.

Große Unternehmen hingegen, die modernisiert und neue Verfahren eingeführt hatten, gingen aus der Wirtschaftskrise gestärkt hervor. Die Unternehmer erkannten die Vorteile des Zusammenschlusses.

Der Zusammenschluss von kleineren Unternehmen zu großen Verbänden nannte man Konzernbildung – wie zum Beispiel im Fall von BASF oder Bayer. Den Elektronikmarkt teilten sich Siemens und AEG.

M1 *Aktie der Gesellschaft für Bergbau, Eisen- und Stahlindustrie aus dem Jahr 1872. Bereits 1873 brach die Firma zusammen.*

M2 *Kaufhaus Herrmann Tietz in Berlin in der Kaiserzeit (Foto um 1912).*

M3 Landung des Luftschiffes Zeppelin in Berlin. Foto aus dem Jahr 1906.

Die technische Entwicklung verlief rasant. Neue Schiffstypen mit Dampfturbinen wurden entwickelt, Unterseeboote oder das Luftschiff von Ferdinand Graf von Zeppelin gebaut.

1 Erkläre die Begriffe Gründerjahre und Gründerkrach.
2 Erläutere die Konzernbildung.
3 Nenne Beispiele für neue technische Entwicklungen.
4 ↗ Informiere dich über eine neue technische Entwicklung dieser Zeit und stelle sie in einem Kurzvortrag vor.

M4 Lokomotive der Berliner Fabrik Schwartzkopff.

M5 Gottlieb Daimler mit seiner Motorkutsche von 1886.

M6 Otto Lilienthal mit seinem Gleitflieger. Foto um 1894.

Die Gesellschaft im Kaiserreich

M1 *Die Familie des Kaisers Wilhelm II. (1906).*

M2 *Familie des „Eisenbahnkönigs" Strousberg im Garten seiner Villa.*

Adel und Bürgertum

Obwohl der Einfluss des wirtschaftlich erfolgreichen Bürgertums zunahm, spielte der Adel im Kaiserreich immer noch eine wesentliche Rolle. Die höchsten Positionen in der staatlichen Verwaltung und im Militär wurden überwiegend von Adligen besetzt.

Die wirtschaftliche Grundlage des Adels war nach wie vor Grundbesitz, vor allem in den preußischen Gebieten östlich der Elbe. Doch es gab inzwischen auch zahlreiche verarmte Adlige. Sie versuchten zumeist, ihren Lebensunterhalt mit einer Anstellung im Staatsdienst zu sichern.

Die das Kaiserreich prägende Gesellschaftsschicht war jedoch das Bürgertum. Hierzu gehörten mehrere Gruppen, die sich nach Beruf und Einkommen zum Teil erheblich unterschieden:

Die Großbürger strebten danach, sich dem Lebensstil der Adligen anzupassen. Vermögende Kaufleute oder Industrielle kauften Güter von verarmten Adligen, bauten Häuser wie adlige Herrensitze und bemühten sich um Orden und Titel. Wie im Adel galt es als hohes Ziel, Offizier zu werden oder seine Söhne dazu ausbilden zu lassen.

M3 *Villa eines Nürnberger Fabrikanten im Stil eines Renaissanceschlosses, 1890.*

Gebildete und vermögende Bürger wie Architekten, Rechtsanwälte, Professoren und Gymnasiallehrer, Ärzte und hohe Beamte bildeten das Besitz- und Bildungsbürgertum. Sie gaben viel Geld für ein stattliches Haus, vornehme Kleidung oder die Bildung ihrer Kinder aus.

Zur großen Gruppe der Kleinbürger gehörten Händler, Handwerksmeister und Angestellte. Weil ihnen die berufliche Sicherheit wichtig war, wurden viele auch Beamte. Das Bürgertum zeichnete sich durch Genauigkeit, Pünktlichkeit und Pflichttreue sowie Leistungswillen aus. Diese Eigenschaften gelten auch heute noch als bürgerliche Tugenden.

Die Erziehung der Mädchen „aus gutem Hause" wurde ausschließlich auf ihre spätere Aufgabe als Ehefrau und Mutter ausgerichtet. Haushaltsführung, Gästebewirtung und Klavierspiel waren wichtige Inhalte der bürgerlichen Mädchenbildung. Ein Studium oder gar die Teilnahme am politischen Leben blieben nach wie vor den Männern vorbehalten.

Im Hinblick auf mein Alter suche als Vater für meine Tochter, evangelisch, 25 Jahre alt, stattliche Erscheinung, angenehm gebildet, auch musikalisch und sprachlich, sowie in Kunstfertigkeiten geübt, dabei sehr häuslich und bescheiden, vornehm in Gesinnung und Charakter, zwecks Heirat, akademisch gebildeten Mann von empfehlendem Äußeren, größerer Figur, bester Gesundheit und zweifellos gediegenem Charakter, etwa Anfang Dreißiger, bevorzugt Arzt, Jurist, höherer Beamter, Oberlehrer, Apotheker.

M4 *Auszug aus einer Heiratsannonce.*

Die Unterschichten

Mehr als zwei Drittel aller Erwerbstätigen (Fabrikarbeiter, Bergleute, Heimarbeiter, Handwerksgesellen, Landarbeiter, Dienstboten u. a.) gehörten mit ihren Familien zu den Unterschichten. Diese mussten sich ihren Lebensunterhalt schwer erarbeiten. Der Lohn eines Einzelnen reichte oft nicht für die Ausgaben des täglichen Lebens. Selbst die Kinder mussten zum Broterwerb der Familie beitragen. Deshalb konnten viele Kinder nur eine minimale Schulbildung genießen.

Auch viele Frauen mussten arbeiten, um den Lebensunterhalt der Familie zu sichern. Sie waren als Arbeiterinnen beschäftigt. Gleichwohl waren sie weiterhin für den Haushalt und die Kindererziehung zuständig. Ein Studium, ein besserer Beruf oder politische Arbeit war für sie kaum denkbar.

1. Vergleiche die Gemälde in M1 und M2. Überprüfe deine Ergebnisse mithilfe des Textes und erkläre sie.
2. Nenne Kriterien, nach denen man bürgerliche Gruppen unterscheidet.
3. Beurteile, zu welcher Schicht der Autor der Heiratsannonce gehörte (M4).
4. Zeige den Gesellschaftsaufbau in einer Gesellschaftspyramide.
5. ✚ Stelle mithilfe aller Materialien dieser Seite das Leben im Kaiserreich zusammenfassend dar.

Meine Eltern hatten alle Mühe und Not, um mit ihren neun Kindern und dem Schicksal fertig zu werden. Mein Vater war genauso wie ... später auch ich – Bergmann, und er bekam für eine neunstündige Schichtzeit ganze 2,66 Mark. Damit musste er seine Familie ernähren und kleiden ... So war es dann wohl kaum ein Wunder, dass wir Kinder keine Lederschuhe kannten, sondern im Sommer barfuß laufen mussten und in der kälteren Jahreszeit uns mit Holzschuhen ... begnügten. ...
Erst lange nach meiner Jugendzeit lernte ich auch Butter in der Praxis kennen. Sie kostete damals 0,90 bis 1,– Mark je Pfund und konnte auch bei bestem Willen und größter Sparsamkeit nicht auf unseren Familientisch gebracht werden.

M6 *Bergarbeiter Schmidt über seine Jugend.*

M5 *Familie eines Arbeiters in der Wohnküche, die auch als Schlafraum diente.*

M7 *Berlin, Hofansicht in Alt-Moabit im Jahre 1903.*

Kaiser, Soldaten, Untertanen

M1 *Kaiser Wilhelm II. (Gemälde von Max Koner, 1890).*

M2 *Nationalhymne auf einem Sammelbildchen der Firma Liebig, 1899.*

Der Kaiserkult

Die Deutschen entwickelten nur langsam ein Nationalgefühl. Sie sahen sich eher als Sachsen, Bayern oder Preußen. Zur zentralen Figur im neuen Reich wurde der Kaiser: Seinen Geburtstag feierten die Menschen als Nationalfeiertag. An diesem Tag wurden Gottesdienste zu Ehren der Majestät gehalten und die Kinder hatten schulfrei. Städte und Dörfer veranstalteten Festumzüge und Volksfeste mit Reden zu Ehren des Kaisers, seiner Politik und des Reiches. Die Straßen, Plätze und öffentlichen Gebäude waren dann mit Kaiserporträts oder mit Bildern ruhmreicher deutscher Feldherren geschmückt.

M3 *Festumzug zum Kaisergeburtstag am 27. Januar in Berlin.*

Disziplin und Gehorsam

Das Militär war im Alltag des Kaiserreiches allgegenwärtig. Uniformen sah man auf der Straße überall.

Damen zeigten sich gern in Begleitung von Offizieren. Diese genossen ein besonderes Ansehen in der Gesellschaft, denn sie standen in einem persönlichen Treueverhältnis zum König. Viele Männer gehörten sogenannten Kriegervereinen an. Sie zeigten damit ihre Bereitschaft, Kaiser und Vaterland treu mit der Waffe zu verteidigen. Die Armee galt als „Schule der Nation": Während ihrer drei- und später zweijährigen Dienstzeit wurde den Wehrpflichtigen unbedingte Kaisertreue und Patriotismus, Disziplin und Gehorsam vermittelt.

Um 1900 konnten mehr deutsche Kinder schreiben und lesen als in jedem anderen Land Europas. Das lag auch daran, dass im Kaiserreich eine achtjährige Schulpflicht galt. Die meisten Kinder besuchten für acht Jahre die Volksschule. Hier hatten mehrere Jahrgänge gleichzeitig in einem Klassenraum Lesen, Schreiben, Rechnen und Religionsunterricht.

Daneben gab es auch eine Realschule und das Realgymnasium, in denen neben Mathematik und den neueren Sprachen auch die „Realien", d. h. die Naturwissenschaften und Geografie, unterrichtet wurden. Das humanistische Gymnasium mit den Fächern Latein und Griechisch kostete Schulgeld. Nur Jungen durften hier zur Schule gehen.

> Rekruten! Ihr habt jetzt vor dem geweihten Diener Gottes und angesichts dieses Altars Mir Treue geschworen …, ihr seid jetzt Meine Soldaten, ihr habt euch Mir mit Leib und Seele ergeben; es gibt für euch nur einen Feind, und das ist Mein Feind. Bei den jetzigen sozialistischen Umtrieben kann es vorkommen, dass ich euch befehle, eure eigenen Verwandten, Brüder, ja Eltern niederzuschießen – was ja Gott verhüten möge –, aber auch dann müsst ihr Meine Befehle ohne Murren befolgen.

M5 *Rede Kaiser Wilhelms II. bei der Rekrutenvereidigung am 23. November 1891 in Potsdam.*

> Am ersten Tage meines Schulbesuches öffnete sich in einer Stunde nach schüchternem Klopfen die Tür und herein trat ein Siebtklässler, mit einem Rohrstock in der Hand. Er hatte sich bei dem Lehrer wegen einer Unbotmäßigkeit in der Pause zu melden.
> Der Lehrer befahl ihm, im Stehen seinen Stiefel auf- und wieder zuzuschnüren, und erteilte ihm währenddessen eine Anzahl von Stockschlägen auf den gespanntesten Teil der Hose.
> Als zu Hause herauskam, dass ich häufig geschlagen wurde, schrieb mein Vater an den Schulleiter, ich sei herzkrank und dürfe nicht geschlagen werden. Darauf schickte mich in der nächsten Stunde unser schlagkräftigster Lehrer barsch aus der Klasse; wenn ich nicht gehauen werden dürfte, habe es keinen Zweck, dass ich am Unterricht teilnähme.

M4 *Der ehemalige Gymnasiast Arnold Brecht erinnert sich.*

1. Erkläre den „Kaiserkult" anhand von Beispielen (Text, M1, M3).
2. Schreibe zu M3 ein mögliches Gespräch zwischen Kaiser Wilhelm II. und einem der Kinder.
3. a) Gib den Inhalt der Rede in M5 wieder.
   b) Nimm Stellung zu den Erwartungen Wilhelms II.
4. Arbeite aus M4 den eigentlichen Zweck des Unterrichts heraus.
5. Militär und Schule wurden als „Schule der Nation" bezeichnet. Erläutere, welche gemeinsamen Ziele sie verfolgten.
6. ✚ Bewerte die Militärisierung im öffentlichen Leben und vermute mögliche Folgen.

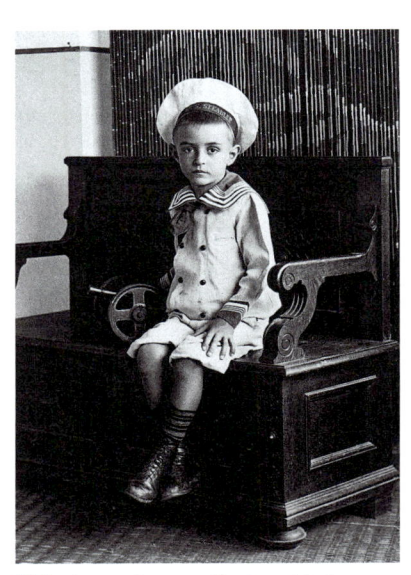

M6 *Junge im modischen Matrosenanzug.*

Genau betrachtet:

M1 *Zweites Garderegiment in der Berliner Friedrichstraße (1910).*

„Haben Sie gedient?" – Die Frage also, ob jemand Soldat der kaiserlichen Armee gewesen ist, und die Aussage „Der Mensch ist erst Mensch in Uniform!" charakterisieren die gesellschaftliche Bedeutung des Militärs sowie das Bewusstsein vieler Menschen in der Kaiserzeit.

> … wenn ein Regiment durch die Straßen marschiert …, geht es [nie] aus dem Weg – alles muss ausweichen und anhalten. Zwar haben Offiziere nur einen verhältnismäßig geringen Sold, genießen aber Vorrechte … Steuern bezahlen sie nur an den Staat und nicht an die Stadt, u. a. können sie im Offizierskasino preiswerter als andere kaufen. Sie sind verpflichtet, sich in der Öffentlichkeit … niemals anders als in Uniform mit Säbel zu zeigen … [Alle] fürstlichen Personen [zeigen sich] nur in Uniform. Sie sind haufenweise Feldmarschälle oder Generale, Oberste, Majore, Hauptleute oder Leutnants … So wie die deutsche Monarchie beschaffen ist, muss sie von diesem Geist zusammengehalten werden.

M2 *Ein Zeitzeuge über Berlin in der Kaiserzeit.*

1 Beschreibe das Bild M1.
2 a) Erläutere anhand von M2, welche Bedeutung das Militär in der Kaiserzeit besaß.
   b) Vergleiche die damalige Rolle des Militärs mit der Rolle der Bundeswehr heute.

Das Deutsche Reich – ein Kasernenhof

Kompanieweise ward man in den Korridoren … „abgerichtet". … Beim Exerzieren im Kasernenhof … ward weiter nichts beabsichtigt, als die Kerls umherzuhetzen. Ja, Diederich fühlte wohl, dass alles hier …, die ganze militärische Tätigkeit vor allem darauf hinzielte, die persönliche Würde auf ein Mindestmaß herabzusetzen. Und das imponierte ihm; es gab ihm, so elend er sich befand, und gerade dann, eine tiefe Achtung ein und etwas wie selbstmörderische Begeisterung. … Jäh und unabänderlich sank man zur Laus herab, zum Bestandteil, zum Rohstoff, an dem ein unermesslicher Wille knetete. … Diederich empfand stolze Freude, wie gut er nun schon erzogen war. Die Korporation, der Waffendienst und die Luft des Imperialismus hatten ihn erzogen und tauglich gemacht.

M3 *Heinrich Mann „Der Untertan" (Auszug).*

> **„Der Untertan"**
> In seinem Roman beschreibt der Schriftsteller Heinrich Mann den Werdegang des Diederich Heßling.

Damit jede Störung des Unterrichtes unmöglich gemacht werde, hat der Lehrer darauf zu halten, a) dass alle Schüler anständig gerade sitzen, b) dass jedes Kind seine Hände geschlossen auf die Schultafel legt, c) dass die Füße parallel nebeneinander auf den Boden gestellt werden, d) dass sämtliche Schüler dem Lehrer fest ins Auge schauen … Die Kinder [haben] die betreffenden Lehrmittel in drei Zeiten herauf- und hinwegzutun. Gibt der Lehrer durch Klappen seiner Hände das Zeichen „Eins", dann erfassen die Kinder das unter der Schultafel liegende Buch; beim Zeichen „Zwei" erheben sie das Buch über die Schultafel; beim Zeichen „Drei" legen sie es geräuschlos auf die Schultafel nieder …

M4 *Aus einem Ratgeber für Lehrer (1877).*

M5 *Postbeamte (um 1910).*

M6 *Schützenverein beim Straßenumzug (1907).*

3 Beschreibe die militärische Ausbildung und die Gefühle des Diederich Heßling (M3).
4 Erkläre den Zusammenhang von Militär und Bereichen des öffentlichen Lebens (M4, M5, M6).
5 „Der Mensch ist erst Mensch in Uniform." Nimm Stellung zu diesem Satz aus der Kaiserzeit.

Wissen und können

1 Vergleiche auf den Bildern M1 und M2 die Darstellung: Haltung a) des Königs, b) der Personen neben dem König und c) der Personen vor dem König. Erkläre die Aussage des jeweiligen Bildes.

M1 *1849: Abgeordnete der Nationalversammlung bieten dem preußischen König Friedrich Wilhelm IV. die Kaiserwürde an.*

M2 *1871: Im Spiegelsaal von Versailles proklamieren die deutschen Fürsten König Wilhelm I. von Preußen zum Deutschen Kaiser.*

1864: Deutsch-dänischer Krieg

1866: Preußisch-österreichischer Krieg

1870/71: Deutsch-französischer Krieg

1871: Reichsgründung, Bismarck Reichskanzler, Kaiser Wilhelm I.

1860 — 1865 — 1870 — 1875

Das deutsche Kaiserreich

2 Übertrage folgende Jahreszahlen in eine Zeitleiste und ergänze die Ereignisse:

1849, 1858, 1864, 1866, 1867, 1870/71, 1871 1871/73

Gründerjahre, Deutsch-französischer Krieg, Verfassung des Norddeutschen Bundes, Deutsch-dänischer Krieg, Preußisch-österreichischer Krieg, Wilhelm I. König von Preußen, Scheitern der Revolution, Reichsgründung

3 Löse das Silbenrätsel.

A – ak – al – bis – bör – bür – bun – burts – chung – der – des – durch – e – en – ge – ge – ge – ger – grün – hym – jah – kai – kai – kampf – kanz – kon – krach – kul – kult – kurs – ler – les – li – li – lin – lis – marck – na – nal – ne – o – par – pe – rat – re – reichs – sail – sen – ser – sers – set – set – so – so – su – tag – tei – ten – ti – ti – thal – tum – tur – ver – ze – ze – zep – zi – zi

1. Ort der Kaiserproklamation
2. Erste Jahre nach der Reichsgründung
3. Vertretung der Bundesstaaten gem. Reichsverfassung
4. Bezeichnung für das Amt des Regierungschefs
5. Architekt der Reichsgründung
6. Prägende Gesellschaftsschicht im Kaiserreich
7. Unternehmensanteil, Börsenpapier
8. Zahlungsunfähigkeit eines Unternehmens
9. Wirtschaftskrise von 1873
10. Luftschiff
11. Luftgleiter Otto …
12. Meinungsgruppe im Reichstag
13. Bismarcks Konflikt mit den Kirchen
14. Bismarcks Kampfmaßnahmen gegen die SPD
15. Maßnahme der Polizei
16. Bismarcks Hilfen vornehmlich für die Arbeiterschaft
17. Nationalfeiertag im Kaiserreich (2 Wörter)
18. „Erkennungsmelodie eines Landes"
19. Übertriebene Verehrung des Herrschers

Grundbegriffe

Deutsch-französischer Krieg
Gründerjahre
Militarismus
Norddeutscher Bund
Reichsgründung
Sozialgesetze

1878–1890: Sozialistengesetze

1883–1889: Einführung der Sozialgesetze

1888: Kaiser Wilhelm II.

1880   1885   1890

Erklären und beurteilen

Der Hauptmann von Köpenick

KILIAN *steckt den Kopf herein:* Herr Bürjermeister!
OBERMÜLLER Was soll denn das – ohne anzuklopfen?
VOIGTS STIMME *draußen*: Zwei Mann vor Gewehr, der Gefreite als Ordonnanz, die andern bleiben vorläufig auf dem Gang zur Verfügung! Mal Platz hier! *tritt ein.*
OBERMÜLLER *erhebt sich von seinem Sessel.*
VOIGT Sind Sie der Bürgermeister von Köpenick?
OBERMÜLLER Allerdings. Ja, was soll denn das –
VOIGT *klappt die Hacken zusammen, legt die Rechte an den Mützenschirm:* Auf Allerhöchsten Befehl Seiner Majestät des Kaisers und Königs erkläre ich Sie für verhaftet. Ich habe Auftrag, Sie sofort auf die Neue Wache nach Berlin zu bringen. Machen Sie sich fertig.
OBERMÜLLER Das verstehe ich nicht! Das muss doch ein Irrtum sein, wieso denn überhaupt?
VOIGT Wieso? *weist auf die Truppe hinter sich:* Genügt Ihnen das nicht?
OBERMÜLLER Ja, aber es muss doch ein Grund vorliegen! Können Sie mir denn nicht –
VOIGT Sie werden schon wissen. Ich habe nur Befehl.
OBERMÜLLER *haut auf den Tisch:* Das ist aber doch stark! Ich lasse mich hier nicht einfach –
VOIGT Haben Sie gedient?
OBERMÜLLER Jawohl, ich bin Oberleutnant der Reserve.
VOIGT Dann wissen Sie doch, dass jeder Widerstand nutzlos ist. Befehl ist Befehl. Hinterher könnense sich beschweren.
OBERMÜLLER Ja, ich habe aber doch gar keine Ahnung –
VOIGT Tut mir leid. Ich auch nicht. Ich habe nur Befehl.
VOIGT *zum Gefreiten, der hinter ihm steht:* Schaunse mal, was der Polizeiinspektor macht. Nebenan, Zimmer zwölf. *Zu Obermüller:* Wer hat die Stadtkasse unter sich?
OBERMÜLLER Der Stadtkämmerer Rosencrantz. Ich möchte aber sehr bitten –
VOIGT Danke. *Zu Kilian:* Holense den Herrn mal her.
KILIAN Der steht draußen, Herr Hauptmann! Herr Stadtkämmerer!! Reinkommen!!
ROSENCRANTZ Zur Stelle, Herr Hauptmann!
VOIGT Haben Sie gedient?
ROSENCRANTZ Jawohl, Herr Hauptmann! Leutnant der Reserve im 1. Nassauischen Feldartillerieregiment Nr. 27.
VOIGT Danke, leider muss ich auch Sie vorläufig in Haft nehmen. Sie machen sofort einen vollständigen Kassenabschluss, den ich kontrollieren werde.
OBERMÜLLER Herr Stadtkämmerer, wie kommen Sie eigent-

M1 Zuckmayer „Der Hauptmann von Köpenick" (Auszug).

Der historische Hintergrund

Der mehrfach vorbestrafte Schuhmacher Friedrich Wilhelm Voigt bemühte sich 1906 nach seiner Haftentlassung in verschiedenen Städten um eine Arbeitsstelle. Wegen seiner Vorbestrafung wurde ihm jedoch wiederholt die Aufenthaltsgenehmigung entzogen. Aus diesem Grund verlor er immer wieder seine Anstellungen. Ohne Aussicht auf eine feste Beschäftigung bereitete Voigt in Köpenick (heute ein Stadtteil von Berlin) die Besetzung des Rathauses vor.

In der Uniform eines Hauptmanns gelang es Voigt, mehrere Soldaten, die ihm zufällig begegnet waren, zu befehligen und mit ihnen das Köpenicker Rathaus zu besetzen und den Bürgermeister zu verhaften.
Dieses Ereignis nahm der deutsche Dramatiker Carl Zuckmayer zum Anlass, ein Theaterstück zu schreiben, das mehrmals verfilmt wurde.

M2 Bronzedenkmal des Hauptmann von Köpenick vor dem Rathaus.

Das deutsche Kaiserreich

lich dazu, hier ohne Weiteres zu kapitulieren? Sie haben ohne meinen Befehl keinen Abschluss zu machen! Noch bin ich nicht abgesetzt!
ROSENCRANTZ Aber verhaftet, verzeihen Herr Hauptmann, ich dachte wenigstens …
OBERMÜLLER Das geht nicht so einfach! Die Stadtkasse kann nicht ohne Beschluss der Verwaltung …
VOIGT Die Verwaltung der Stadt Köpenick bin ich! Der Herr Bürgermeister ist ganz einfach mein Gefangener. *Zu Rosencrantz:* Führen Sie meine Anweisung aus!
ROSENCRANTZ Selbstverständlich, Herr Hauptmann.
VOIGT *ruft nach rückwärts:* Ein Mann begleitet Herrn Stadtkämmerer. Zehn Minuten. Reicht das?
ROSENCRANTZ Werd mich beeilen, Herr Hauptmann.
VOIGT Danke.
ROSENCRANTZ *ab* – DER GEFREITE *inzwischen wieder da.*
VOIGT Na, was ist mit dem Polizei-Inspektor?
DER GEFREITE Schläft, Herr Hauptmann.
VOIGT Dann wird er geweckt. Holense ihn sofort her.
GEFREITER *ab.*
OBERMÜLLER Herr Hauptmann, Ihr Vorgehen wird nicht ohne parlamentarische Folgen bleiben. Ich bin Mitglied der Fortschrittlichen Volkspartei.
VOIGT Das interessiert mich nicht. Ich befolge nur meinen Befehl.
OBERMÜLLER Ich füge mich der Gewalt, Herr Hauptmann. Aber die geschieht auf Ihre Verantwortung!
VOIGT Sehr richtig. Auf meine Verantwortung.
POLIZEI-INSPEKTOR Das geht doch nicht! Man kann mich doch nicht einfach mit dem Bajonett …
VOIGT Wie kommen Sie dazu, im Dienst zu schlafen? Werden Sie dafür von der Stadt Köpenick bezahlt?
POLIZEI-INSPEKTOR Nein, Herr Hauptmann.
VOIGT Bringen Sie mal gefälligst Ihre Kleider in Ordnung.
POLIZEI-INSPEKTOR Verzeihen, Herr Hauptmann.
VOIGT *milder.* Naja, Ordnung muss sein. – Was bringen denn Sie?
EIN GRENADIER *in der Tür:* Meldung von der Portalwache, Herr Hauptmann: Es sind nun schon mindestens tausend Leute draußen. Wache bittet um Verstärkung.
VOIGT Aha. *Zum Inspektor:* Sie vertreten ja hier die oberste Polizeigewalt. Sorgense gefälligst für Ruhe und Ordnung!
POLIZEI-INSPEKTOR Jawohl, Herr Hauptmann!

M3 *Szene aus dem Film „Der Hauptmann von Köpenick" von 1956.*

1. Spielt die Szene nach oder lest sie mit verteilten Rollen.
2. Beschreibe das Verhalten von Obermüller, Rosencrantz und dem Polizei-Inspektor gegenüber Voigt.
3. Nimm dazu Stellung, welche Bedeutung die Uniform und der vermeintliche Dienstgrad Voigts hier haben.
4. Diese Szene beruht auf einer wahren Begebenheit. Sie war typisch für das Kaiserreich. Erkläre, warum.

Die Industrielle Revolution

Das Eisenwerk von Cyfarthfa (Wales) bei Nacht (Gemälde von Penry Williams, 1825).

| 1780 | 1790 | 1800 | 1810 | 1820 | 1830 | 1840 | 1850 | 1860 | 1870 | 1880 | 1890 | 1900 | 1910 |

Oben: Im Opelwerk in Eisenach (Foto aus dem Jahr 2000).

Maschinen verändern das Leben

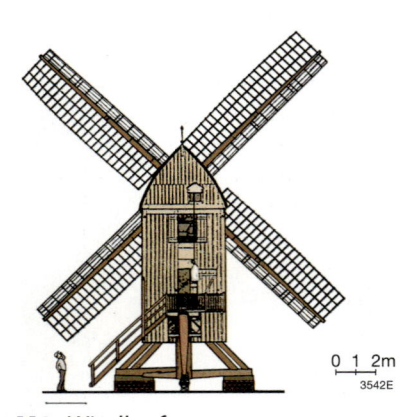

M1 Windkraft.

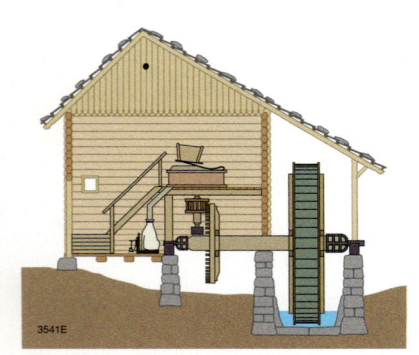

M2 Wasserkraft.

M3 Der Monat September (Gemälde von H. Wertinger, 1470–1533).

Leben und Arbeiten im Wechsel der Jahreszeiten

Bis zum 19. Jahrhundert lebten die meisten Menschen auf dem Land. Sie bebauten Äcker und hielten Vieh. Auch Handwerker hatten meistens einen kleinen landwirtschaftlichen Betrieb. Die meisten Menschen verließen die Gegend um ihren Geburtsort nie.

Bei der Arbeit setzten Menschen Hilfsmittel wie zum Beispiel Sensen zum Mähen ein. Bei schweren Arbeiten wie beispielsweise beim Ziehen eines Pfluges halfen Pferde und Ochsen. Neben der Muskelkraft nutzte man als Naturkräfte Wind und Wasser, um zum Beispiel große Mühlsteine anzutreiben, die das Korn zu Mehl mahlten. Mit Wasserkraft betrieb man u. a. auch Hammerwerke zum Schmieden.

Ab dem 18. Jahrhundert änderte sich das Leben auf dem Lande. Neue landwirtschaftliche Maschinen wie zum Beispiel die Sämaschine ersetzten viele Arbeitskräfte in der Landwirtschaft. Außerdem konnten mehr Menschen mit Nahrungsmitteln versorgt werden. Dieses gelang durch die Züchtung von widerstandsfähigen Tieren, durch Düngen und durch die Umstellung auf Fruchtwechselwirtschaft. Diese löste die Dreifelderwirtschaft des Mittelalters mit teilweise brachliegenden Feldern ab.

1. Liste mithilfe von M3 Arbeiten auf dem Lande auf und erkläre sie.
2. Beschreibe die Hilfsmittel, die die Menschen vor der Erfindung von Kraftmaschinen für schwere Arbeiten einsetzten (M1–M3).
3. Erkläre, warum die Standorte für die Mühlen wie in M1 und M2 nicht frei wählbar waren.
4. Nenne Gründe, warum im 18. Jahrhundert Arbeitskräfte auf dem Lande in geringerer Zahl gebraucht wurden.

Eine neue Zeit bricht an

Der englische Erfinder James Watt baute 1769 die erste leistungsfähige Dampfmaschine, die andere Maschinen und Werkzeuge in Bergwerken und Fabriken unermüdlich antreiben konnte. Diese neue Kraftmaschine war unabhängig von Wetter und Standort. Sie leistete das Vielfache der menschlichen Muskelkraft. Die Dampfmaschine ermöglichte z. B. die Produktion von Textilien mithilfe von Spinn- und Webmaschinen in Fabriken.

Für die Produktion in den Fabriken wurden viele Arbeitskräfte benötigt. Diese kamen vom Lande, denn dort fanden sie keine Arbeit. Die Arbeiter zogen in die Nähe der Fabriken. Dort entstanden neue Städte. Die Bedürfnisse der Fabriken bestimmten nun die Organisation der Arbeit und auch das Zusammenleben der Menschen in allen Bereichen. Diese Veränderungen in der Arbeitswelt werden „Industrielle Revolution" genannt.

5 Beschreibe die Arbeit in der Fabrikhalle (M4).
6 Vergleiche die Arbeiten auf dem Lande (M3) mit der Arbeit in der Fabrik (M4). Nenne wichtige Unterschiede.
7 Recherchiere im Internet oder in einem Lexikon, wie eine Dampfmaschine aufgebaut war und wie sie funktionierte.
8 Benenne die Vorteile der Dampfmaschine in der Produktion (M4, M5, Text).
9 Erkläre, was man unter „Industrieller Revolution" versteht.

Schätzt man die Kraft eines Pferdes im Vergleich zu der eines Menschen wie 5,5 zu 1 und rechnet man, dass eine Dampfmaschine täglich volle 24 Stunden arbeitet, unterdessen Pferde nur acht Stunden und Menschen nur zehn Stunden am Tag arbeiten können, so leuchtet ein, dass diese Dampfmaschine (600 PS) täglich die Arbeit von 1 800 Pferden und von 9 000 Menschen verrichtet.

M5 *Ein Wissenschaftler über die Arbeitsleistung einer Dampfmaschine.*

M4 *Fabrikhalle eines Eisenwalzwerks um 1875 (Gemälde von Adolph Menzel).*

Die erste Industrienation

> **ℹ Industrialisierung**
> Als Industrialisierung wird der Übergang von der handwerklichen zur industriellen Produktion bezeichnet. Dabei werden die Waren mithilfe von Maschinen in Fabriken produziert. Dadurch können Waren in großen Mengen hergestellt werden.

M2 *Kohleförderung mithilfe einer Dampfmaschine in Großbritannien (Bild eines unbekannten Künstlers, entstanden zwischen 1775 und 1825).*

Die Industrialisierung beginnt in Großbritannien

Die Industrielle Revolution begann in England. Dort waren die Voraussetzungen dafür günstig.

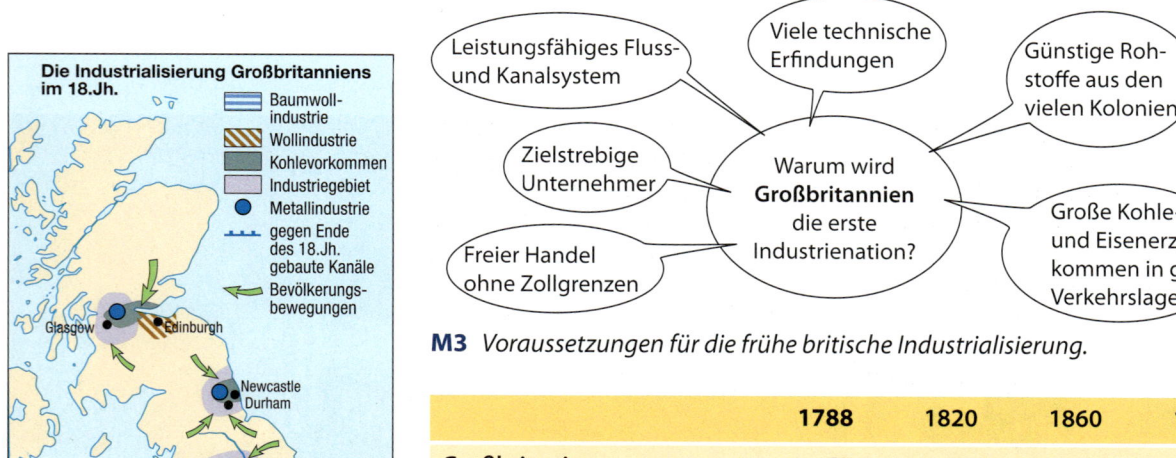

Warum wird Großbritannien die erste Industrienation?
- Leistungsfähiges Fluss- und Kanalsystem
- Viele technische Erfindungen
- Günstige Rohstoffe aus den vielen Kolonien
- Zielstrebige Unternehmer
- Freier Handel ohne Zollgrenzen
- Große Kohle- und Eisenerzvorkommen in guter Verkehrslage

M3 *Voraussetzungen für die frühe britische Industrialisierung.*

	1788	1820	1860	1888
Großbritannien	177	290	577	820
Deutschland	50	85	310	583
USA	15	55	392	1443

M4 *Industrielle Produktion (in Millionen englische Pfund).*

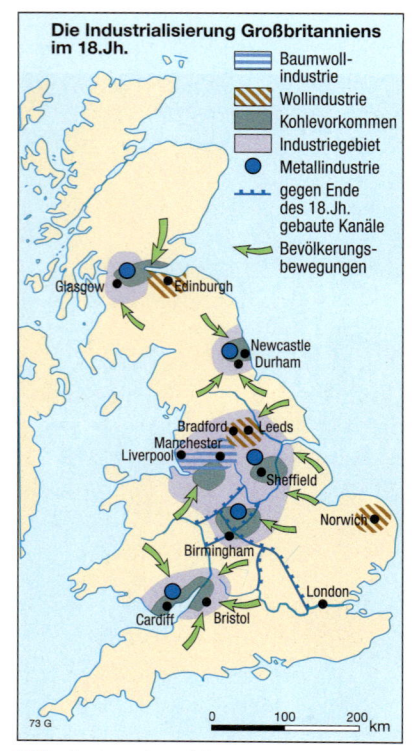

1. Beschreibe die Aufgabe der Dampfmaschine bei der Kohleförderung (M2).
2. Nenne die ersten Industriestädte und die ersten Industrien in Großbritannien im 18. Jahrhundert (M1).
3. Erkläre, warum die in M3 genannten Punkte Großbritannien zur ersten Industrienation machten.
4. Zeichne für jeden Staat in M4 ein Kurvendiagramm. Vergleiche die Kurven und beschreibe die Entwicklung in den genannten Staaten.

M1 *Industriegebiete Großbritanniens im 18. Jahrhundert.*

M5 *Industrielle Entwicklung Mittel- und Westeuropas bis 1850.*

Großbritannien – „Werkstatt Europas"

Technische Neuerungen hatten Großbritannien in den Augen anderer Europäer zur „ersten Industrienation" gemacht. Englische Waren wurden in ganz Europa verkauft. Sie galten als hochwertig und preiswert. Durch den Einsatz der Dampfmaschine und anderer neuer Maschinen und Verfahren, zum Beispiel in der Textilindustrie und später in der Eisen- und Stahlindustrie, konnten Waren in großen Mengen und in gleichbleibender Qualität hergestellt werden. Deshalb schauten sich viele Menschen aus dem Ausland in Großbritannien um, wie dort die Produktion organisiert war. In ihren Heimatländern wurden die britischen Bedingungen und Erfindungen kopiert. So entstanden in Europa zahlreiche Industriegebiete nach dem Vorbild Großbritanniens.

5. a) Werte die Karte M5 aus. Nenne die Regionen, in denen sich bis 1830 und dann bis 1850 Industriegebiete in Europa entwickelten.
   b) Erkläre den räumlichen Zusammenhang zwischen Bergbau und Industrie.
6. Fasse die Aussagen Schinkels über die Entwicklung in England zusammen und gib seinen Tagebuchaufzeichnungen eine Überschrift (M6).
7. Erläutere, warum Großbritannien als „Werkstatt Europas" galt.
8. Begründe, warum viele Entwicklungen in Großbritannien im europäischen Ausland nachgeahmt wurden.
9. Spinnmaschine, Dampfmaschine, mechanischer Webstuhl und Lokomotive waren britische Erfindungen. Informiere dich in Nachschlagewerken oder dem Internet darüber und berichte.

> England ist, seit … die Maschinen eigentlich ihr Wesen treiben, um das Doppelte und vielen Orten 3- und 4-fache in sich vergrößert … worden. In Manchester sind … 400 neue große Fabriken für Baumwollspinnereien entstanden, unter denen mehrere Gebäudeanlagen in der Größe des königlichen Schlosses in Berlin stehen. Man sieht Gebäude, wo vor drei Jahren noch Wiesen waren, aber diese Gebäude sehen so schwarz geräuchert aus, als wären sie 100 Jahre in Gebrauch. … Alle diese Anlagen haben enorme Massen von Waren produziert, dass die Welt davon überfüllt ist.

M6 *Tagebuchaufzeichnungen Friedrich Schinkels 1826.*

Die Textilproduktion im Umbruch

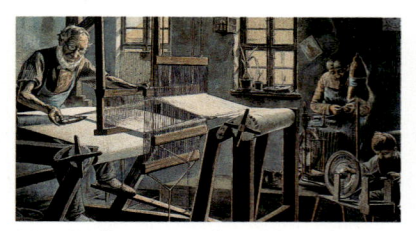

M1 Weber am Webstuhl (Wandbild, um 1800).

Beim Spinnen mussten wir Kinder vom fünften Lebensjahr an mithelfen. Wir saßen bis spätabends am Spinnrad … Bevor wir unsere Arbeit nicht getan hatten, durften wir nicht zu Bett gehen. Zur Schule sind wir nie gegangen. Dazu hatten wir keine Zeit und meine Eltern hätten Schulgeld an den Lehrer bezahlen müssen, dafür verdienten wir nicht genug.

M2 Bericht der 16-jährigen Bauerntochter Martha Stegmann (um 1800).

Man trete in die Hütten hinein! In kleinen elenden Gemächern von Rauch geschwärzt, ohne Hausrat und irgendwelche Zeichen eines Besitzes, der auf ein mehreres als das bloße nackte Leben hindeutet, erblickt man einen Kreis blasser Menschen, Männer, Frauen, Kinder am Spinnrade sitzen und unverwandt die Fäden von dem Rocken durch die abgemagerten Hände ziehen. In einem schmutzigen Winkel entdeckt man den bescheidenen Napf, in dem Reste von Steckrüben und Wurzeln erkennbar sind.

M3 Bericht eines Regierungsrates (um 1800).

M4 Mechanisch angetriebene Webstühle in einer Fabrik (Holzstich, um 1840).

Fabrikarbeit statt Heimarbeit

Vor der Industriellen Revolution wurden Stoffe im Heimgewerbe hergestellt. Ein Unternehmer lieferte Spinnerinnen und Webern die dafür nötige Wolle. Die fertigen Stoffe holte er später ab und verkaufte sie weiter. Viele Familien lebten von diesem Gewerbe.

Die Erfindung von mechanischen Spinnmaschinen und Webstühlen änderte dieses System. Diese Maschinen wurden in Fabrikhallen aufgestellt. Sie erzeugten sehr viel mehr Stoffe, die dann zu günstigen Preisen verkauft werden konnten. Die Heimarbeiterinnen und Heimarbeiter verloren ihre Aufträge und damit ihr Einkommen. Sie waren gezwungen, mit ihrer ganzen Familie in den neuen Textilfabriken zu niedrigen Löhnen und täglich bis zu 16 Stunden zu arbeiten.

1 Nenne Unterschiede zwischen der Arbeit im Heimgewerbe und der in einer Fabrik mit mechanischen Webstühlen (M1, M2).
2 Beschreibe die Arbeitsverhältnisse der Weber (M2, M3).
3 Erläutere die Unterschiede zwischen dem System des Heimgewerbes und der Fabrikarbeit (M5).

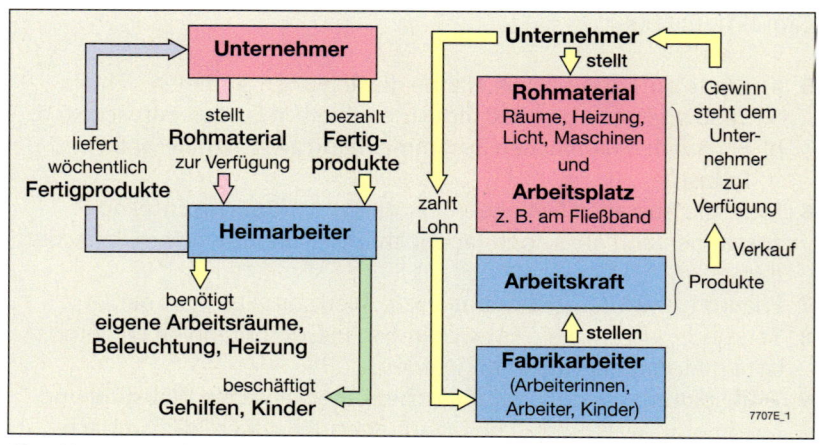

M5 Heimgewerbe und Fabrikarbeit.

Gewusst wie: Ein Museum besuchen

In Niedersachsen gibt es viele ehemalige Fabriken, in denen die Produktion eingestellt wurde. Einige wurden vor dem Abriss bewahrt und zu Museen umgebaut. Beim Besuch eines solchen Museums kann man etwas über die Lebens- und Arbeitsbedingungen der Menschen in der Frühzeit der Industialisierung erfahren. So gehst du vor:

1. Schritt: Planung des Museumsbesuchs
Informiert euch über Industriemuseen in eurer Nähe (M1, Internet) und entscheidet euch für ein Museum. Erkundigt euch, ob Führungen angeboten werden (frühzeitig anmelden). Erstellt für den Besuch eine Liste mit Fragen und Beobachtungsaufträgen. Zum Beispiel:
– Wann wurde die Fabrik gebaut, was wurde hier hergestellt?
– Wie viele Menschen arbeiteten hier und welche Berufe und Tätigkeiten wurden hier ausgeübt?
– Woher kamen die Rohstoffe? Wohin wurden die fertigen Produkte geliefert? Gab es einen Bahnanschluss?
– Wann und warum wurde der Betrieb eingestellt?

2. Schritt: Den Museumsbesuch durchführen
Am Tag des Museumsbesuchs könnt ihr eure Eindrücke in Form von Fotos oder Videos (vorher um Erlaubnis fragen!), Skizzen und Aufzeichnungen festhalten. Sammelt zusätzlich angebotene Informationen (z. B. Handzettel und Broschüren).

3. Schritt: Auswertung und Nachbereitung des Museumsbesuchs
Eine erste Auswertung sollte direkt im Museum im Anschluss eures Besuchs stattfinden. Viele Museen haben hierfür spezielle Räume und Mitarbeiter. Ihr könnt eure Fragen dann direkt an den Experten richten und so Fehler vermeiden. Die Auswertung und Präsentation in der Schule kann in Form einer Wandzeitung, einer Informationsmappe, einer Ausstellung oder einer Präsentation auf der Internetseite eurer Schule geschehen.

Ausgewählte Museen:
www.rammelsberg.de
www.oberharzerbergwerks-museum.de
www.erdoelmuseum-wietze.de
www.fabrikmuseum.de
www.tuchmachermuseum-bramsche.de
www.delmenhorst.de/nordwolle

Weiterführende Links:
www.industriedenkmal.de
www.route-industriekultur.de
webmuseen.de/niedersachsen.html

M1 *Industriemuseen in Niedersachsen (Auswahl).*

M2 *Spinnmaschine in der Historischen Spinnerei Gartetal.*

Industrialisierung in Deutschland

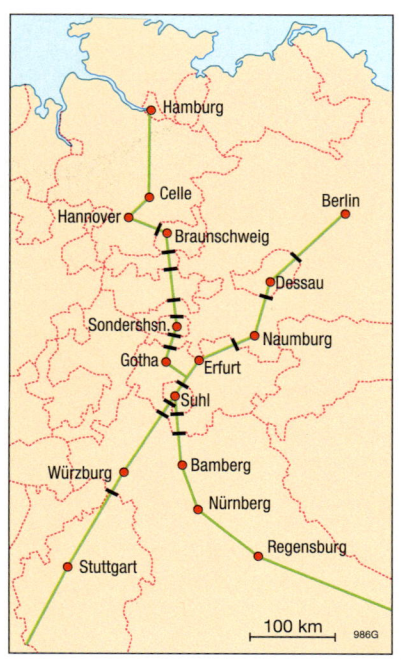

M1 Zollschranken vor Gründung des Zollvereins.

Die Anfänge

Anders als in England kam die Industrialisierung in Deutschland zunächst nur langsam in Gang. 38 Zollgrenzen behinderten den Warenverkehr zwischen den kleinen deutschen Einzelstaaten. Erst 1834 einigten sich auf Initiative von Friedrich List viele deutsche Staaten darauf, den Deutschen Zollverein zu gründen. An ihren gemeinsamen Grenzen wurden jetzt keine Abgaben (Zölle) mehr verlangt. Das beschleunigte den Warentransport und begünstigte den Handel. Das Gebiet des Deutschen Zollvereins wuchs zu einem einheitlichen Wirtschaftsraum zusammen. Der Zollverein verstärkte das Interesse vieler Menschen an einem einheitlichen deutschen Staat.

Einige mutige Unternehmer wie zum Beispiel Friedrich Harkort gründeten erste Fabriken. Harkort brachte von einer Informationsreise aus England Facharbeiter und Techniker mit. 1820 wurden in seinen „mechanischen Werkstätten" die ersten beiden deutschen Dampfmaschinen produziert. 1826 erweiterte er die Fabrik um einen Hochofen und ein Walzwerk.

Trotz aller Fortschritte entwickelte sich die Industrie in Deutschland zunächst nur langsam.

1 Ermittle mithilfe von M1 die Anzahl der Stellen, an denen für mitgeführte Waren Zoll bezahlt werden musste
   a) auf einer Fahrt von Hamburg nach Regensburg,
   b) auf einer Fahrt von Berlin nach Stuttgart.
2 Erläutere die Bedeutung des Deutschen Zollvereins für die Industrialisierung in Deutschland.
3 Berichte über die Anfänge der Maschinenfabrik Harkorts (M3, Text).
4 a) Ermittle den prozentualen Anteil der deutschen Produktion im Verhältnis zur englischen in den in M2 angegebenen Jahren.
   b) Belege mit den Zahlen von M2, in welchem Zeitabstand die deutsche Roheisenproduktion die englischen Werte erreichte.

Jahr	Großbritannien	Deutschland
1820	0,374	0,085
1830	0,688	0,110
1840	1,419	0,190
1850	2,285	0,210
1860	3,888	0,529
1870	6,059	1,261
1880	7,873	2,468
1890	8,031	4,100
1900	9,104	7,550
1910	10,173	13,111

M2 Roheisenproduktion (in Mio. t).

M3 Friedrich Harkorts Fabrik auf Burg Wetter (Gemälde, um 1834).

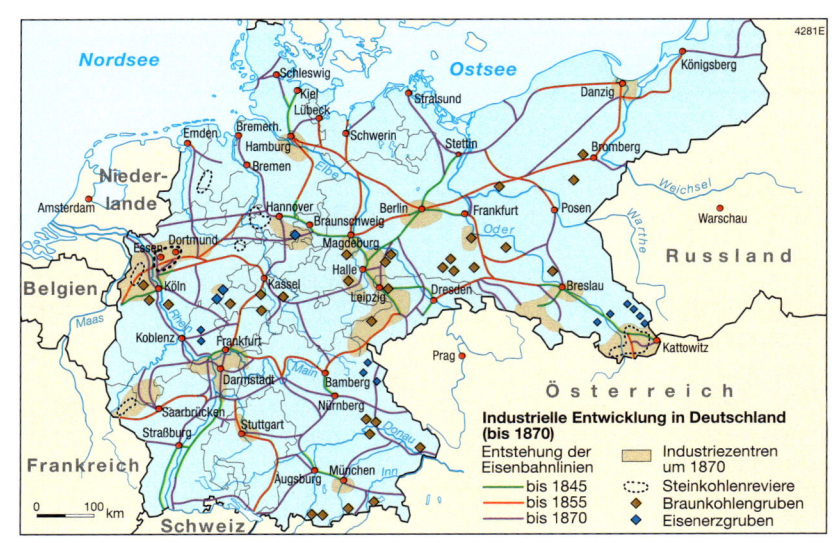

M4 Industrielle Entwicklung im Deutschen Zollverein (bis 1870).

M6 Eröffnung der Strecke Nürnberg – Fürth im Jahre 1835.

Von Berlin nach	Hannover	Hamburg	München
Postkutsche 19. Jh.	40	36	81
Eisenbahn 19. Jh.	5	5	11
Eisenbahn (ICE) 2008	1:37	1:36	5:41

M5 Reisedauer im Vergleich (in Stunden).

Eisenbahn – Lokomotive des Fortschritts

1814 erfand der Engländer George Stephenson die Dampflokomotive, die Waggons auf Schienen zog. Ab 1830 fuhren zwischen Manchester und Liverpool die ersten Züge, schon 1835 wurde in Deutschland die erste Eisenbahnlinie eröffnet. Die ersten Lokomotiven hatte man noch aus England importiert. Doch schon bald wurden in Deutschland eigene Lokomotiven produziert. Mit dem Ausbau des Schienennetzes konnten nun Personen und Güter schnell und billig in alle Richtungen transportiert werden. Waren konnten nun über weite Strecken von dort hergeholt werden, wo sie am günstigsten hergestellt wurden. Der staatlich unterstützte Ausbau des Eisenbahnnetzes beschleunigte die Industrialisierung in Deutschland.

5 a) Beschreibe die Lage von Eisen- und Kohlevorkommen (M4).
b) Vergleiche sie mit der Lage der Industriezentren (M4).
c) Benenne die Industriezentren, die durch die Eisenbahn bis 1855 miteinander verbunden waren (M4).

6 Berechne mithilfe von M5 die Durchschnittsgeschwindigkeit eines Transports zwischen Berlin und Hannover (ca. 300 km) in Kilometer pro Stunde (km/h) für die dort angegebenen Verkehrsmittel.

7 Erläutere die Bedeutung der Eisenbahn für die Entwicklung des Reiseverkehrs und des Handels (M4, M5, M6, Text).

Jahr	Großbritannien	Deutschland
1830	152	–
1840	2308	549
1850	10 653	6044
1860	16 768	11 633
1870	24 999	19 575
1880	28 854	33 711
1890	32 297	42 869
1900	35 165	51 678

M7 Streckennetz der Eisenbahn (in km).

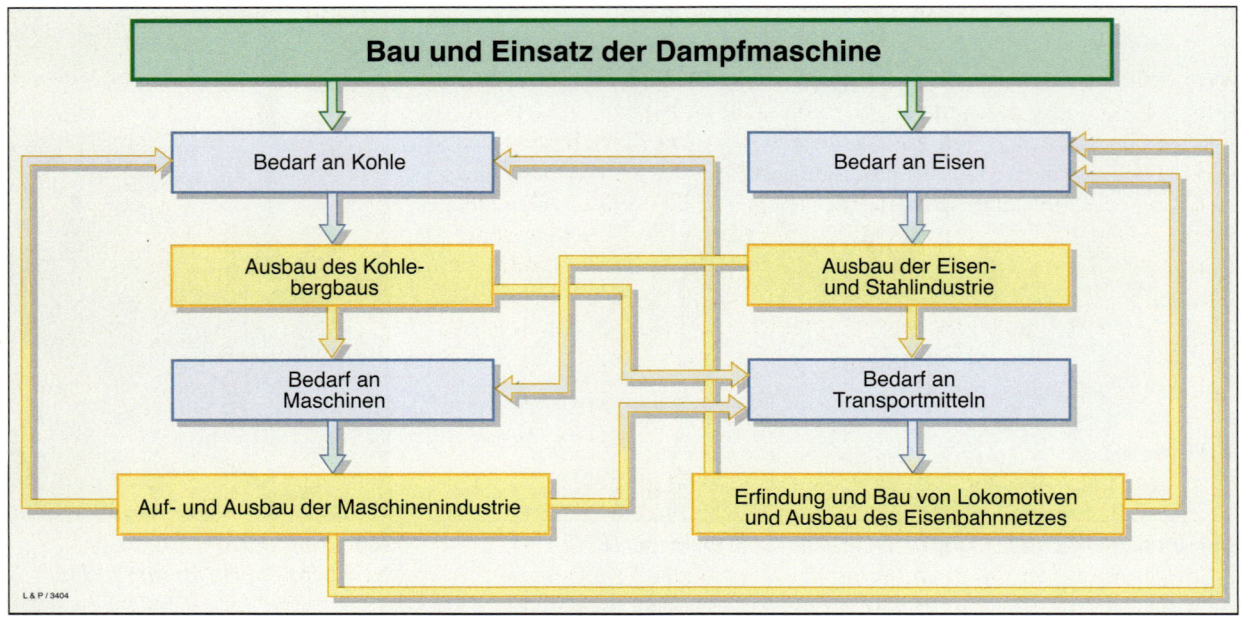

Industrialisierung in Deutschland

M1 *Die Dampfmaschine – eine revolutionäre Erfindung (Ursache-Wirkung-Kette).*

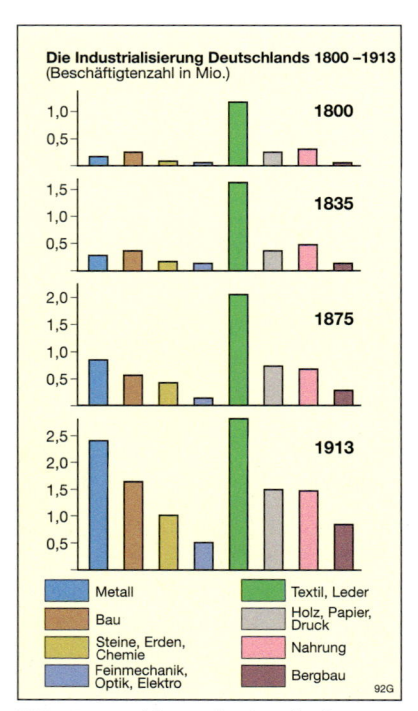

Diagramm:
- Bau und Einsatz der Dampfmaschine
  - Bedarf an Kohle → Ausbau des Kohlebergbaus → Bedarf an Maschinen → Auf- und Ausbau der Maschinenindustrie
  - Bedarf an Eisen → Ausbau der Eisen- und Stahlindustrie → Bedarf an Transportmitteln → Erfindung und Bau von Lokomotiven und Ausbau des Eisenbahnnetzes

Deutschland wird Industriestaat

Für die Eisenbahnanlagen und die Eisenbahnen selbst benötigte man vor allem Eisen. Das gewann man aus Eisenerz, das in Bergwerken – zumeist unter Tage – gefördert wurde. In großen Hochöfen erfolgte schließlich die Trennung von Erz und Eisen. Die Öfen wurden mit Koks geheizt. Koks ist ein Brennstoff, der in einem speziellen Verfahren aus Kohle gewonnen wird.

Weil die Eisen- und Stahlindustrie, auch Schwerindustrie genannt, große Mengen an Kohle benötigte, siedelte sie sich bevorzugt in der Nähe der Kohlebergwerke an. Im Bergbau benötigte man Förderanlagen zum Abbau und Transport von Kohle oder Erz. Das führte zum Auf- und Ausbau der Maschinenbauindustrie. Firmen wie Krupp, Borsig und Henschel entwickelten sich rasch. Der Maschinenbau stieg zum größten deutschen Industriezweig auf.

Die Industrialisierung vollzog sich nicht in allen deutschen Gebieten gleichmäßig. Führend war Preußen mit dem Ruhrgebiet, Berlin und Oberschlesien. Um den Bedarf an Arbeitern zu decken, warben die Unternehmen gezielt Arbeitskräfte an. So wanderten immer mehr Menschen vom Land in die Industriegebiete.

M2 *Entwicklung der Beschäftigtenzahlen in Deutschland in Millionen.*

Legende: Metall, Bau, Steine/Erden/Chemie, Feinmechanik/Optik/Elektro, Textil/Leder, Holz/Papier/Druck, Nahrung, Bergbau

1 Erkläre mithilfe des Wirkungsgeflechts M1, welche Auswirkung der Bau und der Einsatz der Dampfmaschine für die industrielle Entwicklung hatte.

2 a) Beschreibe die Entwicklung der Beschäftigtenzahlen der Industriezweige in M2 zwischen 1800 und 1913 in Deutschland.
b) Nenne drei Bereiche, die sich von 1800 bis 1913 besonders gut entwickelten.

3 Erläutere die Entwicklung Deutschlands zum Industriestaat.

Erfindungen und Unternehmen in Deutschland

1847 gründete Werner von Siemens die erste deutsche Elektrofirma. Er erfand 1866 die Dynamomaschine. Bald erzeugten gewaltige Dynamos, die von Dampfmaschinen angetrieben wurden, in Elektrizitätswerken elektrische Energie. In großen Städten fuhren erste Straßenbahnen.

Der Farbstoffhändler Friedrich Bayer gründete 1863 ein Unternehmen zur Herstellung von künstlichem Farbstoff, aus dem rasch ein führendes Unternehmen der chemischen und Arzneimittelindustrie wurde.

Auch die Erfindungen und die Weiterentwicklung des Verbrennungsmotors und des Autos durch Otto, Diesel, Daimler und Benz fanden in Deutschland statt.

4 Beschreibe
   a) das Betriebsgelände der Firma Krupp 1884 (M3).
   b) die Entwicklung der Beschäftigtenzahlen in der Firma (M3).

5 Informiere dich in einem Lexikon oder im Internet über die folgenden Erfindungen und Erfinder und erstelle eine Tabelle in zeitlicher Abfolge: Schreibmaschine, Flugzeug, Telefon, Glühlampe, Dieselmotor, Filmkamera, Röntgenstrahlen, Samuel Morse, Nicolaus August Otto, Sir Alexander Flemming, John Boyd Dunlop, Carl Friedrich Benz.

Jahr	Erfinder	Erfindung
1769	James Watt	Dampfmaschine
...	...	...

6 Schreibe mithilfe eines Lexikons oder des Internets einen kurzen Steckbrief über folgende Personen: August Thyssen, August Borsig, Carl Zeiss, Fritz Henkel, Melitta Bentz.

M4 *Werbeplakat für die Glühbirne (Ende 19. Jh.).*

Jahr	Beschäftigte
1811	7
1848	70
1853	700
1868	7000
1912	70 000

M3 *Kruppwerke in Essen 1884.*

Industrialisierung in Deutschland

§ 1 Der Arbeiter kann nur nach jeweils sechs Monaten kündigen. Der Fabrikherr kann jeden Arbeiter sofort entlassen.
§ 2 Außer an Sonntagen und hohen Feiertagen wird immer gearbeitet.
§ 4 Nach Arbeitsbeginn wird keiner mehr eingelassen. Wer sich verspätet, wird mit einer Strafe in Höhe von zwei Tageslöhnen belegt.
§ 16 Wer auf dem Fabrikgelände raucht, wird mit einer Strafe von zwei Tageslöhnen belegt.
§ 22 Wer Baumwolle oder Reste achtlos wegwirft, wird mit zwei Tageslöhnen Strafe belegt. Das Strafgeld bekommt derjenige, der den Vorfall im Büro anzeigt.

M1 *Aus einer Fabrikordnung (um 1898).*

M3 *Schichtarbeiter am Dampfhammer (Gussstahlfabrik Krupp in Essen, Foto um 1902).*

Das Arbeitsleben ändert sich

Durch das Entstehen vieler Fabriken änderte sich auch der Tagesablauf der Menschen. Sie arbeiteten nun in großen, lauten und staubigen Fabrikhallen. Anders als beim Handwerk hatte der Arbeiter nun eine Maschine zu bedienen. Da die Dampfmaschine ständig einsatzbereit war, wurde das Arbeitstempo durch sie bestimmt. Für die Fabrikbesitzer stellten die Maschinen teure Anschaffungen dar. Damit sich diese Anschaffungen lohnten, mussten die Maschinen viele Stunden am Tag laufen. Es wurde in drei Schichten rund um die Uhr gearbeitet. Diese Schichten bestimmten jetzt den Tagesablauf der Menschen.

Während der Handwerker bei der Herstellung eines Produktes alle erforderlichen Arbeitsschritte selbst durchführte, konnte nun die Arbeit in mehreren Schritten organisiert werden. Durch diese Arbeitsteilung konnten Waren in immer größeren Mengen hergestellt werden. Diese Form der Produktion nennt man Massenproduktion.

Es gab noch keine gesetzlichen Regelungen über die Arbeitsbedingungen. Fabrikordnungen sicherten störungsfreie Arbeitsabläufe.

Die Arbeitszeit betrug 14 Stunden. Von Pausen war nicht die Rede. Die Mahlzeiten mussten wir bei der Arbeit einnehmen. Aufenthaltsräume und Waschgelegenheiten gab es nicht. Meistens gingen wir Arbeiter in unserer schmutzigen Arbeitskleidung von und zur Arbeit. Arbeitsschutzgesetze oder Versicherungen gab es nicht.

M2 *Bericht eines Arbeiters über die Arbeitsbedingungen in einem Hüttenwerk (um 1860).*

1 Beschreibe das Bild M3. Erläutere, wie das Bild auf dich wirkt.
2 Stelle in einer Tabelle die Unterschiede zwischen Handwerker und Fabrikarbeiter gegenüber (M1–M3).
3 Stelle Vor- und Nachteile der neuen Produktionsformen in einer Tabelle gegenüber (M1–M3 und Seite 60/61).
4 Verfasse einen Brief eines Fabrikarbeiters, der seinen Verwandten auf dem Land über die Arbeitsbedingungen in einer Fabrik berichtet (M1–M3).

Gewusst wie: Ein Diagramm erstellen

Statistische Zahlenangaben werden oft erst durch eine grafische (zeichnerische) Darstellung anschaulich und verständlich. Solche Darstellungen nennt man Diagramme. Beim Säulendiagramm werden die einzelnen Zahlen als Säulen nebeneinandergestellt.
So gehst du vor:

1. Schritt: Das Achsenkreuz zeichnen
- Wähle die Grundlinie (x-Achse) als Zeitstrahl.
- Überlege dir einen geeigneten Maßstab (Tipp: Ermittle zunächst den höchsten und den niedrigsten Zahlenwert).
- Entscheide, wie groß die einzelnen Einheiten sein sollen, und beschrifte die Achsen.

2. Schritt: Das Diagramm erstellen
- Trage die einzelnen Werte ein.
- Zeichne die Säulen.
- Wähle verschiedene Farben für unterschiedliche Säulen.

3. Schritt: Das Diagramm beschriften und auswerten
- Wähle eine Überschrift und erstelle eine Legende. Auch die Achsen müssen beschriftet werden.
- Beschreibe nun anhand des Diagramms die zu beobachtende Entwicklung. An welchen Stellen entdeckst du Auffälligkeiten?
- Versuche, mit deinen Kenntnissen eine Begründung für die Entwicklung zu finden.

Jahr	Großbritannien	Deutschland
1820	374 000	85 000
1830	688 000	110 000
1840	1 419 000	190 000
1850	2 285 000	210 000
1860	3 888 000	529 000
1870	6 059 000	1 261 000
1880	7 873 000	2 468 000
1890	8 031 000	4 100 000
1900	9 104 000	7 550 000
1910	10 173 000	13 111 000

M2 *Roheisenproduktion (in Tonnen).*

5 Beschreibe das Diagramm und versuche es mithilfe deiner Kenntnisse zu erläutern (M1, M2).
6 Zeichne selbst ein Säulendiagramm zur Entwicklung der Wochenarbeitszeit (M3).

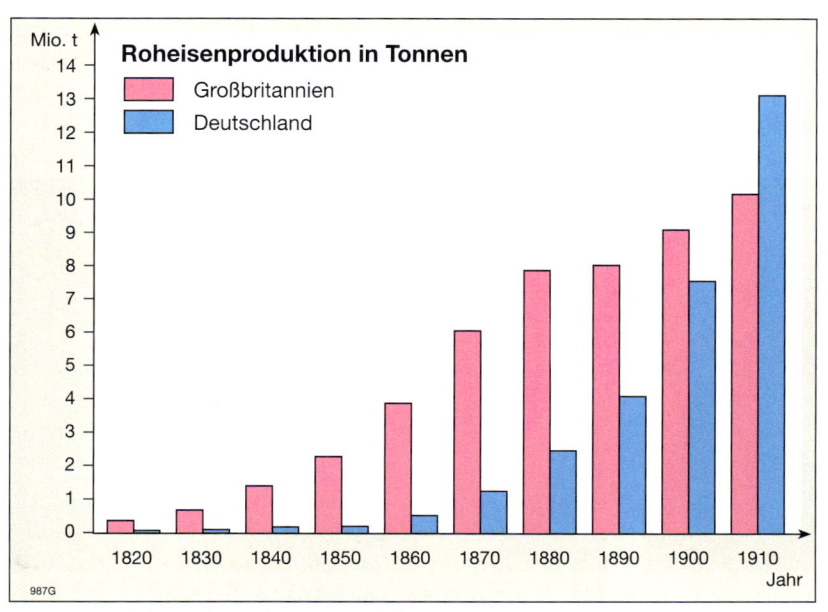

M1 *Entwicklung der Roheisenproduktion.*

Im Jahr 1800 musste ein Arbeiter 65 Stunden in der Woche arbeiten. 1840 musste er 90 Stunden Arbeit leisten und 1880 70 Stunden. 1891 wurde die Sonntagsarbeit verboten. 1914 lag die durchschnittliche Wochenarbeitszeit bei 60 Stunden, 1949 bei 50 Stunden. 1956 wurde die 5-Tage-Woche eingeführt. 1975 betrug die Wochenarbeitszeit 40 und 1993 38,5 Stunden. Im Jahr 2000 musste ein Arbeiter im Durchschnitt 36,5 Stunden pro Woche arbeiten.

M3 *Entwicklung der Wochenarbeitszeit von 1800 bis 2000.*

Leben in der Stadt

Zuwanderung vom Land

Seit etwa 1840 kamen immer mehr Menschen in der Hoffnung auf Arbeit in die Städte. Von 1871 bis 1910 nahm diese Wanderung zu, als immer mehr Industriebetriebe in den Städten entstanden. Damals wuchsen die heutigen Großstädte.

In den Städten gab es meist mehr Arbeit als auf dem Land, auch für Frauen und Mädchen, etwa in Webereien und Spinnereien. Die Wanderungen der Menschen vom Land in die Städte bedeuteten aber weit mehr als einen Wechsel der Wohnung. Viele verließen ihre angestammte Heimat und zogen in die Industriereviere. Diese Menschen fühlten sich auf Jahre in der neuen Umgebung fremd und heimatlos. Deshalb pflegten sie in den Städten Bräuche und Sitten, die sie aus ihren Heimatorten in Ostpreußen oder Polen mitgebracht hatten.

M1 *Häufig verkaufte Postkarte (um 1910).*

> Masuren! (Bewohner der Landschaft im damaligen Ostpreußen) In Rheinländischer Gegend … liegt eine reizende, ganz neu erbaute Zeche (= Bergwerk) „Viktor" bei Rauxel. Zu jeder Wohnung gehört ein sehr guter, trockener Keller, ein geräumiger Stall. So braucht der Arbeiter nicht das Pfund Fleisch oder Milch kaufen. Endlich gehört zu jeder Wohnung auch ein Garten. So kann sich jeder sein Gemüse und seine Kartoffeln selbst ziehen … Dabei beträgt die Miete für ein Zimmer (mit Stall und Garten) nur 4 Mark monatlich, ein sehr billiger Preis … Für größere Einkäufe liegen Kastrop, Herne und Dortmund ganz in der Nähe.

M3 *Anwerbeplakat des Werbers Wilhelm Royek von 1908.*

1 Erkläre, was einen ehemaligen Landarbeiter bewogen haben mag, in eine Stadt zu ziehen und in einem Bergwerk oder einer Fabrik zu arbeiten (M3).
2 Beschreibe die Probleme, mit denen Zugewanderte sich in den Städten auseinandersetzen mussten (M2, M4, Text).
3 ✚ Erläutere, wie in der Postkarte M1 Heimweh ausgedrückt wird.

M2 *Barackenbau obdachloser Familien in Berlin (kolorierter Holzstich 1872).*

M4 *Mietskasernen (um 1900).*

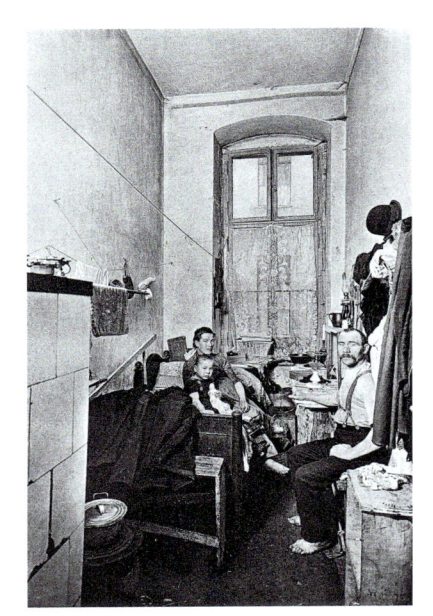

M5 *Einraumwohnung einer Arbeiterfamilie (1910).*

M6 *In einem Berliner Hinterhof (Ende 19. Jahrhundert).*

M8 *Plakat von Käthe Kollwitz (1912).*

Wohnen der Arbeiterfamilien

Der Wohnraum war knapp. Wer Glück hatte, erhielt eine begehrte Wohnung in einer der mehrstöckigen Mietskasernen. Diese Wohnblöcke hatten enge, lichtarme Innenhöfe. In den Wohnräumen lebten mehrere Familien. 1880 zählte man zum Beispiel in Berlin durchschnittlich 6–7 Personen in einem Zimmer von 20 Quadratmetern. Noch 1900 waren dort 43 % aller Haushaltungen einräumig. Die Wohnungen waren eng, überbelegt, schmutzig, dunkel und ohne fließendes Wasser. Beheizt wurde nur die Küche. Die Toiletten lagen meistens im Treppenhaus oder im Innenhof. Bäder gab es nur wenige. Mehrere Familien nutzten sie gemeinsam.

Die Mieten waren hoch, da die Nachfrage nach Wohnungen groß war. Viele Familien nahmen in die überfüllten Wohnungen noch „Schlafburschen" auf, die sich oft im Wechsel zu zweit oder zu dritt ein Bett teilten. Nur so konnte die Miete bezahlt werden.

> „Aus allen Zimmern ... ertönte Kindergeschrei. ... Das Gemach, in dem ich stand, war klein, viereckig, an den Wänden standen drei Betten, in der Mitte des Zimmers ein Tisch, an dem fünf Männer saßen, die aus einer gemeinsamen Blechschüssel löffelten. Wohin ich blickte, saßen, standen, lagen und schliefen Kinder in allen Größen."

M7 *Bericht über das Leben in einer Mietskaserne (1893).*

> „Da die Arbeitenden beim Morgengrauen das Haus verließen und erst am Abend zurückkehrten, waren sie in erster Linie an einer Schlafmöglichkeit interessiert ... Die jungen Arbeiter und Arbeiterinnen konnten sich lediglich eine Schlafstelle in ... (einem) voll genutzten Wohnraum leisten – eine Lagerstelle, nicht mehr, und auch diese nur für Stunden. Zahlreiche Vermieter vermieteten die Lagerstätte bei Nacht und bei Tag. Das Bett ... wurde nicht kalt. Auch Familien besaßen in der Regel nur einen Raum, der Koch-, Wohn- und Schlafraum war."

M9 *Arbeiterwohnungen und „Schlafburschentum" (1900).*

4 Beschreibe das Leben in einer Mietskaserne (M5–M8, Text).
5 Erkläre die Wohnungsnot der Arbeiter im 19. Jahrhundert (Text).
6 Berichte über das „Schlafburschentum" (Text, M9).

Genau betrachtet:

M1 *Dortmund 1847 (zeitgenössisches Gemälde).*

M2 *Dortmund 1890 (Foto von Bahnhof und Zechenanlagen).*

	1800	1850	1900
Berlin	172	419	1 889
Hamburg	130	132	706
München	30	110	500
Leipzig	40	63	456
Dresden	60	97	397
Köln	50	97	373
Dortmund	5	11	149
Essen	4	9	119

M3 *Bevölkerungswachstum in Großstädten (Angaben in 1000).*

Berufliche Herkunft der Fabrikarbeiter in Preußen (1835)	
aus der Landwirtschaft	65 %
Handwerker	20 %
Heimarbeiter	10 %
Manufakturarbeiter	5 %

M4 *Neue Arbeit in der Industrie.*

Städte wachsen schnell

Millionen von Menschen wanderten dorthin, wo sie neue Arbeit fanden. So wuchsen Dörfer in der Nähe von Fabriken in wenigen Jahrzehnten zu Städten. Aus vielen Städten entwickelten sich Großstädte mit mehr als 100 000 Einwohnern.

In verschiedenen Städten Deutschlands entstanden Fabriken der Maschinenbauindustrie, der chemischen Industrie und anderer Industriezweige. 1800 lebten nur etwa 3 Prozent der Gesamtbevölkerung in Großstädten, 1900 waren es bereits etwa 30 Prozent.

1. a) Beschreibe Dortmund und seine Umgebung um 1847 (M1).
   b) Beschreibe das Stadtbild von Dortmund 1890 (M2).
   c) Erkläre die Veränderungen.
2. a) Zeichne Säulendiagramme der Einwohnerzahlen deutscher Großstädte 1900 (M3).
   b) Wähle aus M3 drei Städte aus. Erstelle für diese Städte Kurvendiagramme, um ihre Bevölkerungsentwicklung zwischen 1800 und 1900 zu zeigen.
   c) Ermittle die heutige Einwohnerzahl der ausgewählten Städte mithilfe von Nachschlagewerken oder des Internets und erweitere die Kurvendiagramme mit den Werten.
3. Erläutere, aus welchen Berufen die Fabrikarbeiter 1835 in Preußen kamen (M4).

Die Stadt im 19. und 20. Jahrhundert

Die übervölkerten Städte veränderten sich nicht nur in Größe und Ausdehnung. Zehntausende von Arbeitern benötigten mit ihren Familien nun eine Unterkunft. Überall herrschte Wohnungsmangel. Ab 1850 baute man in großen Städten mehrgeschossige zusammenhängende Häuser. Die Städte wuchsen in einem solchen Tempo, dass es erst nach und nach gelang, die notwendige Infrastruktur, also Straßen, Wasserversorgung und Schulen, zu schaffen.

Ein besonderes Beispiel für die rasante Entwicklung einer kleinen Gemeinde zum Industriestandort bildet Ludwigshafen. Noch in den 1830/40er-Jahren gab es auf dem Gebiet des heutigen Ludwigshafen nur eine Bahnstation. Von dort aus wurde Kohle aus dem Saarland auf Schiffe verladen. 1852 wurde die Gemeinde Ludwigshafen gegründet. Dank der guten Anbindung an die Bahn und den Rhein wuchs Ludwigshafen schnell zu einer Industriestadt heran. 1865 siedelte sich hier die BASF an.

In Ludwigshafen bildete die BASF als größter Betrieb schon bald einen ganzen Stadtteil. Besondere Werkssiedlungen gaben den Arbeiterinnen und Arbeitern der BASF bessere Wohnungen, die in der Nähe des Werkes lagen. Allerdings wurden die Arbeiter dadurch noch abhängiger vom Betrieb.

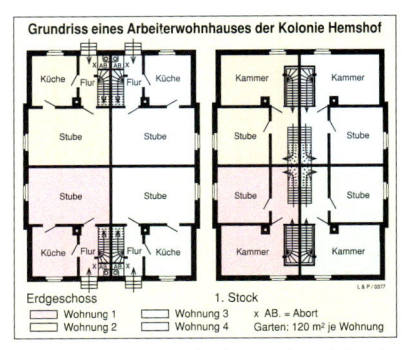

M6 *Arbeiter-Wohnhaus der Kolonie Hemshof (Ludwigshafen) in Werksnähe der BASF, Grundriss. Baubeginn 1872.*

4 Beschreibe die Folgen der schnellen Zuwanderung für die Städte.
5 Berichte über die Entstehung der Stadt Ludwigshafen.
6 Werkswohnungen waren nur für Werksangehörige. Ein Arbeiter kündigte bei der BASF. Berichte über die Folgen.
7 Vergleiche die Größe, Aufteilung und Wohnverhältnisse deiner Wohnung mit denen einer Arbeiterwohnung im 19. Jahrhundert.
8 Berechnet den Anteil der Arbeiter/-innen der BASF an der Einwohnerzahl von Ludwigshafen in Prozent. Übertragt das Ergebnis auf eure Klasse: Wie viele von euch hätten jeweils bei der BASF gearbeitet?

Jahr	Einwohner Ludwigshafen	Arbeiter BASF
1870	7900	500
1880	15 000	1650
1890	28 700	3600
1900	61 900	6500
1910	83 300	7600
1920	90 800	18 000

M7 *Ludwigshafen und die BASF.*

M5 *Ludwigshafen Nord mit Anlagen der BASF und der Werkskolonie Hemshof. Foto, 1915.*

Industrialisierung und Umwelt

M1 Dörfliche Landschaft um 1800.

Die Folgen der Industrialisierung

Während der Zeit der Industriellen Revolution veränderte sich die Art und Weise der Produktion. Das größte Problem war die Luftverschmutzung. In den zahlreichen neuen Industriegebieten und Städten litten die Menschen sehr unter dem, was aus den Schornsteinen der Fabriken ungefiltert in die Luft gelangte.

Verschmutzte Luft und verseuchtes Wasser wirkten sich massiv auf die Umwelt aus. Diese Veränderungen beeinflussten auch das Leben der darauffolgenden Generationen.

> Auf dem Gipfel der Hügel erheben sich 30 oder 40 Fabriken. Mit ihren sechs Stockwerken ragen sie hoch in die Luft. Ihr absehbarer Bereich kündet weithin von der Zentralisation der Industrie. Um sie herum sind gleichsam willkürlich die erbärmlichen Behausungen der Armen verteilet … Zwischen ihnen liegt unbebautes Land … Unter diesen elenden Behausungen befindet sich eine Reihe von Kellern, zu der ein halb unterirdischer Gang hinführt. In jedem dieser feuchten und abstoßenden Räume sind zwölf bis fünfzehn menschliche Wesen wahllos zusammengestopft … Um dieses Elendsquartier herum schleppt einer der Bäche, die ich vorhin beschrieben habe, langsam sein stinkendes Wasser, das von den Industriearbeiten eine schwärzliche Farbe erhält. Er wird in seinem Lauf nicht durch Kaimauern eingeschlossen. Die Häuser sind willkürlich an seinen Ufern errichtet worden …
>
> Ein dichter Qualm liegt über der Stadt. Durch ihn hindurch scheint die Sonne als Scheibe ohne Strahlen. In diesem verschleierten Licht bewegen sich unablässig 300 000 menschliche Wesen. Tausend Geräusche ertönen unablässig in diesem feuchten und finsteren Labyrinth. Aber es sind nicht die gewohnten Geräusche, die sonst aus den Mauern großer Städte aufsteigen.
>
> Die Schritte einer kleinen geschäftigen Menge, das Knarren der Räder, … das Zischen des Dampfes, der dem Kessel entweicht, das gleichmäßige Hämmern des Webstuhles, das schwere Rollen der Wagen – dies sind die einzelnen Geräusche, die das Ohr unentwegt treffen. Nirgends ist der Hufschlag von Pferden zu hören … Nirgends der Ausbruch von Freude, fröhliche Rufe … Nirgends begegnet das Auge der glücklichen Behäbigkeit, die ihre Muße in den Straßen der Stadt spazieren führt oder auf dem nahen Land einfache Freuden sucht. Ständig drängt sich die Menge in dieser Stadt, aber ihre Schritte sind hart, ihre Blicke zerstreut, ihr Ausdruck finster und roh …

M2 Reisebeschreibung des Franzosen Alexis de Tocqueville über die englische Industriestadt Manchester aus dem Jahr 1835.

1 Beschreibe, wie sich die Industrialisierung auf das Leben in der Stadt Manchester auswirkte (M2).
2 Stelle dir vor, du kommst von einem Dorf in die Stadt Manchester. Beschreibe deine Eindrücke in einem Brief an deine Eltern.

Die Enge der Städte und das Nebeneinander von Wohnhäusern und Fabriken verursachten ein neues Problem: die Wasserverschmutzung. Farbstoffe der Baumwollfabriken, Düngemittel und Fäkalien gelangten unkontrolliert in die Flüsse, sodass das Wasser verschmutzt und ungenießbar wurde. Aber auch giftige Chemikalien aus den zu Beginn des 20. Jahrhunderts entstandenen chemischen Industrien taten ihr Übriges. Trotzdem entnahmen die Menschen den Flüssen weiter täglich ihr Trink- und Nutzwasser. Die Folgen waren Krankheiten wie Cholera, Typhus und Tuberkulose, die oft tödlich verliefen.

Auch die Fischer und Bauern bemerkten die zunehmende Umweltverschmutzung. Rückstände aus der chemischen Industrie verseuchten Flüsse und Böden mit Schadstoffen. Die Fische in den Gewässern starben und die Fangerträge gingen zurück. Die Bauern verzeichneten geringere Ernteerträge, obwohl widerstandsfähigere Pflanzen angebaut und die Felder besser bewirtschaftet werden konnten.

Mit der Industrialisierung stiegen der Rohstoff- und Energieverbrauch in Europa sprunghaft an. Die Steinkohle löste den alten Brennstoff Holz bzw. die Holzkohle ab. Ihr hoher Brennwert eignete sich zur Herstellung von Eisen und Stahl wesentlich besser. Bei der Verbrennung der Kohle wurde das sogenannte Rauchgas freigesetzt. Dieses Gas belastete die Luft und verursachte unwiderrufliche Schäden an den Wäldern.

Durch den Abbau von Kohle oder Eisenerz entstanden am Rande der Städte riesige Abraumhalden. Insgesamt bauten die Menschen die Rohstoffe ab, ohne darüber nachzudenken, dass sie nicht erneuerbar waren.

M4 *„Das Wasser bringt den Tod"* *(Karikatur, 1866).*

3 Interpretiere die Karikatur M4 mithilfe von M2.
4 Nenne die allgemeinen Umweltprobleme während der Industrialisierung und ihre Folgen.
5 Beurteile das Verhalten der Menschen damals gegenüber ihrer Umwelt.
6 Vergleiche die Umweltprobleme während der Industrialisierung mit denen der heutigen Zeit.

M3 *Borsigs Maschinenbauanstalt und Eisengießerei in der Berliner Chausseestraße. Gemälde von Karl Biermann, Berlin 1847.*

Die Lebensbedingungen der Arbeiter

Wir wollen nur den gewöhnlichen Tagelöhner betrachten. Wenn sie alle Tage Arbeit haben und ihre körperlichen Kräfte aufs Äußerste anstrengen, so können sie die dringlichsten Anforderungen ihres Magens notdürftig befriedigen. Sie werden fast nie dahin gelangen, einen Notpfennig für das Alter zurückzulegen, und wenn sie krank werden oder sonst ein Unglück haben, wenn sie nur kurze Zeit arbeitslos sind, ja dann ist es freilich schlimm. An einem solchen Unglück … haben sie jahrelang zu tragen und zuweilen verwinden sie es nie.

M1 *Bericht der Zeitschrift „Das westphälische Dampfboot" (1845).*

Vater: Metallarbeiter	Sohn: Lehrling	Mutter: Aushilfsarbeiterin	Tochter: schulpflichtig	Tageszeit	
Kaffee (Malz/Gerste), Schwarzbrot mit Bückling, Käse oder Wurst (ohne Butter)		trockenes Schwarzbrot in Kaffee (Gerste/Malz) gestippt		6 Uhr	alltags
Mehlspeise oder Eintopfgerichte (Erbsen, Linsen, Kartoffeln), Wasser oder Kaffee (Malz/Gerste)		Schwarzbrot mit Pflaumenmus		12 Uhr	
				19 Uhr	
Kuhfleisch (von notgeschlachteten Tieren), Kartoffeln, Schwarzbrot, Kaffee, etwas Aufschnitt				mittags, morgens und abends	sonntags

M2 *Speiseplan einer Arbeiterfamilie (1909).*

Ernährung der Arbeiterfamilien

Kartoffeln und Schwarzbrot waren die Hauptnahrungsmittel der armen Leute. Fleisch gab es nur an Sonn- und Feiertagen.

Ihr Geld mussten die Familien zu einem großen Teil für Nahrungsmittel ausgeben. Für andere Ausgaben reichte es nicht. Deshalb wurde bei geringem Einkommen häufig am Essen gespart. Hunger, Unterernährung, Mangelkrankheiten und früher Tod waren die Folge. Die Lebenserwartung betrug 1850 durchschnittlich 37 Jahre.

> Kartoffeln ohne Salz, eine Suppe mit Schwarzbrot, zur höchsten Notdurft geschmälzt, Haferbrei, hier und da schwarze Klöße. Die, welche besserstehen, sehen kaum einmal in der Woche ein bescheidenes Stück frisches oder geräuchertes Fleisch auf ihrem Tische, und Braten kennen die meisten nur vom Hörensagen.

M3 *Friedrich List über die Ernährung von Arbeiterfamilien.*

1. a) Beschreibe den Speiseplan einer Arbeiterfamilie und erkläre die Essenszeiten (M2).
   b) Stelle Vermutungen an, warum Vater und Sohn alltags andere Speisen erhalten als Mutter und Tochter.
   c) Vergleiche diesen Speiseplan mit deinen täglichen Mahlzeiten. Nenne heutige Nahrungsmittel, die bei den Arbeiterinnen und Arbeitern im 19. Jahrhundert fehlten.
2. a) Sortiere die Nahrungsmittel des Speiseplans M2 und des Berichtes M3 nach tierischen und pflanzlichen Produkten.
   b) Vergleiche das Ergebnis mit deinem wöchentlichen Mittagessen.
3. Erläutere die Folgen der geringen Einkünfte und der mangelhaften Ernährung (M1, Text).
4. Informiere dich mithilfe der Bibliothek oder dem Internet über die heutige Lebenserwartung der Deutschen.

Frühstück, Nachmittagskaffee	1,50 Mark
Milch	1,40 Mark
Zucker	0,87 Mark
Kaffee	0,90 Mark
Zichorien (Kaffee-Ersatz)	0,15 Mark
Brot	2,50 Mark
Butter	2,25 Mark
Fleisch (250 Gramm pro Tag)	2,10 Mark
Kartoffeln	1,50 Mark
Möhren, Reis, Kohl, Erbsen, Bohnen, Gewürz	1,50 Mark
Feuerung (Herd)	2,10 Mark
Petroleum	0,50 Mark
Miete pro Woche	5,29 Mark
Zwirn und Nadeln	0,10 Mark
Gesamtausgaben	**22,66 Mark**

M4 In Berlin schrieb ein Bautischler um 1870 auf, wofür sein Wochenlohn von rund 22 Mark ausgegeben wurde. Die Familie bestand aus den Eltern und vier Kindern.

> Wo bleibt nun Kleidung und Schuhwerk? Und wo Wäsche und Seife usw., wo die Winterfeuerung, wo Doktor und Apotheker? Von Luxusausgaben wie Bier, Tabak usw. ganz zu schweigen. Ferner darf nicht vergessen werden, dass im Winter regelmäßig der Mann „fremd" (gemeint ist arbeitslos) ist und gar nicht verdient. Aber wie kommen die Leute denn nun zurecht?
> Die Antwort lautet: Erstens verdient die Frau mit (durch Holztragen, Heuladen usw.), zweitens vermietet er an Schlafburschen (Untermieter).

M5 Die Liste des Bautischlers druckte die Zeitschrift „Concordia" ab mit diesem Kommentar.

Erst gegen Ende des 19. Jahrhunderts stiegen die Löhne an. Aber die Arbeiterfamilien lebten immer noch nicht gut. Ihr Geld reichte auch jetzt nur für billige Lebensmittel, kleine Wohnungen und die allernötigste Kleidung. Sie konnten kaum etwas sparen für schlechte Zeiten, für Krankheit, Arbeitslosigkeit und für das Alter. Ein einziger Verdienst reichte für eine Familie nicht. Fast immer mussten Frauen und Kinder etwas dazuverdienen.

5 a) Beschreibe die finanzielle Situation des Bautischlers (M4, M5).
b) Diskutiert, welche Ausgaben wichtig waren und woran gespart werden konnte.
6 Vergleiche die Aufteilung der Haushaltsausgaben 1890 und 2005 (M6) und erkläre die Unterschiede. Fertige dazu Kreisdiagramme an.

Arbeiterfamilie (1890)	
Nahrungsmittel	67 %
Miete	17 %
Kleidung	8 %
Heizung und Beleuchtung	4 %
Sonstiges (Möbel, Sparen, Freizeit, Bildung, Gesundheit usw.)	4 %

Arbeitnehmerfamilie (2005)	
Wohnen, Energie	31 %
Auto, Post, Telefon	18 %
Nahrungsmittel, Getränke, Tabak	13 %
Freizeit, Unterhaltung, Bildung	13 %
Möbel, Haushaltsgeräte	13 %
Bekleidung, Schuhe	5 %
übriger Verbrauch	13 %

M6 Durchschnittliche Haushaltsausgaben einer Arbeiterfamilie 1890 und 2005 (in % des Einkommens).

Die Arbeiterfrauen

Arbeiterfrauen zwischen Fabrik- und Familienarbeit

Häufig reichte das Einkommen des Mannes nicht aus, um die Familie zu ernähren. Deshalb mussten die Arbeiterfrauen auch in den Fabriken arbeiten. Nur so konnte ihre Familie überleben. Neben der schweren Fabrikarbeit mussten die Frauen noch die anstrengende Hausarbeit erledigen. Dazu gehörte das Kochen, Waschen, Putzen, Kleidung nähen und die Kindererziehung.

Zu ihrer Arbeitsstätte mussten viele Frauen einen kilometerlangen Fußweg zurücklegen. Für sie begann der Arbeitstag schon um vier Uhr in der Frühe. Zunächst bereiteten sie ihrer Familie das Frühstück und trafen die nötigen Vorkehrungen für die spärliche Mittagsmahlzeit. Abends kehrten sie erschöpft nach Hause zurück. Aber ausruhen konnten sie sich nicht. Denn nun bereiteten sie die Mittagsmahlzeit für den nächsten Tag vor, wuschen und flickten die Wäsche. Nebenher erzogen sie ihre Kinder.

Bei den Frauen, die einer Heimarbeit nachgingen, sah es nicht besser aus.

M1 Waschtag um 1920 – Rubbeln auf dem Waschbrett erforderte viel Kraft.

Frauen	Männer
99,2 %	20,9 %

M2 Anteil der Arbeiterinnen und Arbeiter, die Wochenlöhne unter 15 Mark erhielten (Angaben für das Jahr 1893).

> Um 4.30 Uhr morgens beginnt ihr Arbeitstag, da muss sie aufstehen, Feuer machen, Kaffee kochen, Fleisch und Gemüse fürs Mittagessen vorbereiten … und die Betten machen. Um 6.45 Uhr muss sie mit den Kindern aus dem Haus … Die Frau geht in die Fabrik, aus der sie um 11.30 Uhr für anderthalb Stunden heimkommt. Nun wird das Essen gewärmt und verzehrt und dann so viel häusliche Arbeit wie irgend möglich verrichtet. Um 1 Uhr beginnt wieder die Fabrikarbeit. Nach Schluss derselben (etwa gegen 19.30 Uhr) von neuem Hausarbeit … An einem Abend wird Wäsche gewaschen, am nächsten gebügelt.

M3 Eine Historikerin über den Alltag einer Arbeiterfrau um 1910.

1 Erkläre die Doppelbelastung der Frauen mithilfe von M1, M3, M4.
2 Vergleiche die Wochenlöhne der Männer und Frauen (M2).

M4 Fabrikarbeiterinnen im Maggi-Werk (Singen, um 1900).

Die wirtschaftliche Entwicklung brachte es mit sich, dass immer mehr Frauen aus der Familie gerissen und in die Fabrik … gedrängt wurden. Sie fanden auch in Berufen Arbeit, die sonst ausschließlich von Männern ausgeübt wurden …
Sie arbeiteten für viel geringeren Lohn als die Männer und beeinflussten so die Lebenshaltung der Arbeiterklasse auf das Allerschlimmste … Hand in Hand damit ging die Verlotterung des Hauswesens und die Vernachlässigung der Kinder.

M5 *Die Frauenrechtlerin Ottilie Baader zur Berufstätigkeit der Arbeiterfrauen.*

Wenn es keine Betreuungsanstalt gab, mussten die Frauen ihre Kinder allein in der Wohnung zurücklassen, während sie zur Arbeit gingen. Die Kinder blieben ohne Aufsicht und Spielzeug daheim. Unglücksfälle, mangelnde Sauberkeit und seelische Vernachlässigung waren die ernsten Folgen. Eine staatliche Hilfe fehlte lange.

Seit 1870 gründeten Frauen Arbeiterinnenvereine. Sie forderten ein Verbot der Nachtarbeit von Frauen, die Einführung des Achtstundentages und gleichen Lohn für beide Geschlechter. Bis ins 20. Jahrhundert besaßen Frauen jedoch kein Wahlrecht. Somit fehlte es ihnen an politischem Einfluss, um ihre Situation zu verbessern.

M7 *Bis etwa 1900 bekamen Frauen durchschnittlich mehr als vier Kinder. Jede neue Schwangerschaft vermehrte jedoch die Sorgen der Arbeiterfrauen. Zeichnung von Käthe Kollwitz (1909).*

3 Nenne die Nachteile, die Ottilie Baader in der Frauenarbeit sieht (M5). Nimm dazu Stellung.
4 Schildere die Entwicklung der Wochenarbeitszeit (M8).
5 Engagierte Frauen setzten sich schon damals für stärkere Frauenrechte ein. Recherchiere über Helene Lange oder Louise Otto-Peters und stelle ihren Einsatz für die Rechte der Frauen vor (Lexika, Internet).
6 Befragt eure Mütter und Großmütter nach ihrem Leben (Ausbildung, beruflicher Werdegang, Chancen, Wünsche usw.). Stellt eure Ergebnisse der geschilderten historischen Situation gegenüber.
7 Beschreibe die Rollenverteilung bei der Hausarbeit heute. Liste dafür auf, wer welche Hausarbeiten in deiner Familie übernimmt.

Jahr	Arbeitszeit pro Woche in Stunden
1825	82,5
1850	90
1871	72
1913	55,5
1981	40

M8 *Die Entwicklung der Arbeitszeit.*

Und die Mutter, von der Sorge um die Nahrung der Kinder angespornt, musste sie auf der anderen Seite verkümmern sehen, aus Mangel an Pflege und Aufsicht.
Betritt man des Vormittags eine Wohnung und glaubt die Näherin beim Kochen, so sitzt sie an ihrer Maschine und näht in fieberhafter Hast. Die Betten sind noch nicht gemacht, ein kleines, ungewaschenes Kind liegt in dem einen und schreit, ein älteres spielt an der Erde. Die Mutter kann sich nicht darum kümmern, denn es ist Liefertag, und die Arbeit muss unbedingt fertig werden. Zum Sprechen ist keine Zeit, denn es lenkt … von der Arbeit ab. Über die vom Arbeitgeber festgesetzte Zeit hinaus wird die Arbeit nicht abgenommen. Denn dann gibt es für die Woche keine Lohnzahlung.

M6 *Über den Besuch bei einer Wäschenäherin berichtet eine Zeitzeugin.*

Genau betrachtet:

M1 Kinder fertigen Zigarrenkisten (Holzstich, 1847).

M2 Ein Junge, der als Kellner arbeitet, macht während seiner Arbeit Hausaufgaben für die Schule (Holzstich, 1893).

M4 Kinderarbeit in einem englischen Bergwerk (Lithografie, 1844).

Arbeit statt Schule

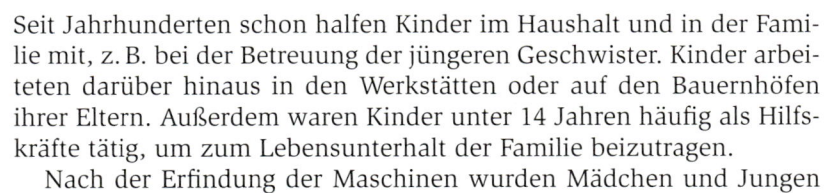

Seit Jahrhunderten schon halfen Kinder im Haushalt und in der Familie mit, z. B. bei der Betreuung der jüngeren Geschwister. Kinder arbeiteten darüber hinaus in den Werkstätten oder auf den Bauernhöfen ihrer Eltern. Außerdem waren Kinder unter 14 Jahren häufig als Hilfskräfte tätig, um zum Lebensunterhalt der Familie beizutragen.

Nach der Erfindung der Maschinen wurden Mädchen und Jungen in den Fabriken als Arbeitskräfte noch begehrter. Jungen setzte man oft auch unter Tage in den Bergwerken ein.

> Wenn ein Kind spulen kann, welches ungefähr mit dem 6. oder 7. Jahr der Fall ist, so kann man seinen wöchentlichen Verdienst neben dem Schulbesuch auf ungefähr 3 Groschen oder jährlich 6 Taler, 12 Groschen anschlagen … Geht es ihm auch im Anfang nicht recht vonstatten, so lernt sich doch das Mechanische der gewöhnlichen Weberei sehr bald und man kann annehmen, dass das Kind im ersten Jahr schon halb so viel wie der Vater verdient.

M5 Über die Lebensweise der Lausitzer Bandweber (1830).

	Fabrikarbeit	Heimarbeit	Landarbeit
Gewerbeordnungs-novelle von 1891	Unter 13 Jahren: Verbot Ab 13 Jahren: 6 Stunden	Keine Begrenzung	Keine Begrenzung
Jugendarbeitsschutz-gesetz von 1998	Unter 15 Jahren: Verbot Ab 15 Jahren: 8 Stunden	Unter 15 Jahren: Verbot Ab 15 Jahren: 8 Stunden	Unter 13 Jahren: Verbot, Ab 13 Jahren: 3 Stunden

Ausnahmeregelungen gibt es für Kinder ab 3 bzw. 6 Jahren bei künstlerischen Tätigkeiten (Musikaufführungen, Werbung, Theatervorstellungen, Film- und Rundfunkaufnahmen) 12 bzw. 3 Std. täglich sowie für Jugendliche ab 13 Jahren, die bis 2 Stunden täglich Zeitungen und Zeitschriften austragen oder bei Sportveranstaltungen helfen dürfen.

M3 Gesetzliche Regelungen zur täglichen Arbeitszeit bei Kinder- und Jugendarbeit.

Kinderarbeit im 19. Jahrhundert

Jetzt (im Winter) kommt wieder die Zeit, wo jener arme Junge früh um 5 Uhr von dem Lager sich erheben und eine Stunde weit durch nasskaltes Gestöber in seine Fabrik eilen muss. Dort mit kurzer Rast für ein karges Mahl ist er beschäftigt den ganzen, ganzen langen Tag. Er arbeitet an einer Maschine, welche Wellen von Staub aufjagend mit rasenden Schlägen die Baumwolle zerklopft, auflockert ...
Die Arbeit ist nicht gerade schwer, weit eher fürchterlich einförmig, geisttötend und körperlich ungesund. Den ganzen langen, lieben Tag muss unser Junge ... ausharren, ... dies bis in die Nacht hinein, bis 9–10 Uhr abends.

M6 *Über das Leben eines Fabrikkindes (Bericht 1853).*

Aber es herrscht ein schreckliches Elend unter den niederen Klassen, besonders bei den Fabrikarbeitern in Wuppertal. In Elberfeld allein werden von 2 500 schulpflichtigen Kindern 1 200 dem Unterricht entzogen und wachsen in den Fabriken auf, bloß damit der Fabrikherr nicht einem Erwachsenen, dessen Stelle sie vertreten, das Doppelte des Lohnes zu geben nötig hat, das er einem Kinde gibt.

M7 *Über den Anlass für Kinderarbeit (Friedrich Engels um 1845).*

M9 *Jungen an einer Spinnmaschine in den USA (Foto, um 1910).*

1. Zähle auf, welche Arbeiten Kinder seit Jahrhunderten verrichteten (Text).
2. Nenne Bereiche, in denen Kinder in der Industrie arbeiteten (Text, M4, M6, M9).
3. Unterscheide zwischen den Tätigkeiten der Kinder in der Familie, in der Landwirtschaft sowie in den Fabriken und berichte.
4. Vergleiche Arbeitszeit und Freizeit eines Kindes von damals und heute in einer Tabelle. Damals gab es nur sonntags frei.

der Junge damals	ich heute

5. In M7 und M10 werden Gründe für Kinderarbeit genannt. Bewertet diese.

M8 *Viele Menschen arbeiteten auch zu Hause für einen Arbeitgeber. Man spricht dann von Heimarbeit: Im Erzgebirge stellten Kinder Klöppelspitzen in Heimarbeit her (Holzstich, 1847).*

Es scheint vernünftiger, die Kinder angenehme Arbeit verrichten zu lassen, als sie dem Müßiggang und der Verwilderung preiszugeben. Ein Gesetz, welches die Arbeit der Kinder im schulpflichtigen Alter verbietet, verlängert die Not vieler Arbeiterfamilien und verschlechtert ihre Lebenshaltung. Geschützte Kinder würden durch ungenügende Nahrung mehr leiden als durch Fabrikarbeit.

M10 *Zentralverband deutscher Industrieller zur Kinderarbeit (1884).*

Gegensätze in der Gesellschaft

M1 *Unfall in der Fabrik (Gemälde von Johann Bahr, 1889).*

Die Lage der Fabrikarbeiter

In vielen Städten entstand die Bevölkerungsschicht der Industriearbeiter, auch Proletarier genannt. Sie bildete in der Gesellschaft die unterste Schicht.

Die Arbeiter setzten ihre Arbeitskraft ein, um leben zu können. Weil die Löhne niedrig waren, fristeten sie mit ihren Familien ein Leben in großer Armut. Viele erlitten Arbeitsunfälle, da die Maschinen keine Schutzvorrichtungen hatten. Verletzte oder kranke Arbeiter erhielten keine finanzielle Unterstützung, da es keine Kranken- oder Unfallversicherung gab. Arbeitslosigkeit oder Arbeitsunfähigkeit durch Krankheit, Unfall oder Alter bedeuteten für die Arbeiterfamilien größte Not.

Arbeiter hatten kein Eigentum, keinen Grund und Boden. Sie arbeiteten an Maschinen, die den Fabrikbesitzern gehörten. Die Mitwirkung in der Politik war ihnen nicht möglich.

Die gemeinsamen Probleme der Arbeiter wurden durch ihre wachsende Zahl immer sichtbarer. Deshalb stellte sich für verschiedene Menschen die Frage, wie die Not der Arbeiterfamilien gelindert werden kann. Diese Frage wird als „Arbeiterfrage" oder „Soziale Frage" bezeichnet.

M2 *Karikatur auf die Rolle der Arbeiter im Staat (um 1900).*

1 Beschreibe das Unfallgeschehen in der Fabrik (M1).
2 Nenne die Probleme der Arbeiter und beschreibe die Folgen, die sich aus diesen Problemen ergaben.
3 Beschreibe die Karikatur M2 und erkläre die Aussage.
4 Erläutere, was unter „Arbeiterfrage" oder „Sozialer Frage" verstanden wird.

Das Bürgertum

Neben den Arbeitern gab es das Bürgertum (die Bourgeoisie). Zu dieser gesellschaftlichen Schicht gehörten zum Beispiel die Kaufleute, Ärzte, Fabrikanten und höhere Beamte. Sie zeigten durch gepflegte Kleidung und eine gut eingerichtete Wohnung, dass sie zur „besseren" Gesellschaft zählten und sich von den Arbeitern unterschieden. Bürger schickten ihre Söhne zum Gymnasium und ließen sie studieren. Wenn ihre Töchter heirateten, bekamen diese eine reiche Ausstattung mit in die Ehe (Aussteuer).

Obwohl das Bürgertum nur einen geringen Anteil an der Gesamtbevölkerung hatte, bestimmte es durch zahlreiche Vertreter in den Landtagen und Stadtparlamenten die politischen Entscheidungen.

> Ich will Arbeiter, die früh bis Abend schuften wie die Maschinen, … die Essen und Schlafen auch rein wie mechanische Verrichtungen abwickeln, die mir abends wie tot vom Stuhl auf die Streu sinken und morgens … um Schlag acht auf dem Posten sind. Der Einzelne muss zum Nutzen des Gesamtwerkes zur Maschine werden wie der Soldat im Heere.

M3 *Arbeiter als Maschine – Wunsch eines Fabrikherren (1895).*

> Da das unsrige (Haus) sehr geräumig war, brauchte meine Mutter außer dem Kinderfräulein: eine Köchin, eine Unterköchin, ein Serviermädchen, eine Jungfer und ein Dienstmädchen, das vor allem putzte. Zum Stiefelputzen und Anmachen der Heizung kam eine männliche Hilfskraft … Und dann die Einrichtung! Das Mahagoni der Möbel und die hölzernen Wandverkleidungen, die Türdrücker und die Beschläge aus Messing, das Silber und das Kristall auf dem Tisch konnten ihre Aufgabe, zu repräsentieren, ja nur erfüllen, wenn sie ständig neu auf Hochglanz gebracht wurden.

M5 *Erinnerungen eines Hamburger Kaufmannssohnes (1893).*

5 Beschreibe mithilfe von M4 und M5, welche Vorstellungen es im Bürgertum von „schönem Wohnen" gab.
6 Nenne Arbeiten, für die in bürgerlichen Haushalten Hilfspersonal eingestellt wurde (M5).
7 Stelle zusammen, wie sich das Bürgertum von den Arbeitern abgrenzte (M4, M6, Text).
8 a) Berichte über die Sicht des Fabrikherren aus M3 auf seine Arbeiter.
   b) ✚ Nimm hierzu aus Sicht eines Arbeiters aus M1 Stellung.

M4 *Wohlhabende Familie mit Amme (Gemälde von August Kugler, 1894).*

M6 *Schilder an einem Bürgerhaus in Berlin (1900).*

Arbeiter fordern Rechte

M1 *Der Streik (Gemälde von Robert Koehler, 1886).*

Arbeiter schließen sich zusammen

Nach und nach erkannten Arbeiter, dass sie ihre Lage am wirksamsten verbessern konnten, wenn sie sich zusammenschlossen. Dann konnten sie ihre Forderungen an die Unternehmer gemeinsam richten. Nur so sahen sich die Fabrikbesitzer gezwungen, auf die Forderungen ihrer Arbeiter einzugehen. Denn sie konnten ja nicht alle entlassen.

So entstanden Arbeitervereine. Aus solchen Zusammenschlüssen bildeten sich ab 1871 Gewerkschaften. Die Arbeiter schlossen sich zumeist in Berufsgruppen zusammen. Das wirkungsvollste Druckmittel der Arbeiter war der Streik, ein gewaltloses Niederlegen der Arbeit. Die Gewerkschaften organisierten Streiks, verhandelten mit den Unternehmern um höhere Löhne, kürzere Arbeitszeiten, bessere Arbeitsbedingungen. So besserte sich die Lage der Arbeiter allmählich.

> Was bewegte die Arbeiter? Sie beschlossen die Einrichtung von Kassen zur gegenseitigen Hilfeleistung bei Krankheits- und Unglücksfällen. ... Sie beschlossen ferner, Volksbibliotheken und Sonntagsschulen zu begründen, um sich zu einer besseren Bildung zu verhelfen und ihren Meistern und Arbeitgebern gegenüber nicht länger als einfältig und ungebildet dazustehen und vor allem in Zukunft als vollwertige Staatsbürger angesehen zu werden.

M2 *Ein Historiker über die Ziele des ersten deutschen Arbeitervereins in Leipzig 1848.*

1 Beschreibe die Situation auf dem Gemälde (M1).
2 Erläutere, wie es zur Bildung von Gewerkschaften kam.
3 Nenne die Ziele des ersten deutschen Arbeitervereins (M2) und begründe, warum diese von der Regierung verfolgt wurden.
4 Heute sind fast alle Gewerkschaften in Deutschland im Deutschen Gewerkschaftsbund (DGB) zusammengeschlossen. Informiere dich und nenne fünf Einzelgewerkschaften und die Berufsgruppen, die sie vertreten (www.dgb.de).

Arbeiter gründen Parteien

Die Arbeiter wollten auch auf die Gesetzgebung einwirken, um ihre Lage grundsätzlich zu verbessern. Dazu brauchten sie Parteien, die ihre Forderungen politisch vertraten. 1863 gründete Ferdinand Lassalle den „Allgemeinen deutschen Arbeiterverein" (ADAV), die erste deutsche Arbeiterpartei. Gemeinsam mit anderen Parteien entstand daraus 1891 die derzeit älteste deutsche Partei, die Sozialdemokratische Partei Deutschlands (SPD).

Sie arbeitete eng mit den Gewerkschaften zusammen und beteiligte sich an demokratischen Wahlen. Sie versuchte, durch Reformgesetze die sozialen Missstände abzubauen und die Arbeiterfrage schrittweise zu lösen. Die SAPD konnte sich als politische Vertretung der Arbeiter durchsetzen, obwohl sie von 1878 bis 1890 vom Staat verboten war.

> Mann der Arbeit, aufgewacht!
> Und erkenne deine Macht!
> Alle Räder stehen still,
> wenn dein starker Arm es will.
>
> Brecht das Doppeljoch entzwei!
> Brecht die Not der Sklaverei!
> Brecht die Sklaverei der Not!
> Brot ist Freiheit, Freiheit Brot!

M5 *Aus dem Bundeslied für den Allgemeinen Deutschen Arbeiterverein.*

> 1. Allgemeines, gleiches, direktes Wahl- und Stimmrecht, mit geheimer und obligatorischer Stimmabgabe aller Staatsangehörigen vom 20. Lebensjahr an.
> 2. Direkte Gesetzgebung durch das Volk. Entscheidung über Krieg und Frieden durch das Volk. …
> 6. Allgemeine und gleiche Volkserziehung durch den Staat. Allgemeine Schulpflicht. …
>
> *Weitere Forderungen:*
> … 4. Gleiche Arbeitszeit für alle. Verbot der Sonntagsarbeit.
> 5. Verbot der Kinderarbeit und aller die Gesundheit und Sittlichkeit schädigenden Frauenarbeit.
> 6. Schutzgesetze für Leben und Gesundheit der Arbeiter. …

M3 *Aus dem Gothaer Programm der Sozialistischen Arbeiterpartei Deutschlands (SAPD) 1875.*

M6 *Wandschmuck einer Arbeiterwohnung (Ende des 19. Jahrhunderts).*

5 Erkläre die Aussagen der Strophen des Bundesliedes (M5).
6 ✚ Erörtere die Rolle von Arbeiterparteien im Staat.
7 Erläutere die Forderungen im Gothaer Programm (M3).
8 Beschreibe die Entstehung der SPD (M4).
9 ➚ Informiere dich in den Parteiprogrammen heutiger Parteien, welche Forderungen zu Arbeitsbedingungen erhoben werden.

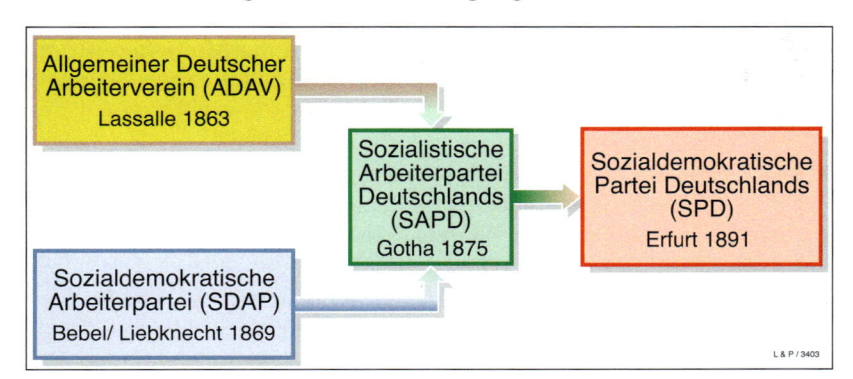

M4 *„Stammbaum" der Sozialdemokratischen Partei Deutschlands (SPD).*

M7 *Das Traditionsbanner der SPD mit dem Handschlag, dem alten Symbol der Arbeiterverbrüderung.*

Wer löst die „Soziale Frage"?

M1 Johann Heinrich Wichern (1808–1881) betreute im Hamburger „Rauhen Haus" gefährdete Kinder und gründete 1848 die „Innere Mission" der evangelischen Kirche.

M3 Arbeitsraum für Jungen im „Rauhen Haus" in Hamburg (Holzstich, 1845).

Hilfe der Kirchen

Hilfe für die Armen war zu allen Zeiten auch eine Sache der Kirche. Einige Geistliche versuchten, das Elend der Arbeiter zu lindern. Auf katholischer Seite setzte sich insbesondere Bischof von Ketteler für die Arbeiter ein. Für ihn war die „Arbeiterfrage" im Wesentlichen eine Arbeiterernährungsfrage. Deshalb half er mit der Organisation von öffentlichen Küchen. Der katholische Priester Adolf Kolping gründete Vereine, die katholische Gesellen vor Verwahrlosung schützen sollten. Dafür baute er in vielen Städten Häuser (Kolpinghäuser), in denen sie sich weiterbilden konnten.

Auf evangelischer Seite gründete Heinrich Wichern in Hamburg ein Heim, in dem junge Leute ohne Beruf und Familie eine Unterkunft und Ausbildung erhielten (Rauhes Haus). Pastor Bodelschwingh gründete in Bethel eine Pflegestelle für Nervenkranke und Körperbehinderte.

Aus diesen Hilfsbemühungen der evangelischen Kirche für die Arbeiter entstand 1848 die „Innere Mission", auf katholischer Seite die „Caritas", die sich auch heute noch für die sozial Schwachen einsetzen.

Die Kirchen versuchten, die Hilfsbereitschaft der Menschen für die Arbeiter zu wecken, für ihre politischen Forderungen hatten sie wenig Verständnis.

> Weiter fehlt dem jungen Handwerker zumeist die Gelegenheit, sich außer der Werkstätte und dem Wirtshause irgendwo behaglich niederzusetzen. Man richte in allen Städten einen freundlichen geräumigen Saal ein, sorge für Beleuchtung und Wärme und öffne es allen jungen Arbeitern. Je nützlicher und angenehmer, je freier und würdiger der Aufenthalt … gemacht wird, umso größer wird die Teilnahme sein. Da dürfte es nicht an guten Büchern, Schriften und Zeitungen fehlen, zu tüchtigen Bürgern muss man sie erziehen. Ein tüchtiger Bürger muss ein tüchtiger Christ und ein tüchtiger Geschäftsmann sein.

M2 Forderungen des Priesters Adolf Kolping (um 1840).

1 Beschreibe den Arbeitsraum des „Rauhen Hauses" (M3). Zähle Tätigkeiten auf, die von den Jugendlichen ausgeübt werden.
2 Fasse zusammen, was verschiedene Geistliche taten, um die Not der Arbeiter zu lindern (M2, M3, Text).
3 Erläutere den grundsätzlichen Unterschied zwischen der Hilfe der Kirchen und den Forderungen von Gewerkschaften und Parteien.
4 Informiere dich über die heutige soziale Fürsorge der Kirchen (Internet, Pfarramt).

„Der Kapitalist:
So! Der läuft mir nicht mehr davon."

„Die Herren da oben strengen sich für mein Wohl an, dass ich dabei immer weiter herunterkomme."

M4 Zeitgenössische Karikaturen.

Als ob dem Proletarier damit gedient wäre, dass Ihr ihn erst bis aufs Blut aussaugt, um nachher Euren selbstgefälligen Wohltätigkeitskitzel an ihm üben zu können und vor der Welt als gewaltige Wohltäter der Menschheit dazustehen, wenn Ihr dem Ausgestoßenen den hundertsten Teil dessen wiedergebt, was ihm zukommt.

M6 Friedrich Engels zur Hilfe der Unternehmer.

Einzelne Unternehmer helfen

Einige Unternehmer bemühten sich, die Not der Menschen zu lindern. So versuchten die Firmen Siemens und Zeiss, die Arbeiter am Gewinn der Firma zu beteiligen. Die Badische Anilin- und Sodafabrik (BASF) baute Werkswohnungen für ihre Arbeiter. Andere richteten Kassen ein, die die Menschen im Alter unterstützen sollten.

Die Firmen wollten durch solche Fürsorge ein besseres Arbeitsklima schaffen. Dadurch erhoffte man auch eine erhöhte Arbeitsleistung.

Allerdings sorgten nur wenige Unternehmer so für ihre Arbeiter, sodass sich die Lage für die Mehrzahl der Arbeiter nicht verbesserte.

Wegen der teuren Lebensmittel soll für einen Weihnachtsfeiertag, einen hohen Neujahrstag und zwei halbe Abende gewährt und am 30. Dezember ausgezahlt werden:

Jedem Spinner	2,00 Taler
Jeder Spinnerin	0,20 Taler
Jedem Krempelmädchen	0,18 Taler
Jedem Andreher	0,07 Taler

M5 Bekanntmachungen des Unternehmers Jakob Bodemer an seine Arbeiter im Jahr 1846.

Betriebskrankenkasse Pensionskasse
Die Firmen Krupp sowie Siemens & Halske unterstützten Arbeiter bei Krankheit und im Alter mit Geld aus diesen Kassen.

Konsumläden
Krupp bot seinen Arbeitern Einkaufsmöglichkeiten in firmeneigenen Geschäften. Waren wurden zum Selbstkostenpreis angeboten.

Werkswohnungen
1882 besaß die Firma Krupp über 3200 Werkswohnungen. Die Miete war niedriger als auf dem freien Wohnungsmarkt.

Speisehäuser
Die Baumwollspinnerei von Carl Schwarz in Erlangen richtete für Arbeiter eine Art Werkskantine ein.

Gewinnbeteiligung
Die Zeiss-Werke in Jena beteiligten alle Mitarbeiter am Gewinn, den das Unternehmen mit Ferngläsern und Brillen verdiente.

M7 Hilfe von Unternehmen für Arbeiter und Arbeiterinnen.

5 Interpretiere die Aussagen der Karikaturen in M4.
6 Erkläre, wie einige Unternehmer ihren Arbeitern halfen (M7).
7 Vergleiche die Höhe der Zahlungen des Unternehmers Bodemer (M5). Bewerte.
8 Erläutere, was Engels von der Hilfe der Unternehmer hielt (M6).
9 Vermute, was einzelne Unternehmer dazu veranlasst hatte, die Lage ihrer Arbeiter zu verbessern.

Wer löst die „Soziale Frage"?

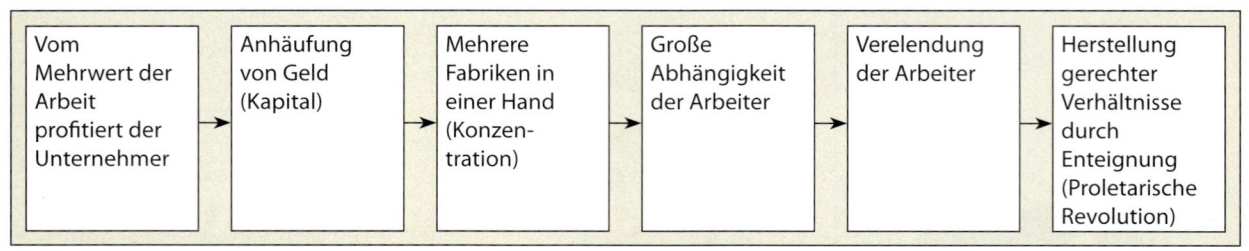

| Vom Mehrwert der Arbeit profitiert der Unternehmer | → | Anhäufung von Geld (Kapital) | → | Mehrere Fabriken in einer Hand (Konzentration) | → | Große Abhängigkeit der Arbeiter | → | Verelendung der Arbeiter | → | Herstellung gerechter Verhältnisse durch Enteignung (Proletarische Revolution) |

M1 Wirtschaftliche und politische Entwicklung nach Marx (vereinfachte Darstellung).

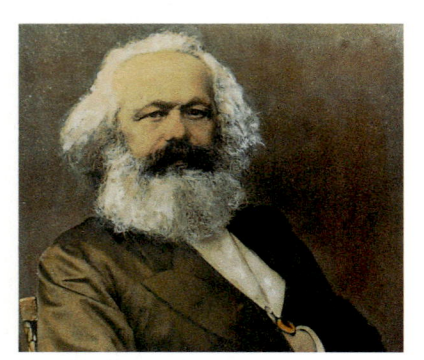

M2 Karl Marx (1818–1883), Philosoph und Verfasser des „Kommunistischen Manifests", im zeitgenössischen Gemälde.

Revolution als Antwort auf die „Soziale Frage"

Karl Marx und Friedrich Engels entwickelten eine wissenschaftliche Theorie, nach der die Geschichte eine zwangsläufige Folge bestimmter Abläufe ist. Danach gab es zu allen Zeiten Kämpfe zwischen besitzenden und abhängigen Menschen. Diese Auseinandersetzung nannten sie „Klassenkampf". Nun fand der Kampf zwischen der Arbeiterschaft (Proletariat) und dem Bürgertum (Bourgoisie) statt.

„Proletarier (Arbeiter) aller Länder vereinigt euch." So lautete der Aufruf im „Kommunistischen Manifest", das Karl Marx 1848 schrieb. Nach der Lehre von Marx werden die Unternehmer (Kapitalisten) immer reicher und die Arbeiter immer ärmer. Ihre Lage können die Arbeiter nur verbessern, wenn sie sich international zusammenschließen. Nur so können sie gemeinsam die Kapitalisten besiegen. Nach dem Sieg über die Kapitalisten verfügen die Proletarier über die alleinige Macht im Staat, die „Diktatur des Proletariats". Sie verfügen jetzt über die Produktionsmittel, die Unternehmer werden enteignet. Dieser revolutionäre Umsturz ermöglicht eine gerechtere, kommunistische Gesellschaftsordnung.

Diese Gedanken waren Grundlage der Revolution in Russland 1917. Auch die Gesellschaftsordnung der „Deutschen Demokratischen Republik" (DDR 1949–1990) hatte die Lehren von Marx zur Grundlage.

> Völker, hört die Signale!
> Wacht auf, Verdammte der Erde,
> die stets man noch zum Hungern zwingt!
> Das Recht wie Glut im Kraterherde
> Nun mit Macht zum Durchbruch dringt.
> Reinen Tisch macht mit dem Bedränger!
> Heer der Sklaven, wache auf!
> Ein Nichts zu sein, tragt es nicht länger,
> alles zu werden, strömt zuhauf!
> Völker, hört die Signale!
> Auf, zum letzten Gefecht!
> Die Internationale
> erkämpft das Menschenrecht!

M3 Erste Strophe des Kampfliedes der internationalen sozialistischen Arbeiterbewegung.

> Der erste Schritt in der Arbeiterrevolution ist die Erhebung des Proletariats zur herrschenden Klasse… . Das Proletariat wird seine politische Herrschaft dazu benutzen, der Bourgeoisie (herrschende Klasse der Besitzbürger) … alles Kapital zu entreißen, alle Produktionsinstrumente in den Händen des … Proletariats zu zentralisieren

M4 Auszug aus dem „Kommunistischen Manifest" von Karl Marx.

1 Fasse zusammen, wie Marx die Entstehung der Probleme der Arbeiterschaft erklärt (M1, Text).
2 Erläutere den Weg, den Marx sieht, um die Lage der Arbeiterschaft zu verbessern (M4, Text).
3 Erläutere den Aufruf im Kampflied der Arbeiterbewegung (M3).
4 ✚ Erkläre, warum das Bürgertum Angst vor den kommunistischen Ideen von Marx hatte (M1, M3, M4).
5 ↗ Informiere dich mithilfe von Lexika und dem Internet über die Gesellschaftsordnung der DDR und präsentiere dein Ergebnis.

Antworten des Staates

Als die Not der Arbeiter immer größer wurde und der Druck der Forderungen der Arbeiterschaft immer stärker, reagierte die Reichsregierung unter Reichkanzler Otto von Bismarck und erließ Sozialgesetze. Bismarck führte das Prinzip der gesetzlichen Kranken-, Unfall- und Rentenversicherung ein, das in seinen Grundzügen noch heute Gültigkeit hat.

Damit wollte der Staat die Menschen gegen grundlegende Lebensrisiken finanziell absichern. Gleichzeitig wollte er sie damit für die vorhandene staatliche Ordnung gewinnen. Sie sollten Abstand nehmen von revolutionären Gedanken und der sogenannten „gemeingefährlichen" Sozialdemokratie.

6 Beschreibe, wie die Sozialversicherungen den Arbeitern halfen (M5).
7 a) Beschaffe dir im Internet Informationen über die Sozialgesetze heute.
　b) Vergleiche die Herkunft der Beiträge für die Sozialversicherungen heute und zur Zeit Bismarcks (M5).
8 Benenne die Ziele, die Bismarck mit der Sozialgesetzgebung verfolgte (Text).
9 Erkläre, warum es in der Sozialdemokratie Widerstand gegen die Sozialgesetze gab (M7).

Der Arbeiter leidet vor allem unter der Unsicherheit. Es ist nicht sicher, dass er immer Arbeit haben wird, er ist nicht sicher, dass er immer gesund ist, und er sieht voraus, dass er einmal alt und arbeitsunfähig sein wird. Verfällt er aber der Armut auch nur durch längere Krankheit, so ist er völlig hilflos. Die Gesellschaft hat bisher keine Verpflichtung ihm gegenüber, auch wenn er vorher noch so treu und fleißig gearbeitet hat.

M6 *Bismarck über die Lage der Arbeiter (1889).*

Versicherungsart	Krankenversicherung	Unfallversicherung	Rentenversicherung
Einführung	1883	1884	1889
Beitragshöhe	2–3 % des Lohns	unterschiedlich	1 % des Lohns
Wer zahlt die Beiträge?	2/3 zahlt der Arbeiter, 1/3 der Unternehmer	der Unternehmer zahlt sie allein	Arbeiter und Unternehmer zahlen je die Hälfte
Welche Leistungen erhält der Arbeiter?	– Bezahlung der Arztbesuche und der Medikamente – Kosten für Krankenhausaufenthalt – bis zu 50 % des Durchschnittslohns als Krankengeld ab dem 3. Krankheitstag bis zu 26 Wochen	– Bezahlung der Heilungskosten – bei Erwerbsunfähigkeit Weiterzahlung von 2/3 des Einkommens – bei Unfalltod 1/5 des Lohns für Witwen	– Altersrente ab 70 Jahren und nach 30 Jahren Beitragszahlung

M5 *Bismarcks Sozialgesetze.*

Niemals werden wir um das Linsengericht einer Unfall- und Invalidenversicherung … das Recht des Volkes auf Arbeit und Existenz … preisgeben. Das ist die stolze Antwort der Sozialdemokratie auf die kaiserliche Botschaft. Unsere Pflicht ist es, die Interessen der Arbeiter wahrzunehmen … Nur so sind wir imstande, wirkliche Reformen von … Reformschwindel zu unterscheiden.

M7 *Sozialdemokraten zu den Sozialgesetzen.*

Wissen und können

1 Industrialisierung im Silbenrätsel

1. Moderne Produktionsmaschine
2. Stadt im Ruhrgebiet
3. Energiequellen vor der Erfindung der Dampfmaschine
4. Erste Industrienation
5. Berufliche Tätigkeit im eigenen Haus
6. Erster Erwerbszweig, in dem Maschinen eingesetzt wurden
7. Künstlicher Wasserweg
8. Vorschrift für Arbeiter
9. Größtes Ballungsgebiet in Deutschland
10. Zu wenig Essen, um den Körper ausreichend mit Energie zu versorgen
11. Gewerbliche Tätigkeit sehr junger Menschen
12. Teilgruppe einer Gemeinschaft mit gleichen sozialen Merkmalen (Einkommen, Beruf)
13. Politische Organisation, die die Interessen von Werktätigen vertritt

ar – ar – ar – bei – beit – beit – biet – bo – bri – brik – der – dus – er – es – fa – ge – ge – gel – groß – heim – ien – in – ka – kin – kräf – man – na – nähr – nal – nung – ord – par – ro – ruhr – schafts – schicht – sell – sen – tann – te – tei – ter – ter – tex – til – trie – tur – ung

2

Der nebenstehende Vergleich zwischen Deutschland und England um 1850 zeigt deutliche Unterschiede. Nutze auch dein Wissen aus dem vergangenen Kapitel.

a) Erläutere die Unterschiede zwischen beiden Ländern im Jahr 1850. Begründe.
b) Beschreibe die weitere Entwicklung nach 1850.

	D	E
Bevölkerung	2	1
Dampfmaschinen	1	5
Kohleproduktion	1	8
Roheisenproduktion	1	10
Baumwollproduktion	1	15

3 Erfindungen

Ein auffälliges Merkmal der Industrialisierung sind die Erfindungen. Übertrage die Tabelle in dein Heft und ergänze sie mithilfe des Lehrbuches, anderen Fachbüchern, Lexika oder des Internets.

Jahr	Erfinder	Erfindung	Jahr	Land	Erfindung
1769		Dampfmaschine	1945		Atombombe
	Morse	Telegraf		USA	Farbfernsehen
	Otto	Viertaktmotor	1957		Erster künstlicher Satellit
1879	Edison		1969	USA	
1895		Filmgerät	1975		PC
1903	Wright		1982		Internet
1938		Atomspaltung			
1949	W.v. Braun				

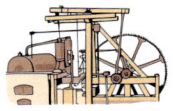

Industrielle Revolution in England

1769: James Watt baut erste Dampfmaschine

1835: erste Eisenbahn in Deutschland zwischen Nürnberg und Fürth

1847: Karl Marx verfasst das Kommunistische Manifest

Industrireviere sind Anziehungspunkte für viele Menschen

1760 — 1780 — 1800 — 1820 — 1840 — 1860 — 1880 — 1900

Die Industrielle Revolution

M1 Arbeiterfamilie in ihrer Berliner Wohnung (1907).

M2 Grundriss einer Wohnung für neun Personen.

1. Beschreibe anhand von M1 und M2 die Wohnsituation von Arbeiterfamilien zur Zeit der Industrialisierung.
2. Stellt in eurer Klasse die Wohnsituation einer Arbeiterfamilie zur Zeit der Industrialisierung nach (M2). Grenzt dazu die Raumgröße der Wohnung in eurem Klassenraum ab. Deutet wichtige Einrichtungsgegenstände mithilfe von Tischen, Stühlen oder Decken an. Begebt euch mit neun Personen in die „Wohnung" und stellt euch vor, ihr würdet dort leben. Bewegt euch im Raum und verteilt euch auf die Schlafplätze. Sprecht im Anschluss über eure Gedanken und Empfindungen.

---

5 Die Arbeitsbedingungen der Handwerker unterscheiden sich von denen der Fabrikarbeiter. Ergänze jeweils für die Fabrikarbeiter.

Handwerker	Fabrikarbeiter
Der selbstständige Handwerker bestimmt selbst über seine Tätigkeit	
Er produziert ein ganzes Werkstück	
Er verkauft sein Werkstück selbst	
Die Arbeit des Handwerkers ist vielseitig	
Er arbeitet in seinem Haus	
Er bestimmt seine Arbeitszeit selbst	
Er lebt vom Verkauf seiner Produkte	

---

6 Ordne die folgenden Begriffe den richtigen Erklärungen zu.

(1) Landflucht
(2) Schlafbursche
(3) Mietskaserne
(4) Bürgertum
(5) Fabrikant

(a) Besitzer einer Produktionsstätte mit Maschineneinsatz
(b) Mehrstöckiges Haus mit vielen Wohnungen
(c) Gehobene Gesellschaftsschicht
(d) Abwanderung vom Dorf in die Stadt
(e) Untermieter, erhält ein Bett für einige Stunden

Grundbegriffe

Arbeiterbewegung
Arbeitsteilung
Ballungsgebiet
Bürgertum
Dampfmaschine
Deutscher Zollverein
Gewerkschaften
Industrielle Revolution
Kinderschutz
Klassenkampf
Massenproduktion
Mietskasernen
Proletarier
Schlafburschen
Soziale Frage
Sozialpolitik
Streik

Erklären und beurteilen

Arbeitskämpfe damals und heute

M1 Bergarbeiterstreik 1912 in Dortmund: Menschen auf der Flucht vor der aufmarschierenden Polizei.

Von den Bergleuten, die sich am Pfingstmontag, dem 20. Mai des Jahres 1872 im Burggrafschen Saal in Essen versammeln, weiß wohl kaum einer, worauf er sich einlässt. Und könnten sie sich ausmalen, dass sie schon bald den mächtigsten Streik Deutschlands ausrufen – viele von ihnen würden vermutlich erschrocken umkehren. Jede öffentliche Versammlung muss bei den Ordnungsbehörden angemeldet werden. Die Polizei weiß also, dass man sich bei Burggraf treffen will. (…)
Die Stimmung unter den Kumpeln ist gereizt. Im Jahr zuvor sind die Belegschaften im rheinisch-westfälischen Steinkohlerevier fast um ein Viertel vergrößert worden. Die meisten der neuen Bergleute stammen aus den preußischen Ostprovinzen; sie sind teils polnischer Abstammung und haben keine Berufserfahrung. Es kommt immer häufiger zu schweren Arbeitsunfällen. (…) Der Anmarsch zum Stollen führt durch lange, kaum beleuchtete Strecken. Feucht und sehr heiß ist es dort unten – und oft so niedrig, dass die Hauer auf Knien arbeiten müssen. Die Bergleute schuften im Akkord. Die Steiger – die Aufseher in den Zechen – werden bestochen, damit sie die Arbeitsleistung der Kumpel anerkennen. Trotz solcher Zuwendungen aber entscheiden sie oft willkürlich, weigern sich unter anderem, angeblich unzureichend beladene Wagen auf den Lohn der Hauer anzurechnen. (…) Die Antwort der Beschäftigten auf die ausbeuterischen Arbeitsbedingungen ist: strike. (…) Wer sich in diesen Jahren auf eine Versammlung wagt, auf der über die „schlechte Lage" gesprochen werden soll, riskiert nicht nur Probleme mit der Polizei, er muss auch mit Denunziation bei seinem Arbeitgeber rechnen – und mit dem Verlust seines Arbeitsplatzes.
Die Bergleute beschließen, dem „wohllöblichen Vorstand" in einer Bittschrift eine 25%-Lohnerhöhung und die Einbeziehung der Wegezeit vom Umkleidesaal zum Arbeitsplatz in den Achtstundentag vorzulegen.

M2 Bericht in einem Geschichtsmagazin über einen Streik im Jahr 1872.

Die Industrielle Revolution

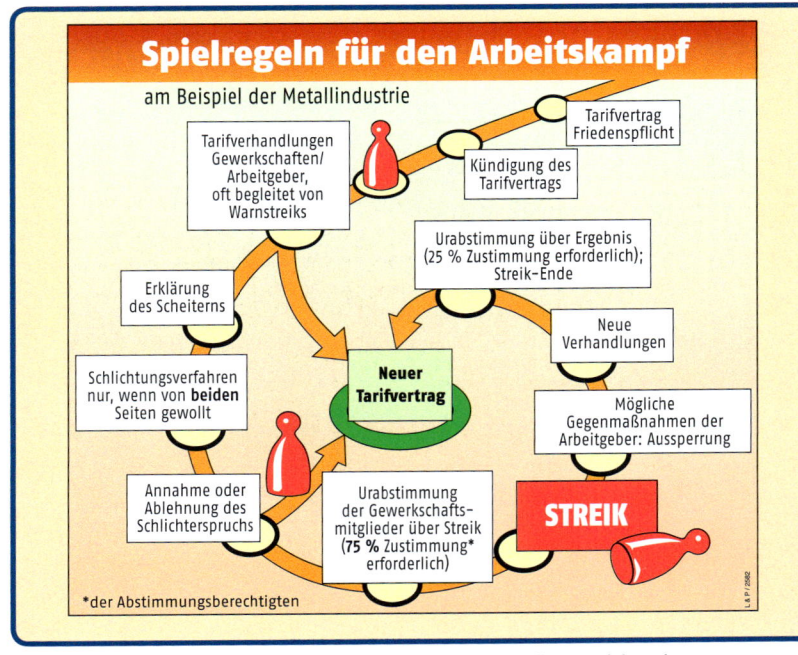

M3 Die Regeln für Tarifauseinandersetzungen in Deutschland.

M4 Warnstreik der IG Metall in Hannover am 6.11.2008.

VW will vor allem die Wochenarbeitszeit in den sechs westdeutschen Werken von derzeit 28,5 auf 35 Stunden ohne Lohnausgleich verlängern. Dabei habe VW mit Forderungen nach Pausenkürzungen und unbezahlten Qualifizierungszeiten am Montag noch draufgesattelt. Die Gewerkschaft dringt auf langfristige Garantien für Jobs. (…)
Der Wolfsburger Autohersteller hatte angesichts von Millionenverlusten in den westdeutschen VW-Werken 20 000 Jobs und damit jeden fünften Arbeitsplatz dort auf den Prüfstand gestellt. Allerdings sind die Beschäftigten durch den Tarifvertrag bis 2011 vor Entlassungen geschützt.

M5 Forderungen von Arbeitnehmern und Arbeitgebern bei einer Tarifauseinandersetzung 2006.

1. Beschreibe die Bilder M1 und M4. Gehe auf einzelne Personengruppen, deren Bewegungen, Körperhaltung und auch die Umgebung des Bildes ein.
2. a) Denke dir Sprech- und Denkblasen für Personen beider Bildgruppen (M1 und M4) aus.
   b) Erkläre die Unterschiede, die du feststellst.
3. Stellt eine Szene aus M1 oder M4 in einem Standbild dar. Nutzt dazu auch die Ergebnisse aus Aufgabe 2.
4. a) Arbeite aus M2 die Forderungen der Bergarbeiter heraus.
   b) Ergänze weitere mögliche Forderungen.
5. Stelle Forderungen von Streikenden früher und heute in einer Tabelle gegenüber und vergleiche.
6. Zähle auf, wer früher und heute direkt und indirekt von Streiks betroffen ist.
7. Begründe, wann du heute einen Streik für gerechtfertigt hältst.

Imperialismus und Erster Weltkrieg

Mobilmachung am 31. Juli 1914: Menschen während der Ansprache des Kaisers vor dem Berliner Schloss.

| 1880 | 1885 | 1890 | 1895 | 1900 | 1905 | 1910 | 1915 | 1920 |

Ein Schlachtfeld in Nordfrankreich mit gefallenen britischen Soldaten im Herbst 1914.

Das Zeitalter des Imperialismus

M1 *Ein deutscher Kolonialherr in Afrika (Foto, um 1891).*

Europa und seine Kolonien

Um 1880 besaßen europäische Staaten bereits viele Kolonien auf der ganzen Welt. Deshalb war es ein Ziel ihrer Außenpolitik, diese Besitzungen zu sichern und weiter zu vergrößern. Die Regierungen verkündeten ihren Anspruch auf die Vorherrschaft in der Welt und setzten vermehrt, z. B. in Indien, Militär ein, um auch mit Waffengewalt ihre Interessen durchzusetzen. Großbritannien hatte mit seinem Weltreich Kolonien rund um den Globus erobert.

> **Imperialismus**
> Politik eines Staates, die eigene Herrschaft auf fremde Gebiete (Kolonien) auszudehnen, diese auszubeuten und sich damit politisch und wirtschaftlich eine Vormachtstellung vor anderen Staaten zu sichern.

> Ich behaupte, dass wir die erste und beste Rasse auf der Erde sind und dass es umso besser für die menschliche Rasse ist, je mehr von der Welt wir bewohnen. Ich behaupte, dass jeder Acker, der unserem Gebiet hinzugefügt wird, die Geburt von mehr Angehörigen der englischen Rasse bedeutet … Darüber hinaus bedeutet es einfach das Ende aller Kriege, wenn der größere Teil der Welt in unserer Herrschaft aufgeht. … Da (Gott) sich die Englisch sprechende Rasse offensichtlich zu seinem auserwählten Werkzeug geformt hat, … muss es auch seinem Wunsch entsprechen, … jener Rasse so viel Spielraum wie möglich zu verschaffen.

M3 *Gedanken des britischen Kolonialministers Cecil Rhodes.*

> **Artikel 3**
> (3) Niemand darf wegen seines Geschlechtes, seiner Abstammung, seiner Rasse, seiner Sprache, seiner Heimat und Herkunft, seines Glaubens, seiner religiösen oder politischen Anschauungen benachteiligt oder bevorzugt werden.

M2 *Auszug aus dem Grundgesetz (GG) von 1949.*

1. Beschreibe das Bild M1. Erkläre, wie die Haltung der Europäer gegenüber den Menschen in den Kolonien deutlich wird.
2. a) Gib die Aussage von Cecil Rhodes mit eigenen Worten wieder (M3).
   b) Beschreibe die Folgen, die sich nach dieser Aussage für Nicht-Engländer ergeben.
3. Schreibe deine eigene Meinung dazu und berücksichtige in deiner Stellungnahme auch den Art. 3(3) GG (M2).

Die Kolonien als Wirtschaftsfaktor

In der ersten Hälfte des 19. Jahrhunderts wurden in vielen Ländern Europas Fabriken errichtet. Man errichtete große Hallen, in denen die Maschinen nun durch Dampfmaschinen angetrieben wurden. Dadurch konnte man Waren schnell, preiswert und in großen Mengen produzieren.

Mit der steigenden Produktion wuchs auch der Bedarf an Rohstoffen. Diese lieferten die Kolonien zu Billigpreisen.

In den Fabriken Europas wurden sie mit großem Gewinn für die Fabrikbesitzer zu Fertigwaren weiterverarbeitet. So stellte man z. B. aus Baumwolle Kleidung oder aus Metallen Maschinen bzw. Maschinenteile her. Diese Fertigwaren wurden nicht nur in Europa, sondern auch in den Kolonien teuer verkauft. Um die Gewinne der Unternehmer noch zu steigern, wurden die Kolonien daran gehindert, eigene Industrien aufzubauen.

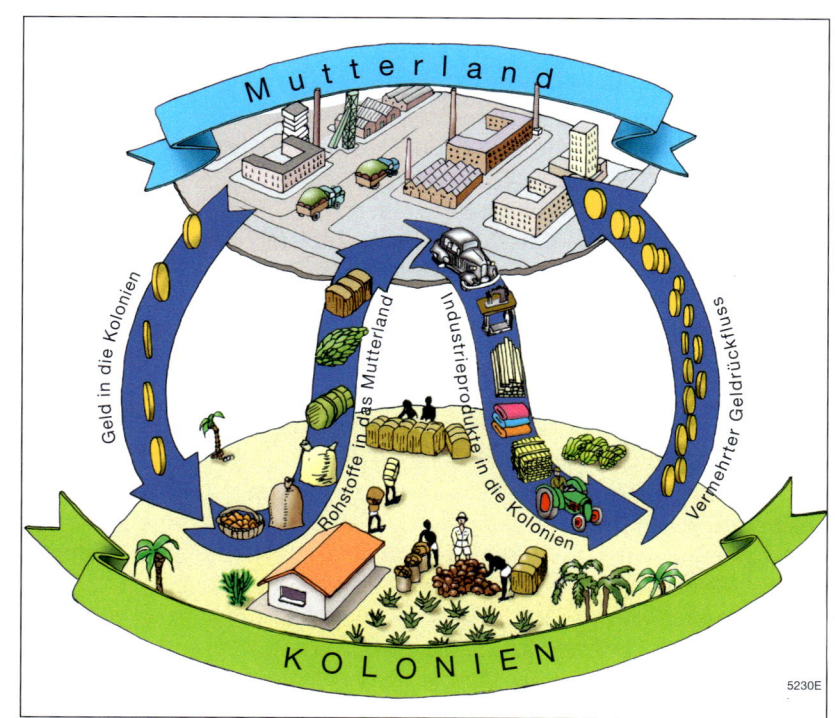

M4 *Warenströme zwischen Mutterland und Kolonien.*

> Es (gibt) eine Rechtfertigung für die finanziellen Ausgaben und Opfer an Menschen, die wir leisten, um unser Kolonialreich zu errichten. Es ist der Gedanke, die Hoffnung, dass der französische Kaufmann die Möglichkeit haben wird, in den Kolonien den Überschuss der französischen Produktion abzustoßen.

M5 *Ein französischer Politiker zum Erwerb von Kolonien (1899).*

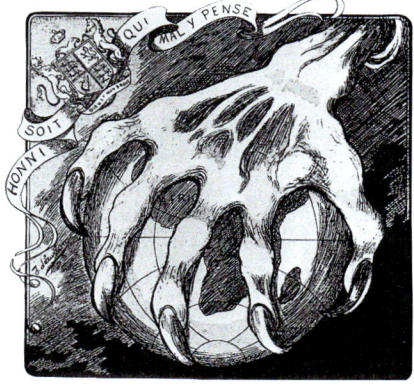

M6 *Französische Karikatur zum britischen Imperialismus.*

4 a) Beschreibe die Geld- und Warenströme zwischen Mutterland und Kolonie (Text, M4).
  b) Nenne die wirtschaftlichen Vorteile, die der Besitz von Kolonien für die Kolonialmächte brachte (M4, M5).
5 a) Beschreibe und deute die Karikatur M6.
  b) Stelle dar, wie eine englische Karikatur über Frankreichs Kolonialpolitik in Afrika ausgesehen haben könnte. Zeichne diese Karikatur.
6 Fasse die Motive für den Imperialismus der europäischen Staaten mit eigenen Worten zusammen.

Die britische Kolonie Indien

M1 Britisch-Indien um 1914.

M3 Simla: Sommerresidenz des englischen Vizekönigs.

Empire (engl.)
Bezeichnung für das Britische Weltreich, das sich seit dem 16. Jahrhundert durch den Erwerb von Kolonien beständig vergrößerte und das am Ende des 19. Jahrhunderts seine größte Ausdehnung erreichte.

Indien – reichste Kolonie des Empire

Die reichste Kolonie des britischen Empire war Indien. Als dort 1857 ein Aufstand ausbrach, konnten die Briten diesen nur mit Mühe niederschlagen. Indien wurde von der britischen Armee endgültig besetzt, unter britische Verwaltung gestellt und noch stärker wirtschaftlich ausgebeutet, z. B. durch hohe Steuern.

Die Briten beließen indischen Fürsten ihre Herrschaftsgebiete, achteten aber darauf, dass diese nichts gegen sie unternehmen. Die Kolonialherren exportierten britische Industrieerzeugnisse (z. B. Textilien) zollfrei nach Indien und vernichteten so die dort ansässige Industrie.

Die indische Textilindustrie war so hoch entwickelt, dass sogar die … englische Maschinenindustrie nicht damit konkurrieren konnte und durch einen Zoll von annähernd 80 % geschützt werden musste. Zu Beginn des 19. Jh. wurden indische Seiden- und Baumwollstoffe auf dem britischen Markt zu einem weit niedrigeren Preis verkauft als die in England hergestellten Waren. Natürlich musste das aufhören, als England, die in Indien herrschende Macht, die indische Industrie … niederzuknüppeln begann.

M2 Jawaharlal Nehru, erster indischer Ministerpräsident.

In Simla, der im Bergland gelegenen Sommerresidenz des englischen Vizekönigs, geben sich viele britische Beamte dem schönen Leben hin. … Die Engländer scheinen sich für immer in Indien eingerichtet zu haben. Inder haben keinen Zugang zu den Klubs und den Häusern der Weißen, es sei denn als Bedienstete. Sie dürfen nicht in ihrer Tracht auf der Hauptstraße von Simla erscheinen. Die „Herrenrasse" der weißen „Sahibs" trinkt auch in Indien ihren Whisky, nimmt das Abendessen im Smoking ein und blickt voller Verachtung auf das ungebildete, ja unterentwickelte Volk herab. Doch teilen die Engländer die Vorliebe der indischen Fürsten für Treibjagden, Elefantenreiten, Golf, Polo und Kricket und für die Tigerjagd.

M4 Herren und Diener in Indien (zeitgenössischer Text).

1 Weise anhand von M1, M2 und des Textes nach, wie die Engländer dem indischen Volk ihre Gewohnheiten und ihre Lebensweise aufzwingen.
2 Beschreibe, wie sich das Verhalten der britischen Kolonialherren auf die Bevölkerung auswirkt (M4). Nenne drei Beispiele.
3 Nenne Gründe, warum die britischen Kolonialherren die indische Textilindustrie systematisch zerstörten (M2).

Gewusst wie: Arbeit mit Karten

Mithilfe von Geschichtskarten kann man geschichtliche Zustände oder Entwicklungen übersichtlich darstellen. So gehst du vor:

> **1. Schritt: Ausschnitt der Karte beschreiben**
> Was ist in der Karte dargestellt? Was ist abgebildet: die Erde, ein Kontinent oder mehrere, ein Staat oder nur ein Teil eines Staates?
>
> **2. Schritt: Inhalte der Karte erfassen**
> Wie lautet der Kartentitel? Was sagt die Zeichenerklärung (Legende) aus? Welche Bedeutung haben die verschiedenen Farben, Linien oder Zeichen? Ist eine zeitliche Entwicklung ablesbar?
> Tipp: Benutze auch die entsprechende Karte im Atlas und vergleiche beide Karten miteinander.
>
> **3. Schritt: Ergebnisse zusammenfassen**
> Welche Ergebnisse oder Erkenntnisse hat die Kartenarbeit erbracht? Beschreibe und bewerte, welcher Zustand oder welche Entwicklung dargestellt ist. Tipp: Notiere alle Ergebnisse deiner Kartenarbeit und fasse sie in einem Text zusammen.

4 Werte die Karte M1 nach den beschriebenen Schritten aus.

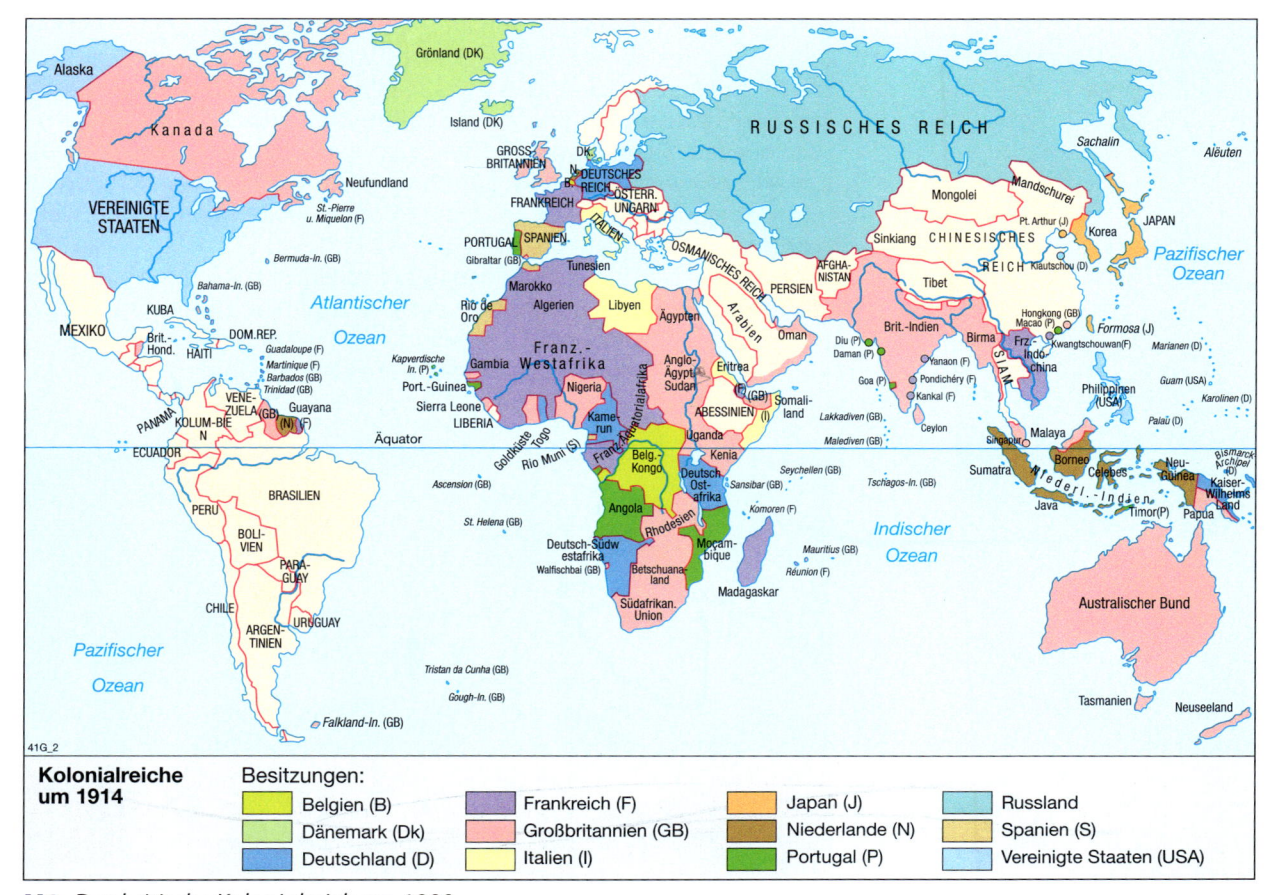

Kolonialreiche um 1914 Besitzungen: Belgien (B), Dänemark (Dk), Deutschland (D), Frankreich (F), Großbritannien (GB), Italien (I), Japan (J), Niederlande (N), Portugal (P), Russland, Spanien (S), Vereinigte Staaten (USA)

M1 *Das britische Kolonialreich um 1900.*

Kolonien der Europäer

1819	Kolumbien
1821	Venezuela
1821	Peru
1825	Brasilien und Bolivien
1828	Uruguay
1838	El Salvador, Honduras, Nicaragua, Guatemala und Costa Rica

M1 *Unabhängigkeitserklärung lateinamerikanischer Staaten.*

Südamerika im Umbruch

Gegen Ende des 18. Jahrhunderts kam es in ganz Lateinamerika zu Forderungen nach politischer Freiheit, wirtschaftlicher Selbstbestimmung und dem Aufbau eigenständiger Verwaltungen.

Aber erst in der ersten Hälfte des 19. Jahrhunderts lösten sich die portugiesischen und spanischen Kolonien von ihren Mutterländern. Der Prozess der Entkolonialisierung verlief dabei sehr unterschiedlich.

Brasilien erlangte seine Unabhängigkeit friedlich, da die portugiesische Königsfamilie nach dem Abzug der französischen Truppen aus Portugal nach Europa zurückkehrte.

Andere Kolonialherren ließen sich nicht so einfach verdrängen. So versuchte Spanien, die Revolten in seinen Kolonien blutig niederzuschlagen. Das scheiterte jedoch, und die Unabhängigkeitsbewegungen führten zum Machtwechsel.

Die in diesen Wechsel gesetzten Hoffnungen auf soziale oder wirtschaftliche Veränderungen vor allem für Verbesserung der Lebensverhältnisse der Indios erfüllten sich aber nicht. Die Lebensumstände der Menschen blieben wie zuvor, da rivalisierende Familien und Gruppen um die politische Macht kämpften und sich dabei der alten Strukturen bedienten. Es blieb dabei, dass der größte Teil des Landes den Großgrundbesitzern gehörte und die Landarbeiter rechtlos und wirtschaftlich von den Grundherren abhängig waren.

Als Ergebnis der Unabhängigkeitsbewegung entstanden neue Staaten in Lateinamerika. Die unabhängigen Staaten exportierten dieselben Erzeugnisse nach Europa wie während der Kolonialzeit. Dies waren vor allem Silber, Kakao, Zucker, Kaffee, Häute und Tabak. In diesen Ländern entwickelten sich Exportwirtschaften, die die Ressourcen ausbeuteten, niedrige Löhne an die Arbeiter zahlten und so den Weltmarkt mit Rohstoffen versorgte.

Seit Ende des 19. Jahrhunderts floss ausländisches Kapital vor allem aus den USA und Großbritannien nach Südamerika. Die ausländischen Investoren sicherten sich so Rohstoffe und Märkte und förderten dadurch zugleich den wirtschaftlichen Aufschwung in den neuen Staaten Südamerikas.

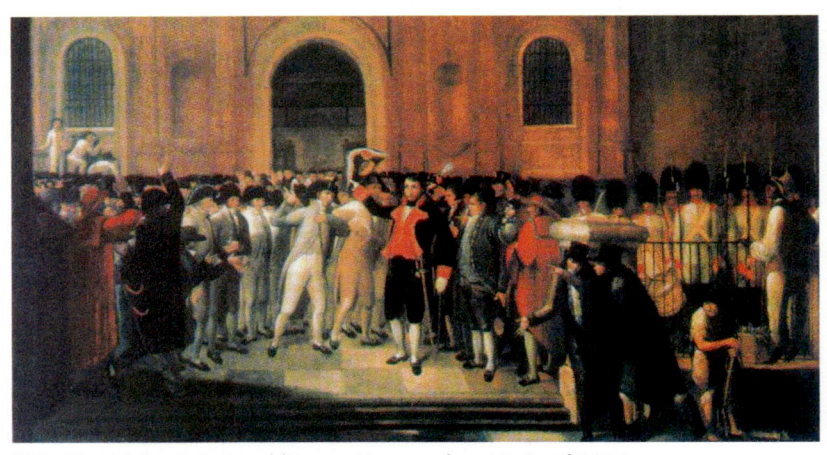

M2 *Unabhängigkeitserklärung Venezuelas, 19. April 1810.*

Afrika als Objekt der Europäer

Im 19. Jahrhundert hatten viele europäische Mächte das Territorium des benachbarten Kontinents Afrika erforscht und militärisch besetzt. In Afrika sahen sie eine gute und aufgrund der Nähe zu Europa wenig aufwendige Möglichkeit, ihr Einflussgebiet zu erweitern. Als Kolonien wurden sie planmäßig ausgebeutet.

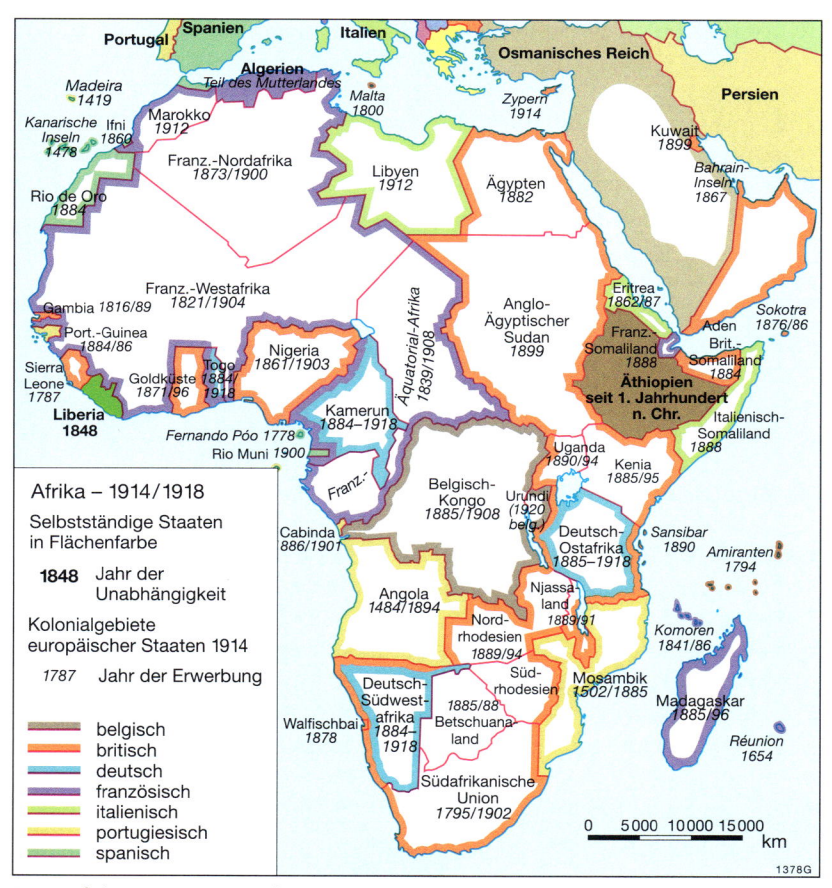

M3 *Afrika 1914/18 – aufgeteilt unter die Staaten Europas.*

1. Beschreibe den Prozess der Entkolonialisierung in Lateinamerika während der ersten Hälfte des 19. Jahrhunderts.
2. Informiere dich über Folgen der Kolonialisierung in Lateinamerika.
3. Notiere in einer Tabelle:

heutiger afrikanischer Staat	Name als Kolonie	europäische Kolonialmacht um 1914
...	...	...

4. Wähle drei afrikanische Staaten aus und berichte darüber, welche Beziehungen sie heute
   a) zu ihren ehemaligen Kolonialmächten,
   b) ✚ zur Europäischen Union haben.

Kolonialmacht Deutschland

„Ein Platz an der Sonne"

Um 1880 hatten die Staaten Europas, besonders die kolonialen Großmächte Großbritannien und Frankreich, den afrikanischen Kontinent untereinander aufgeteilt und ebenfalls in Asien Kolonien gegründet. Auch das gerade gegründete Deutsche Reich beanspruchte Gebiete als mögliche Kolonien für sich. Da es nur noch wenige „weiße" Flecken auf der Landkarte gab, forderten Kaiser Wilhelm II. und namhafte deutsche Politiker umso heftiger den Erwerb von Kolonien.

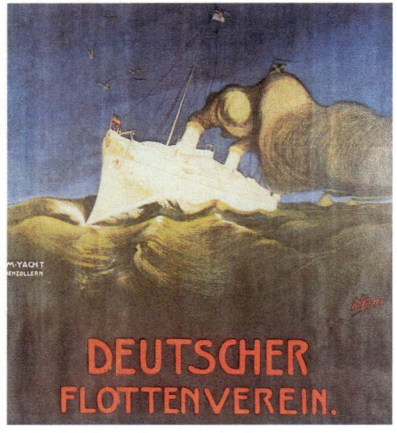

> Wir müssen verlangen, dass der deutsche Missionar und der deutsche Unternehmer, die deutschen Waren, die deutsche Flagge und das deutsche Schiff … geradeso geachtet werden wie diejenigen anderer Mächte. Wir sind endlich gern bereit, … den Interessen anderer Großmächte Rechnung zu tragen, in der sicheren Voraussicht, dass unsere eigenen Interessen gleichfalls die ihnen gebührende Würdigung finden. Mit einem Worte: Wir wollen niemand in den Schatten stellen, aber wir verlangen auch unseren Platz an der Sonne. (Wir) werden … bestrebt sein, getreu den Überlieferungen der deutschen Politik, ohne unnötige Schärfe, aber auch ohne Schwäche unsere Rechte und unsere Interessen zu wahren.

M1 *Plakat des Deutschen Flottenvereins, der 1898 gegründet worden war, um die See- und Kolonialpolitik des Kaisers zu unterstützen (1901).*

M2 *Staatssekretär von Bülow am 06.12.1897 im Reichstag.*

1 Gib die Forderungen des Staatssekretärs von Bülow mit eigenen Worten wieder und erkläre, wie die Ansprüche Deutschlands begründet werden (M2).
2 Stelle mithilfe des Atlas in einer Tabelle zusammen, auf welchen Kontinenten das Deutsche Reich Kolonien besaß.
3 Erkläre, warum in Deutschland der Ausbau der Kriegsflotte so massiv unterstützt wurde (M1, M3).

M3 *Eine Postkarte aus dem Jahr 1900.*

Die Kolonie Deutsch-Südwestafrika

Im Jahre 1883 erwarb der Bremer Kaufmann Lüderitz im Regierungsauftrag einen Küstenstreifen in Südwestafrika. Bereits 1884 wurde dieses Gebiet zum „Schutzgebiet" Deutsch-Südwestafrika erklärt. 1888 stationierte die Reichsregierung die erste deutsche „Schutztruppe". Danach wurde das Land systematisch erschlossen, deutsche Siedler ins Land geholt sowie Straßen und ab 1903 eine Eisenbahnlinie gebaut. Aber nicht alle waren mit dieser Politik einverstanden.

> Die Ausgaben für die Kolonialpolitik in den 20 Jahren haben nicht weniger als 753 Millionen Mark betragen … Der gesamte Handel … mit dem deutschen Zollgebiete … beträgt in diesen 20 Jahren … 250 bis 260 Millionen (Mark). Also auf der einen Seite Ausgaben von 750 Millionen Mark und auf der anderen Seite nur ein Gesamthandel von 250 Millionen Mark. Ich glaube, dass bereits die Gegenüberstellung dieser beiden Zahlen … sehr deutlich zeigt, wie es um den wirtschaftlichen Wert unserer Kolonien steht.

M4 *Ein Abgeordneter der Zentrumspartei in einer Reichstagsrede (1905).*

Die Kolonialherren behandelten die eingeborenen Volksstämme der Nama und Herero denkbar schlecht und bedrohten deren Weideflächen. Diese sahen damit ihre Existenzgrundlage in Gefahr. In den Jahren 1904/05 erhoben sie sich gegen die deutsche Fremdherrschaft. Die deutschen Truppen reagierten mit einem Vernichtungskrieg, dem ca. 75% der Hereros und 50% der Namas zum Opfer fielen.

> Auf unseren geheimen Zusammenkünften beschlossen unsere Häuptlinge, das Leben aller deutschen Frauen und Kinder zu schonen. Auch die Missionare sollten geschont werden. … Nur deutsche Männer wurden als unsere Feinde betrachtet.

M5 *Bericht des Herero Daniel Kariko über den Hereroaufstand.*

> Ich war dabei, als die Herero … in einer Schlacht besiegt wurden. Nach der Schlacht wurden (von den Deutschen) alle Männer, Frauen und Kinder ohne Gnade getötet … Die große Masse war unbewaffnet und konnte sich nicht wehren.

M6 *Augenzeugenbericht von Jan Cloete.*

4 Beschreibe Auswirkungen der Kolonisierung auf die einheimische Bevölkerung.
5 Beurteile das Verhalten der deutschen Kolonialtruppen und der Aufständischen beim Aufstand der Herero von 1904/05.
6 Recherchiere im Internet die Geschichte des heutigen Staates Namibia.

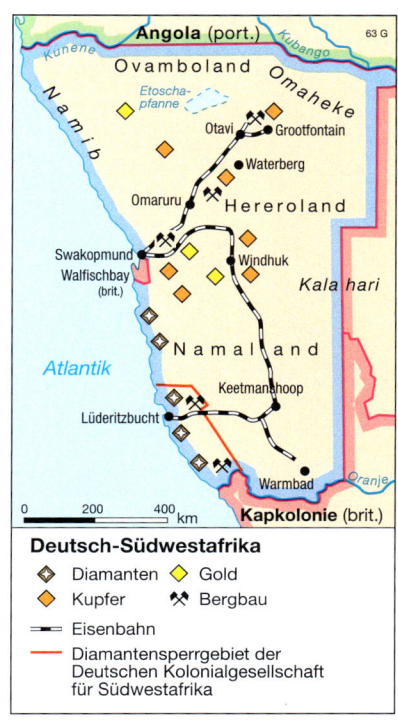

M7 *Deutsch-Südwestafrika, das heutige Namibia.*

M8 *Überlebende des Herero-Aufstandes vor ihrem Abtransport zur Zwangsarbeit (Foto, 1907).*

Genau betrachtet:

M1 Kolonialwarenladen in Berlin (um 1900).

M2 Schokoladenwerbung (1910).

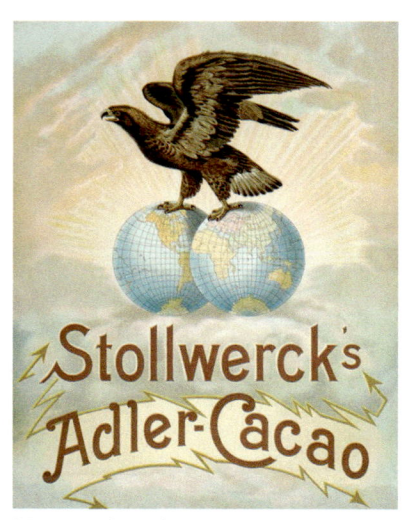

M3 Werbetafel (um 1900).

M4 Gemischtwarenladen aus dem 19. Jh., der auch Kolonialwaren anbot.

Kolonien und Kolonialwaren früher …

Importe verschiedenster Art aus den Kolonien versorgten die Menschen in Deutschland mit bis dahin unbekannten Waren. Man konnte sie in sogenannten Kolonialwarenläden kaufen. Dies zeigte, dass Deutschland zu einer Kolonialmacht geworden war.

> Aber allerdings sind wir der Ansicht, dass es sich nicht empfiehlt, Deutschland in zukunftsreichen Ländern von vornherein auszuschließen vom Mitbewerb anderer Völker … Die Zeiten, wo der Deutsche einem seiner Nachbarn die Erde überließ, dem anderen das Meer und sich selbst den Himmel reserviert … diese Zeiten sind vorüber. Wir betrachten es als eine unserer vornehmsten Aufgaben, … die Interessen unserer Schifffahrt, unseres Handels und unserer Industrie zu fördern und zu pflegen.

M5 Staatssekretär von Bülow am 06.12.1897 im Reichstag.

> Wir wachsen und mehren uns, aber nicht in einem weiträumigen Lande, das Überfluss an allem hat, was man zum Leben braucht: an Feldfrucht, Bodenschätzen und Rohstoffen, sondern wir sind in enge und keineswegs günstige Grenzen gepresst und müssen von Jahr zu Jahr mehr Gut aus der Ferne herbeischaffen, um satt zu werden und unsere Maschinen in Gang zu halten. … Nur…, wenn wir mit unserem eigenen Wachstum auch Anteil und Ertrag an Weltmarkt und Weltwirtschaft für uns zunehmen, können wir gesund bleiben; nur dann vermögen wir die inneren Werte, die aus unserer nationalen Idee herauswachsen, auch (zu) entfalten und als gestaltende Faktoren der Weltkultur wirken zu lassen.

M6 P. Rohrbach: Deutschland als Weltmacht.

Die Wahrnehmung der Kolonien

... Waren aus ehemaligen Kolonien heute

Heute findet man die begehrten Waren wie Kaffee, Schokolade usw. zu geringen Spreisen in den Regalen der Supermärkte. Auch Bananen, Kiwi und andere exotische Früchte stehen ganz selbstverständlich auf unseren Einkaufszetteln. Dies ist nur möglich, weil die Erzeuger ihre Produkte nach wie vor zu Preisen verkaufen müssen, die ihre Existenz nicht sichern und sie in die Armut treiben. Allerdings gibt es auch Initiativen, die hier Änderungen herbeiführen wollen.

Der faire Handel unterstützt Erzeugerinnen und Erzeuger in den Entwicklungsländern, um ihnen eine menschenwürdige Existenz aus eigener Kraft zu ermöglichen. Durch gerechtere Handelsbeziehungen sollen die Lebensbedingungen der Menschen in den Ländern des Südens verbessert und ungerechte Weltwirtschaftsverhältnisse abgebaut werden. TransFair will benachteiligte Kleinbauern und ihre Genossenschaften sowie die Pflückerinnen und Tagelöhner auf Plantagen erreichen. TransFair zahlt für die Produkte garantierte Mindestpreise. So werden die Produktionskosten gedeckt und es bleibt Geld für Ausgaben in der Zukunft. Mit umfangreicher Öffentlichkeitsarbeit will TransFair die Konsumentinnen und Konsumenten auf die Bedeutung des Welthandels für den Süden hinweisen. Der faire Handel soll ausgeweitet werden.

M7 *Ziele von TransFair.*

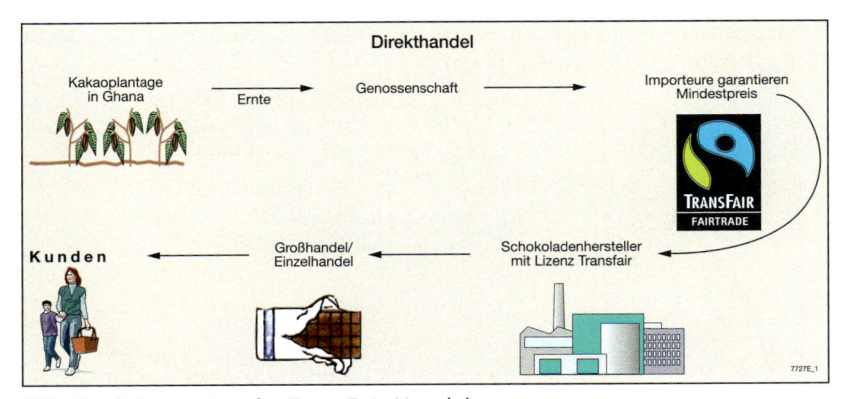

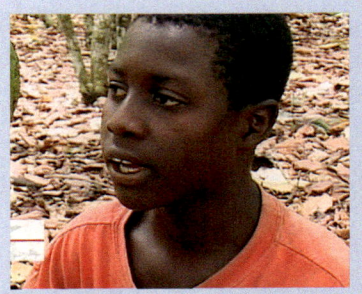

(Noussou arbeitet) zusammen mit anderen Kindern elf Stunden täglich auf der Kakaoplantage. Und das für 20 Cent am Tag. Kinder unter 14 Jahren dürfen offiziell an der Elfenbeinküste nicht arbeiten.
„Ich möchte allen Eltern sagen, sie sollen ihre Kinder nicht auf Kakaoplantagen schicken. Sie sollen wissen, wohin ihre Kinder gehen. Sonst erleben sie das Gleiche wie ich. Die Kinder werden hier gequält. Und das kann sich niemand vorstellen."

M9 *Noussou, 12 Jahre alt.*

M8 *Funktionsweise des TransFair-Handels.*

1 Beschreibe den Kolonialwarenladen (M4).
2 Nenne aus M5 zwei Forderungen zur Kolonialpolitik.
3 Nenne Gründe für deutschen Kolonienerwerb (M5, M6).
4 a) Beschreibe die Werbung M2 und M3.
  b) Erläutere, welche Sichtweisen auf die Kolonien in der Werbung deutlich werden.
5 Berichte, wie heute noch oft Kaffee, Kakao und Früchte in den ehemaligen Kolonien erzeugt werden (Text, M8).
6 a) Nenne die Ziele des fairen Handels (M6).
  b) Erkläre die Funktionsweise des fairen Handels (M7).

Deutsche Außenpolitik im Wandel

Bündnissysteme in Europa

Durch die Reichsgründung im Jahre 1871 war Deutschland zu einer Großmacht neben Großbritannien, Frankreich, Russland und Österreich-Ungarn aufgestiegen. Reichskanzler Otto von Bismarck, der „Architekt der deutschen Einheit", hatte dieses Ziel nach drei Kriegen erreicht. Nun versicherte er den misstrauischen Nachbarn, dass das Deutsche Reich keine weiteren Gebiete in Europa beanspruche. Die neue Stellung Deutschlands sicherte er während seiner Regierungszeit durch eine Reihe von Bündnissen ab. In diese Verträge band er Österreich-Ungarn, Russland und Großbritannien ein. Frankreich war ohne Bündnispartner. Bismarck wollte so einen möglichen Angriffskrieg Frankreichs gegen Deutschland verhindern.

> So sieht das Bild aus, welches mir vorschwebt: nicht das irgendeines Ländererwerbes, sondern das einer politischen Gesamtsituation, in welcher alle Mächte außer Frankreich uns brauchen und von Koalitionen gegen uns durch ihre Beziehungen zueinander nach Möglichkeit abgehalten werden.

M1 *Bismarck über seine Außenpolitik im Kissinger Diktat (1877).*

Im Jahre 1888 starb Kaiser Wilhelm I. Sein Sohn, Kaiser Friedrich III., regierte nur 99 Tage, bevor er an Krebs starb. Ihm folgte sein Sohn als Kaiser Wilhelm II. Er war ehrgeizig, selbstbewusst und wollte selbst regieren. So kam es schon bald zwischen dem jungen Kaiser und Reichskanzler Bismarck zu Konflikten, die schließlich zu Bismarcks Entlassung im Jahre 1890 führten.

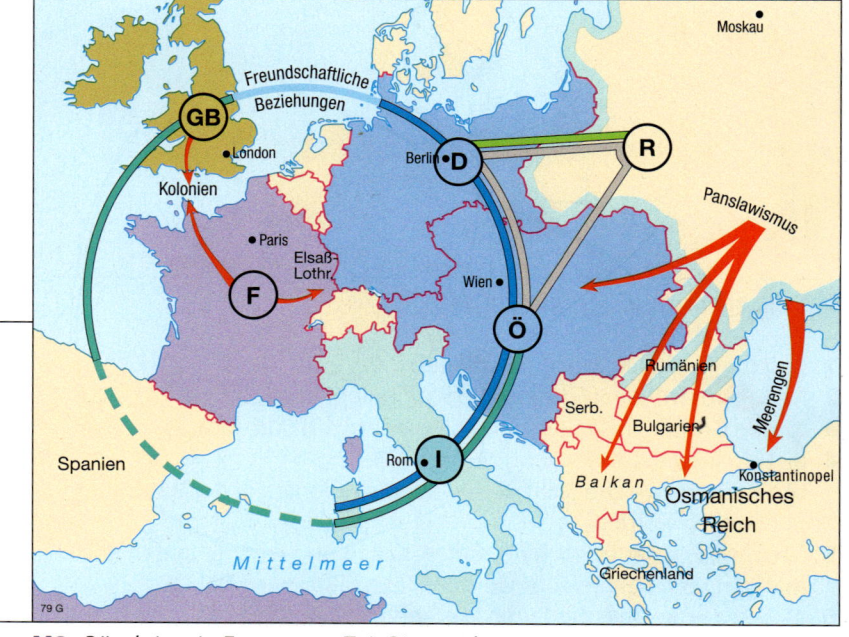

ℹ Bismarcks Bündnissystem

- **1873:** Dreikaiserabkommen – Deutschland, Russland und Österreich wollen zur Sicherung des Friedens enger zusammenarbeiten.
- **1879:** Zweibund – Deutschland und Österreich beschließen ein Verteidigungsbündnis.
- **1882:** Dreibund – Italien tritt dem Zweibund bei.
- **1887:** Rückversicherungsvertrag – Deutschland und Russland vereinbaren, sich neutral zu verhalten, falls Deutschland von Frankreich oder Russland von Österreich angegriffen würde.

Das europäische Bündnissystem unter Bismarck

- Dreikaiserabkommen (1873)
- Zweibund (1879)
- Dreibund (1882)
- Dreibund-Erweiterung (1883)
- Rückversicherungsvertrag (1887)
- Mittelmeerabkommen (1887)
- Spannungen und offene Fragen

M2 *Bündnisse in Europa zur Zeit Bismarcks.*

Der Wechsel in der deutschen Außenpolitik zeigte sich, als Kaiser Wilhelm II. den Rückversicherungsvertrag mit Russland nicht verlängerte. Russland suchte sich neue Bündnispartner und allmählich zerfiel Bismarcks Vertragssystem.

Wilhelm II. beanspruchte für das Deutsche Reich eine Vormachtstellung in Europa. Dazu gehörte der Besitz von Kolonien in Afrika und Übersee und der Aufbau einer deutschen Kriegsflotte. Großbritannien sah seine Überlegenheit zur See gefährdet. Als Folge entwickelte sich ein Wettrüsten zwischen Großbritannien und Deutschland.

> Auf dem Kontinent sollte Deutschland nicht mehr einer unter gleichen sein, sondern Führungs- und Ordnungsmacht. Auf den Weltmeeren aber und in der überseeischen Welt sollte England nicht mehr Hegemonialmacht (Führungsmacht) sein, sondern nur noch einer unter gleichen.

M3 *Der Historiker Sebastian Haffner zur deutschen Außenpolitik in der Zeit nach Bismarck (Auszug aus einem Buch von 1965).*

M5 *„Der Lotse geht von Bord" (Brit. Karikatur, 1890).*

1. Erläutere, wie nach Bismarcks Vorstellung die Beziehungen des Deutschen Reiches zu Österreich-Ungarn, Russland, Italien und Großbritannien gestaltet sein sollten (M1).
2. ✚ Erkläre, wie Frankreich seine Isolation überwinden konnte.
3. Beschreibe und erkläre die Karikatur M5.
4. Stelle anhand des Textes und der Karte M4 zusammen, mit welchen Partnern a) Frankreich und b) Deutschland vor dem Ersten Weltkrieg verbündet ist. Welches Bismarcksche Bündnis besteht noch?
5. Erläutere die deutsche Außenpolitik unter Wilhelm II. (M4 und Text).

Neue Bündnisse

- **1894:** Zweibund – Russland und Frankreich beschließen eine militärische Zusammenarbeit.
- **1902:** Interessenausgleich zwischen Frankreich und Italien
- **1904:** Entente cordiale – Frankreich und Großbritannien treffen eine „herzliche Übereinkunft".
- **1907:** Tripleentente – Russland tritt der Entente cordiale bei.

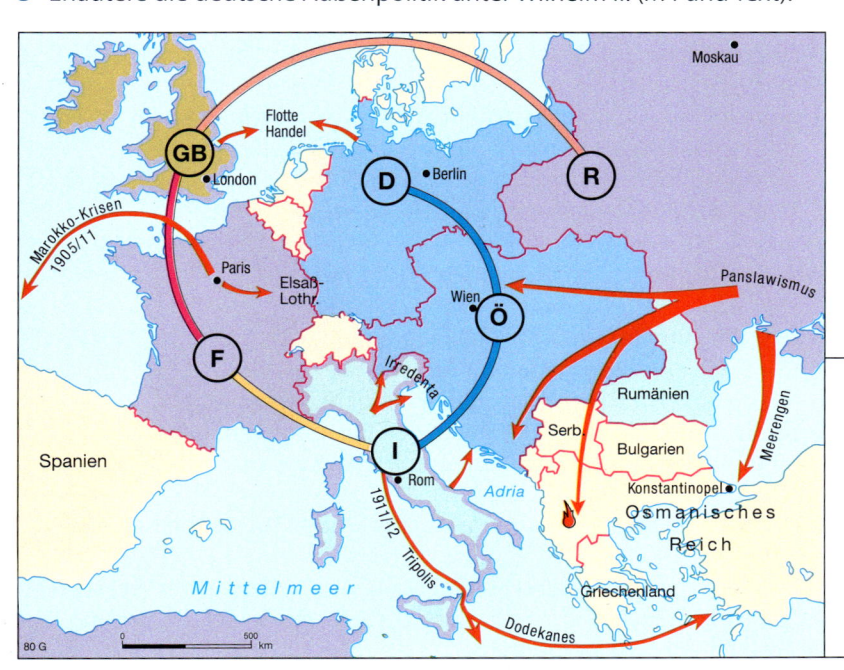

M4 *Das europäische Bündnissystem vor dem Ersten Weltkrieg.*

Der Weg in den Ersten Weltkrieg

Deutsches Reich		
Jahr	Armee	Marine
1906	753	245
1908	827	338
1910	831	426
1912	948	462
1914	1768	476

Großbritannien		
Jahr	Armee	Marine
1906	566	642
1908	548	656
1910	560	825
1912	568	920
1914	589	1052

M1 *Rüstungsausgaben in Millionen Mark.*

M2 *Der kleine Fritz Naeter aus Jena im Jahr 1897.*

Kriegsbegeisterung in Europa

Das Wettrüsten zwischen Deutschland und Großbritannien beschränkte sich nicht nur auf die Kriegsflotte. Auch die Armeen beider Staaten wurden mit modernen Waffen ausgestattet. Die Ausrüstung des Militärs zu Wasser und zu Lande galt als Maßstab beim Kräftevergleich zwischen dem Deutschen Reich und Großbritannien.

Im Sommer 1914 standen sich beide Länder bis an die Zähne bewaffnet gegenüber, und überall in Europa warteten die Menschen auf ein Ereignis, das zum Kriegsausbruch führte. Nur wenige fürchteten den bevorstehenden Krieg und warnten vor dem Grauen einer kriegerischen Auseinandersetzung. Die große Mehrheit der Menschen in Europa zeigte eine allgemeine Begeisterung für den Krieg. Die Regierungen ihrerseits heizten diese Stimmung durch gezielte Propaganda weiter an.

> Ach, es ist furchtbar. Es ist immer das Gleiche, so langweilig, langweilig, langweilig. Es geschieht nichts, nichts, nichts. Wenn doch endlich einmal etwas geschehen wollte... Würden einmal wieder Barrikaden gebaut. Ich wäre der Erste, der sich darauf stellte, ich wollte noch mit der Kugel im Herzen den Rausch der Begeisterung spüren. Oder sei es auch nur, dass man einen Krieg begänne, er kann ungerecht sein. Dieser Friede ist so schmierig wie eine alte Leimpolitur auf alten Möbeln.

M3 *Tagebuch des deutschen Schriftstellers Georg Heym von 1910.*

> Könnten Sie unsere Armee sehen, unsere Soldaten. Sie wären von Bewunderung für dieses Volk entflammt ... Ich habe keine Lust zu sterben, aber ich glaube, jetzt würde ich ohne Bedauern sterben; ich habe vierzehn Tage gelebt, die der Mühe wert sind... Man wird von uns reden in der Geschichte. Wir werden der Welt ein Zeitalter eröffnet haben. Wir werden den Albdruck des behelmten Deutschlands und des bewaffneten Friedens verscheucht haben.

M4 *Brief des französischen Leutnants Gillet von 1914.*

1 Erstelle mithilfe von M1 Säulendiagramme zu den Jahren 1906–1914 für die Rüstungsausgaben für Armee und Marine.
   a) Berechne die Gesamtausgaben beider Länder pro Jahr.
   b) Beschreibe anhand der Daten den Rüstungswettlauf.
2 Erläutere die Einstellung von Georg Heym in seinem Tagebauch zu Frieden, Krieg und Tod als Soldat (M3).
3 Nenne die Gründe des Leutnant Gillet für den Tod auf dem Schlachtfeld (M4).
4 Kinder in Uniformen und Soldatenpose (M2) waren in der Vorkriegszeit beliebte Fotomotive und lassen Rückschlüsse auf die Haltung der Erwachsenen zu. Begründe.
5 Nimm Stellung zu der allgemeinen Kriegsbegeisterung.

⭐ Streiter für den Frieden

Trotz der weit verbreiteten Kriegsbegeisterung in allen Ländern Europas gab es auch Menschen, die gegen den Krieg protestierten und für den Erhalt des Friedens eintraten. Sie waren zwar in der Minderheit, warben aber auf Friedenskongressen für ihre Sache. Sie prangerten die Unmenschlichkeit des Krieges an und kritisierten das Wettrüsten auf allen Seiten. Sie setzten sich dafür ein, dass politische Konflikte nicht mit kriegerischen Mitteln, sondern vor einem internationalen Schiedsgericht gelöst werden sollten. Eine der bekanntesten Kämpferinnen für den Frieden war die Österreicherin Bertha von Suttner. Mit ihrem 1889 erschienenen Roman „Die Waffen nieder!" wurde sie international bekannt. Für ihr Engagement erhielt sie im Jahre 1905 den Friedensnobelpreis.

M7 *Bertha von Suttner (Briefmarke der Deutschen Post aus dem Jahr 2005).*

1891	Weltfriedenskongress in Rom, Bertha von Suttner wird zur Vizepräsidentin gewählt
1892	Gründung der Deutschen Friedensgesellschaft durch Bertha von Suttner
1892	Internationaler Friedenskongress in Bern
1894	Internationaler Friedenskongress in Antwerpen
1897	Internationaler Friedenskongress in Hamburg
1899	Erste Haager Friedenskonferenz
1903	Eröffnung des „Institut International de la Paix" in Monaco
1904	Internationale Frauenkonferenz in Berlin
1907	Zweite Haager Friedenskonferenz

M5 *Aktivitäten der internationalen Friedensbewegung.*

6 Nenne die Ziele der Friedensbewegung (Text).
7 „Die Friedensbewegung war international." Erkläre die Aussage (M5).
8 Nenne mögliche Gründe dafür, dass die Friedensbewegung den Ausbruch des Ersten Weltkrieges nicht verhindern konnte. Verwende die Informationen auf diesen und den vorherigen Seiten.

M6 *Teilnehmer des Weltfriedenskongresses in München (1907). Sitzend, Zweite von links: Bertha von Suttner.*

Der Erste Weltkrieg

M1 Österreich-Ungarn 1914.

Balkankrise und Kriegsausbruch

Zu Beginn des 20. Jahrhunderts war der Balkan die gefährlichste Krisenregion Europas. Hier hatten slawische Völker ihre Unabhängigkeit von der Türkei erkämpft. Serbien, Bulgarien und Griechenland waren als Staaten entstanden. Andere Slawen lebten in Österreich-Ungarn und wollten ebenfalls unabhängig werden. Russland verstand sich als Führungsmacht aller Slawen und unterstützte diese Unabhängigkeitsbestrebungen.

Im Jahre 1908 nahm Österreich-Ungarn das von Slawen besiedelte Bosnien in Besitz. Serbien protestierte, weil es dieses Gebiet für sich beanspruchte. Schließlich lebten hier viele Serben. Russland ergriff für Serbien Partei. Mehrmals verschärfte sich die Krise. Ein Krieg zwischen Russland und Österreich-Ungarn wurde nur knapp verhindert.

Am 28. Juni 1914 besuchten der österreichische Thronfolger Franz Ferdinand und seine Frau Sophie die bosnische Hauptstadt Sarajewo. Sie fuhren im offenen Wagen durch die Stadt, als sich der Serbe Gavrilo Princip der langsam fahrenden Wagenkolonne näherte und das Thronfolgerpaar aus kurzer Entfernung erschoss.

M2 Das Attentat vom 28. Juni 1914 (zeitgenössische Zeichnung).

3. Extra-Blatt. — Vossische Zeitung

Der österreichische Thronfolger und seine Gattin ermordet.

Sarajewo, 28. Juni. (Telegramm unseres Korrespondenten.) Als der Erzherzog-Thronfolger Franz Ferdinand und seine Gattin, die Herzogin von Hohenberg, sich heute Vormittag zum Empfange in das hiesige Rathaus begaben, wurde gegen das erzherzogliche Automobil eine Bombe geschleudert, die jedoch explodierte, als das Automobil des Thronfolgers die Stelle bereits passiert hatte. In dem darauffolgenden Wagen wurde der Major Graf Boos-Waldeck von der Militärkanzlei des Thronfolgers und Oberstleutnant Merizzi, der Personaladjutant des Landeshauptmanns von Bosnien, erheblich verwundet. Sechs Personen aus dem Publikum wurden schwer verletzt. Die Bombe war von einem Typographen namens Cabrinowitsch geschleudert worden. Der Täter wurde sofort verhaftet. Nach dem festlichen Empfang im Rathause setzte das Thronfolgerpaar die Rundfahrt durch die Straßen der Stadt fort. Unweit des Regierungsgebäudes schoß ein Gymnasiast der achten Klasse (Primaner) namens Prinzip aus Grabow aus einem Browning mehrere Schüsse gegen das Thronfolgerpaar ab. Der Erzherzog wurde im Gesicht, die Herzogin im Unterleib getroffen. Beide verschieden, kurz nachdem sie in dem Regierungskonak gebracht worden waren, an den erlittenen Wunden. Auch der zweite Attentäter wurde verhaftet, die erbitterte Menge hat die beiden Attentäter nahezu gelyncht.

M3 Extra-Ausgabe einer deutschen Tageszeitung.

M4 *Deutsche Soldaten auf dem Weg zur Westfront (Foto, 1914).*

Was Serbien anbelange, so könne Seine Majestät (der deutsche Kaiser) zu den zwischen Österreich-Ungarn und diesem Lande schwebenden Fragen naturgemäß keine Stellung nehmen … Kaiser Franz Joseph könne sich aber darauf verlassen, dass seine Majestät im Einklang mit seinen Bündnispflichten und seiner alten Freundschaft treu an der Seite Österreich-Ungarns stehen werde.

M5 *Telegramm des deutschen Reichskanzlers Bethmann-Hollweg vom 6. Juli 1914 an die österreichische Regierung.*

Mit seinem Attentat wollte der junge Student gegen die Besetzung Bosniens durch Österreich-Ungarn protestieren. Der Mord am Thronfolgerpaar rief in Europa Entsetzen hervor. Der Ruf nach Vergeltung und Krieg wurde laut, und in der österreichischen Presse wurde Serbien eine Mitschuld an dem Attentat gegeben.

In Berlin versprach Kaiser Wilhelm II. Österreich militärische Unterstützung für den Kriegsfall.

Obwohl Serbien fast alle österreichischen Forderungen zur Aufklärung des Attentats erfüllte, erklärte Österreich am 28. Juli 1914 dem Königreich Serbien den Krieg. Nun trat der Mechanismus der verschiedenen Bündnisse in Kraft: Deutschland und Italien waren als Mittelmächte mit Österreich-Ungarn verbündet. An der Seite Serbiens trat Russland zusammen mit Frankreich und Großbritannien als Alliierte in den Krieg ein.

Das Attentat von Sarajewo hatte damit den äußeren Anlass für den Ausbruch des Ersten Weltkrieges geliefert.

Die deutsche Führung ging von einem schnellen Sieg aus und erwartete, dass der Krieg noch vor Weihnachten zu Ende sei.

1 Formuliere Argumente für die Ansprüche Serbiens auf bosnisches Gebiet (Text, M1).
2 Nenne mögliche Gründe, die Gavrilo Princip vor der Polizei für seine Bluttat angegeben haben könnte (Text, M3).
3 Kaiser Wilhelm II. sicherte Österreich seine Unterstützung zu. Nenne die vertragliche Grundlage (Text und S. 101, M5).
4 a) Beschreibe M4 und M6.
  b) Formuliere in kurzen Sätzen die Einstellungen, die in den Bildern zum Ausdruck kommen.
5 Stelle mithilfe der Materialien auf Seite 101 zusammen, welche Staaten Europas aufgrund der Bündnisse zu Kriegsgegnern werden.
6 ✛ Nimm Stellung zu der Frage, unter welchen Bedingungen der Kriegsausbruch hätte verhindert werden können.

M6 *Ein französisches Plakat von 1914: „Die haben wir gleich!"*

Der Erste Weltkrieg

Materialschlachten und Kriegsverlauf

Bei Kriegsausbruch steigerte sich nicht nur in Deutschland die schon vorhandene Kriegsbegeisterung. Viele junge Männer meldeten sich als Kriegsfreiwillige in der Überzeugung, einer ehrenvollen Sache zu dienen und Weihnachten wieder zu Hause zu sein. Darunter waren sogar Schüler der 13. Klassen. Ihnen wurde nach einer vereinfachten Prüfung („Notabitur") die Berechtigung zum Studium zugesprochen, sodass sie sich als Kriegsfreiwillige melden konnten.

Bald aber geriet der deutsche Vormarsch im Westen ins Stocken. Französische und deutsche Truppen standen sich gegenüber, befestigten ihre Stellungen und kämpften erbittert um jeden Meter Landgewinn. Dieser Stellungskrieg fand in der Schlacht von Verdun 1916 seinen grausigen Höhepunkt. Hier gab es eine Materialschlacht mit neuen Waffen wie Tanks (Panzern), Flugzeugen, Giftgas, Maschinengewehren, Handgranaten und Minen. Allein bei Verdun starben etwa 700 000 deutsche und französische Soldaten.

M1 *Deutscher Soldat zu Pferd – beide ausgerüstet mit Gasmasken (Foto aus der „Berliner Illustrierten" vom 30. Juni 1918).*

> Gegenüber unserer Stellung scheint die Welt unterzugehen. Raus aus den Gräben! Kein Quadratmeter, der nicht zerwühlt ist. Die Maschinengewehre rasseln, das Infanteriefeuer rollt. Ein Höllenlärm. Da stürzt einer, dort wieder einer. Leutnant U. … steht auf – da – spritzen Fetzen seiner Generalstabskarte, er krampft die Hände vor die Brust und fällt … Nach wenigen Minuten ist er tot. … Unter Granathagel geht es zurück. Der Durst war riesig. Jede, auch durch Gas gelb gefärbte Pfütze musste herhalten. Bis morgens 4 Uhr lagen wir dann in einem Loch und konnten nicht vorwärts, da die Mulde vor uns stark beschossen wurde. Durst riesig. Endlich regnete es, da leckten wir die Überzüge am Helm und die Rockärmel ab. Der Weg (zurück) … lag im Sperrfeuer (Dauerbeschuss). … Ich lag eine Weile ohne Besinnung – vor Entkräftung. Das Anschnuppern eines reiterlosen Pferdes brachte mich wieder zu mir.

M3 *Bericht eines Studenten aus der Schlacht vor Verdun.*

M2 *Französische Soldaten transportieren Leichen aus einem Schützengraben ab (Foto, 1915).*

M4 *Die „Hölle von Verdun" (Foto, Februar 1916).*

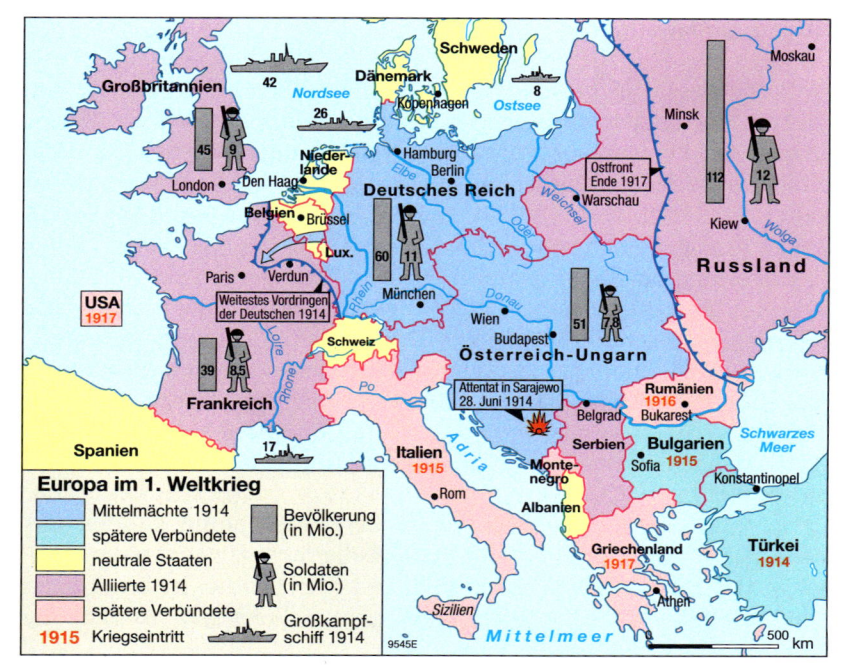

M5 *Europa im Ersten Weltkrieg.*

Der Erste Weltkrieg wurde auch auf See geführt. Erstmals wurden Unterseeboote und Unterseewaffen (Torpedos) in großem Stil gegen feindliche Kriegsschiffe eingesetzt. 1915 forderte der deutsche U-Boot-Angriff auf den britischen Passagierdampfer „Lusitania" 1198 Todesopfer, darunter 128 US-Amerikaner. Deutschland erklärte 1917 den uneingeschränkten U-Boot-Krieg, d. h., es wurden auch Handels- und Passagierschiffe der Alliierten angegriffen. Daraufhin traten auch die USA gegen Deutschland in den Krieg ein.

Mit dem Kriegseintritt der USA wurde die militärische Stärke der Alliierten übermächtig. Schließlich musste die Oberste Heeresleitung unter General Ludendorff im Oktober 1918 die militärische Niederlage eingestehen. Am 11. November 1918 unterzeichneten Vertreter der deutschen Regierung im Wald von Compiègne den Waffenstillstandsvertrag.

1. Stelle anhand von M1, M2 und M4 zusammen, wie sich die Hölle des Krieges darstellte. Vergleiche die Wirklichkeit des Krieges mit der Kriegsbegeisterung (S. 88/89 und S. 105, M2–M4).
2. „In den Materialschlachten des Ersten Weltkrieges ging es nur darum, welche Seite den längeren Atem hatte." Erkläre diese Aussage.
3. Werte die Karte M5 aus, indem du in einer Tabelle die verbündeten Staaten der Mittelmächte und der Alliierten gegenüberstellst, die jeweilige Anzahl ihrer Soldaten ermittelst und miteinander vergleichst.
4. Ermittle anhand von M8 die Anzahl der Kriegsopfer im Ersten Weltkrieg.
5. Stelle die Kriegsziele der Mittelmächte und der Alliierten gegenüber (M6, M7). Nimm Stellung dazu.

Deutschland wollte
– das nordfranzösische und belgische Industriegebiet dem Reich eingliedern,
– ein Wirtschaftsbündnis unter deutscher Führung in Mitteleuropa errichten.
Österreich-Ungarn wollte
– neben dem schon besetzten Bosnien auch Serbien unter seine Herrschaft bringen.

M6 *Kriegsziele der Mittelmächte.*

Frankreich wollte
– Elsass-Lothringen zurückgewinnen,
– das Saarland erwerben,
– Österreich-Ungarn aufteilen.
Russland wollte die slawischen Völker von österreichischer und türkischer Herrschaft befreien.
Großbritannien wollte Deutschland als Konkurrenz auf den Weltmeeren und Weltmärkten ausschalten.
Italien wollte das österreichische Tirol bis zum Brenner, Triest, Teile Albaniens und der Türkei besetzen.
Die **USA** hatten den Alliierten Rüstungskredite gewährt und befürchteten bei einer Niederlage deren Verlust.

M7 *Kriegsziele der Alliierten.*

Gefallene Soldaten (in Tsd.)	
Deutsches Reich	1808,5
Russland	1700
Frankreich	1385
Österreich-Ungarn	1200
Großbritannien	947
Italien	460
Serbien	360
Türkei	325
Rumänien	250
USA	115

M8 *Bilanz des Ersten Weltkriegs.*

Kriegsalltag in der Heimat

Hunger und Mangel

Während des Krieges gelang es nicht mehr, die Versorgung mit Lebensmitteln zu gewährleisten. In der Landwirtschaft fehlten Pferde, Saatgut und Dünger. Vorräte wurden gestreckt oder rationiert. Ab 1915 erhielten die Menschen Lebensmittelkarten, die die wenigen Lebensmittel zuteilen sollten. Aber im Laufe der Zeit bekamen die Menschen immer geringere Mengen für ihre Karten, vieles auch gar nicht mehr.

Missernten bei Kartoffeln und Getreide führten zum Hungerwinter 1916/17. In dieser Zeit ersetzten vor allem Rüben die eigentlichen Nahrungsmittel. Kohlrübensuppe, Kohlrübenmarmelade und Kohlrübenkaffee stellten im sogenannten „Kohlrübenwinter" die Grundnahrungsmittel dar. Den Hunger konnte diese Nahrung jedoch nicht stillen. Unterernährung war die Folge. Bis zu 20 % des Normalgewichts verloren die Menschen. Viele, besonders Arme, Alte und Kranke, litten bittere Not.

Der Mangel zeigte sich in vielen Bereichen. Stoffe wurden aus Brennnesselstängeln hergestellt. Aus Obstkernen gewannen die Menschen Speiseöl. Menschenhaar ersetzte Leder für die Treibriemen in den Munitionsfabriken. Doch selbst diese „Rohstoffe" konnte die große Not nicht lindern.

Die fehlenden Arbeitskräfte in den Fabriken und auf dem Feld ersetzten Frauen, Kinder und Alte. Jeden dritten Arbeitsplatz besetzte eine Frau, in den Rüstungsbetrieben arbeiteten sogar mehr Frauen als Männer. Sie drehten die Granaten oder füllten Sprengstoff in Bomben und Minen. Um lange Arbeitszeiten und selbst den Einsatz von Kindern zu ermöglichen, schränkte der Staat soziale Schutzbestimmungen ein. Zum Beispiel be- und entluden Eisenbahnwaggons nicht selten Zwölfjährige.

M1 *Zuteilungskarte für Lebensmittel.*

	1913	1918
Mehl	320 g	160 g
Fleisch	150 g	18 g
Fett	50 g	8 g
kcal	2600	1100

M2 *Ernährungssituation der Bevölkerung (pro Person und Tag).*

M3 *Frauen stellen Granaten in einer Munitionsfabrik her.*

M4 *Vor einem Lebensmittelgeschäft.*

M5 *Gehtraining für beinamputierte Soldaten.*

Leben im Krieg

Aufgrund der großen Verluste an der Front wurden immer weitere Männer eingezogen. Todesanzeigen von Gefallenen füllten in den Zeitungen immer mehr Seiten. Bald gab es fast keine Familie mehr, in der nicht um den Mann, den Vater oder den Bruder getrauert wurde. Verwundete, vom Gas Erblindete oder zu Krüppeln Geschossene lagen zu Tausenden in den Lazaretten.

Die große Begeisterung und die Hoffnung auf einen schnellen Sieg wichen bald der Enttäuschung und Kriegsmüdigkeit. Die Truppen verharrten im Stellungskrieg, und die Opfer, die an der Front und in der Heimat erbracht wurden, erschienen immer sinnloser. Der lang anhaltende Krieg führte zur Erschöpfung der Menschen.

Die anfängliche Geschlossenheit in der Bevölkerung löste sich auf und es entwickelte sich vermehrt Widerstand. Eine zunehmende Friedenssehnsucht fand Widerhall.

Eine Antikriegsdemonstration am 1. Mai 1916 forderte die Menschen auf, sich nicht weiter als „Kanonenfutter" gebrauchen zu lassen.

M6 *Todesanzeige, 1917.*

1 Beschreibe die Versorgungslage zu Kriegszeiten in Deutschland.
2 Erkläre, was eine Lebensmittelkarte ist.
3 Berichte über den „Kohlrübenwinter".
4 Erläutere, wie der Krieg das Leben von Frauen und Kindern in der Heimat veränderte.
5 Versetze dich in eine Person auf den Fotos M3 bis M5. Schreibe einen Brief über deinen Alltag während des Krieges.
6 Begründe die Kriegsmüdigkeit der Menschen.

Genau betrachtet:

Aus dem Schlachtfeld wird eine Gedenkstätte

Nach dem Ersten Weltkrieg wurde von den Kampfstätten um Verdun gefährliche Munition beseitigt und versucht, möglichst viele Tote zu bergen. Identifizierbare Tote wurden getrennt nach Nationen auf Soldatenfriedhöfen bestattet.

Für die Überreste bis zur Unkenntlichkeit verstümmelter Leichen von Soldaten wurde zwischen 1920 und 1932 das Beinhaus von Douaumont gebaut. Sonst blieb das Gelände weitgehend unverändert. Die Dörfer um Verdun waren verwüstet und der Boden für die Landwirtschaft unbrauchbar geworden. Noch Jahrzehnte später starben Bauern beim Pflügen durch Blindgänger. Deshalb wurden die zerstörten Ortschaften nicht wieder aufgebaut. Dieser „Originalzustand" des Schlachtfeldes zog schon bald viele Besucher an.

Heute gibt es auf dem Gelände der Schlacht um Verdun eine große Anzahl von Gedenkstätten, Kriegsgräbern und ein Museum. Verdun ist zum Symbol für die Sinnlosigkeit des Krieges geworden.

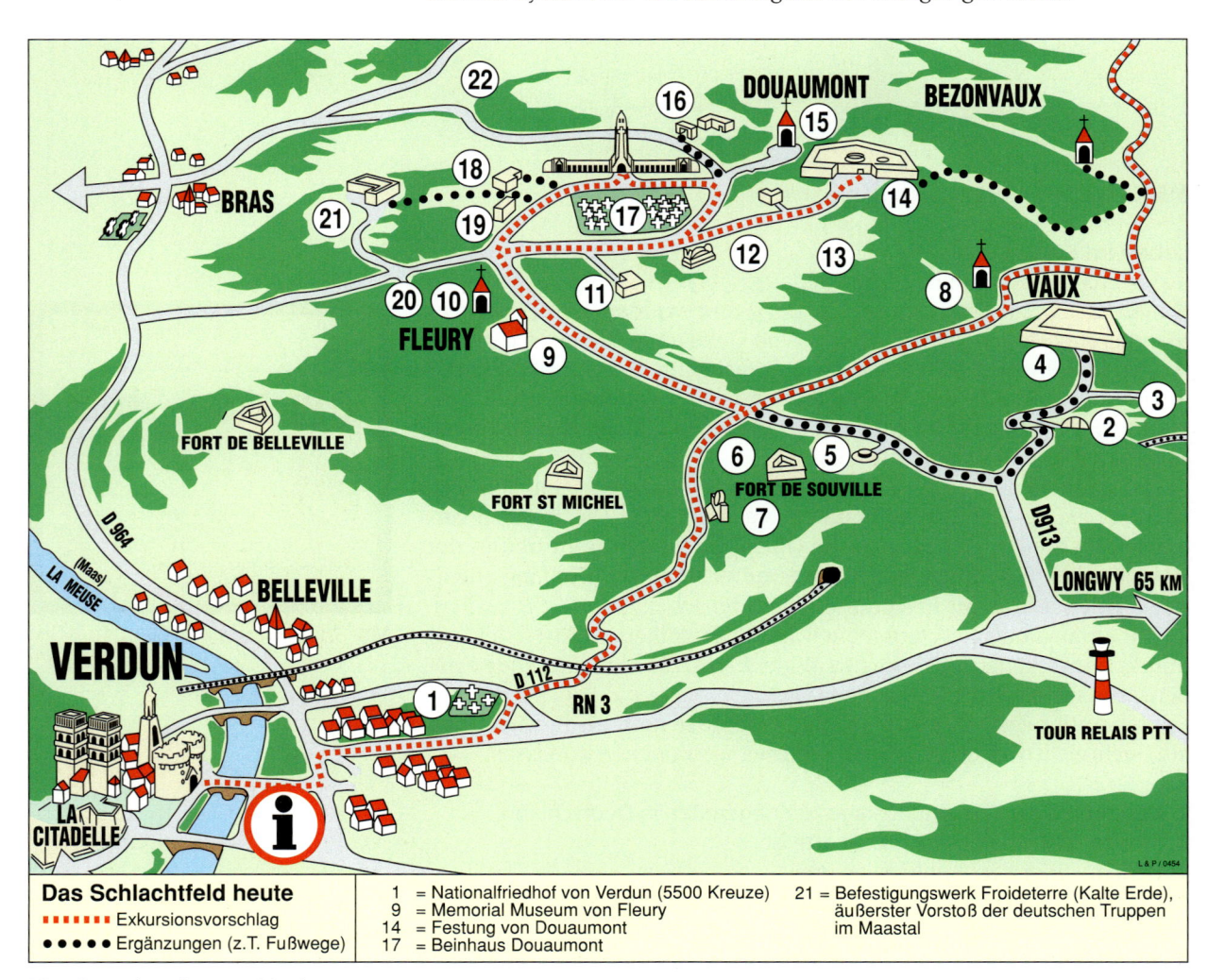

Das Schlachtfeld heute
▪▪▪▪▪ Exkursionsvorschlag
•••• Ergänzungen (z.T. Fußwege)

1 = Nationalfriedhof von Verdun (5500 Kreuze)
9 = Memorial Museum von Fleury
14 = Festung von Douaumont
17 = Beinhaus Douaumont
21 = Befestigungswerk Froideterre (Kalte Erde), äußerster Vorstoß der deutschen Truppen im Maastal

M1 *Besucherplan von Verdun.*

Verdun – Schauplatz der Unmenschlichkeit

M2 Das Beinhaus von Douaumont. Es ist 137 Meter lang. Der Glockenturm hat die Form einer Granate. Er ist 46 Meter hoch und mit Leuchtfeuern ausgestattet, die nachts das Gelände beleuchten. In dem Gebäude sind ungefähr 130 000 unbekannte französische und deutsche Soldaten bestattet.

Es gibt Orte mit einer besonderen Bedeutung, weil sich dort Dinge ereignet haben, die außergewöhnlich waren und die das Leben von Zeitgenossen und Nachkommen verändert haben.

Die Exkursion zu einem historisch besonders bedeutsamen Ort, der zudem noch als Museum oder Gedenkstätte aufbereitet ist, gehört zu den seltenen Gelegenheiten, anhand von historischen Zeugnissen Geschichte konkret werden zu lassen.

- Welche Stationen werden wann besucht? (Genauer Zeitplan!)
- Welche Gegenstände, Orte, Exponate etc. sind von besonderem Interesse?
- Ist eine Aufgabenteilung sinnvoll? Wenn ja: Wer geht wohin?
- Gibt es vor Ort Experten, Ansprechpartner, mit denen am besten schon vorher ein Termin gemacht werden sollte?
- Welche Arbeitsmittel sollen mitgenommen werden? (Bücher, Aufzeichnungen, Referate etc.)
- Bietet der Exkursionsort Info-Materialien? (Broschüren, Bücher, Multimedia etc.)
- Wie wird „Ergebnissicherung" betrieben? Wie wird eine spätere Auswertung der Exkursion vorbereitet?

M3 Leitfragen für die Durchführung einer Exkursion.

1. Berichte über Verdun nach dem Krieg.
2. Diskutiert, warum in Verdun jede Nation eigene Soldatenfriedhöfe hatte.
3. Findet heraus, ob es in eurer Umgebung eine Gedenkstätte für die Opfer des Ersten Weltkrieges gibt. Stelle sie vor.

M4 Der französische Staatspräsident François Mitterand und der deutsche Bundeskanzler Helmut Kohl auf dem Soldatenfriedhof von Douaumont bei einer Gedenkfeier zu Ehren aller Toten am 22. 9. 1984.

Wissen und können

1 Ergänze den Lückentext. Verwende die nachstehenden Begriffe:

1880 / hohen / Kolonie / Produktion / zollfrei / Kolonien / wirtschaftlich / Industrie / 1857 / Steuern / Empire / Rohstoffen / Besitz

Mit der steigenden _____ in Europa zu Beginn des 19. Jahrhunderts wuchs auch der Bedarf an _____. Diese lieferten die _____ zu Billigpreisen. Um _____ hatten die europäischen Staaten schon Kolonien rund um den Globus in _____ genommen. _____ war die führende Kolonialmacht. Indien war die wichtigste _____ des britischen _____. Im Jahre _____ brach ein Aufstand gegen die britische Vorherrschaft aus. Er wurde nur mit Mühe niedergeschlagen. Die Kolonialherren belasteten die Inder mit _____ _____ und beuteten das Land _____ noch stärker aus. Die Briten exportierten britische Industrieerzeugnisse _____ nach Indien und vernichteten so die dort ansässige _____.

„Wie sollen wir uns da die Hand geben?"

2 Beschreibe die Karikatur und erkläre ihre Aussage mithilfe von S. 102.

3 Übertrage die Zeittafel zu den europäischen Bündnissen in dein Heft und ergänze sie.

Jahr	Name des Bündnisses	Inhalt
1873	…	…
1879		
1882		
1887		
1894		
1902		
1904		
1907		

1870–1914: Zeitalter des Imperialismus

1888: Wilhelm II. wird deutscher Kaiser

1890: Bismarcks Entlassung

ab 1900: Wettrüsten in Europa

1914–1918: Erster Weltkrieg

1919: Versailler Vertrag

1870 1880 1890 1900 1910 1920

112

Imperialismus und Erster Weltkrieg

4 Formuliere zu jeder Strophe dieses Gedichts einen Satz, der wiedergibt, was Erich Kästner aussagen wollte. Verwende als Hintergrundinformation die Texte und Bilder der Seite 106.

Verdun, viele Jahre später

Auf den Schlachtfeldern von Verdun
finden die Toten keine Ruhe.
Täglich dringen dort aus der Erde
Helme und Schädel, Schenkel und Schuhe.

Über die Schlachtfelder von Verdun
laufen mit Schaufeln bewaffnete Christen,
kehren Rippen und Köpfe zusammen
und verfrachten die Helden in Kisten.

Oben am Denkmal von Douaumont
liegen zwölftausend Tote im Berge.
Und in den Kisten warten achttausend
Männer vergeblich auf passende Särge.

Und die Bauern packt das Grauen.
Gegen die Toten ist nichts zu erreichen.
Auf den gestern gesäuberten Feldern
liegen morgen zehn neue Leichen.

Diese Gegend ist kein Garten,
und erst recht kein Garten Eden.
Auf den Schlachtfeldern von Verdun
stehn die Toten auf und reden.

Zwischen Ähren und gelben Blumen,
zwischen Unterholz und Farnen
greifen Hände aus dem Boden,
um die Lebenden zu warnen.

Auf den Schlachtfeldern von Verdun
wachsen Leichen als Vermächtnis.
Täglich sagt der Chor der Toten:
»Habt ein besseres Gedächtnis!«

(Erich Kästner, 1932)

5 Welche der Aussagen sind richtig, welche sind falsch?

Aussage	richtig	falsch
Indien war eine unwichtige Kolonie für Großbritannien.		
Deutschland besaß während der Kaiserzeit Kolonien in Afrika, China und der Südsee.		
Beim Aufstand gegen die deutschen Kolonialherren wurden die Hälfte der Nama und drei Viertel der Herero getötet.		
In der Zeit vor dem Ersten Weltkrieg herrschte nicht nur in Deutschland, sondern auch in Großbritannien und Frankreich große Kriegsbegeisterung.		
Im Friedensvertrag von Versailles erkannten die Kriegsparteien an, dass sie alle am Ausbruch des Ersten Weltkrieges schuldig waren.		
Allein auf den Schlachtfeldern vor Verdun starben über 700 000 französische und deutsche Soldaten.		
Die Dolchstoßlegende besagt, dass die deutschen Generäle durch falsche Strategien die militärische Niederlage Deutschlands herbeigeführt haben.		

Grundbegriffe

Bismarcks Bündnissystem
Britisches Empire
Erster Weltkrieg
Imperialismus
Kolonien
Kriegsbegeisterung
Neue Politik Wilhelms II.
Reparationen
Versailler Vertrag
Wettrüsten

Erklären und beurteilen

Kriegsbegeisterung und Ernüchterung

M1 1914: Nach der Mobilmachung fahren deutsche Soldaten an die Front.

Du weißt, wie glücklich ich bin, in diesen Krieg ziehen zu können und, was noch mehr heißt, in ihm als Führer tätig zu sein. Du weißt auch, wie stolz und glücklich ich bin, eine deutsche Mutter zu haben, die mutig und freudig ihr Alles hergibt für den Entscheidungskampf des Volkes. Nichts Schöneres kann es für mich geben, als mein irdisches Glück auf dem Altar des Vaterlandes zu opfern. Das Scheiden wird mir nicht schwer. Wenn dieses letzte große Glück des Heldentodes mir zuteilwerden sollte, dann kannst du überzeugt sein: Dein Sohn Hans hat ein glückliches Leben gehabt, (…)

M3 Brief des 19-jährigen Offiziers H. Graf v. d. Goltz auf dem Weg an die Front an seine Mutter.

1914
1918

Furchtbar ist es an den Großkampftagen. Dann gibt es Trommelfeuer. Pfeifend und heulend schlagen die schweren Granaten ein und reißen große Trichter. (…) Die Luft schrillt, ächzt, stöhnt, brüllt und verschlingt jeden menschlichen Laut. Da bricht auf einmal das Trommelfeuer ab. „Sie kommen!", schreit die Wache. (…) Ein schauerlicher Kampf Mann gegen Mann beginnt. (…) Revolver krachen, Schwerverwundete winseln und schreien, wälzen sich blutend auf dem Boden. Keiner kann sich um sie kümmern, erbarmungslos treten die Lebenden auf ihren Leibern herum.

M2 Erlebnisschilderung aus dem Stellungskrieg (Kampf an festgefahrenen Frontlinien).

M4 „The harvest of battle" (Gemälde von C. R. W. Nevinson, 1919).

Imperialismus und Erster Weltkrieg

Was machst du diesen Sommer?
Wir glauben, dass Völkerverständigung, gegenseitige Toleranz und Respekt vor einer fremden Kultur mehr ist als Party-Spaß auf Mallorca, ein Chatroom im Internet oder das Angebot einer bekannten Fastfood-Kette. Internationale Freundschaft ist Begegnung von Angesicht zu Angesicht, von Mensch zu Mensch zu Mensch. Jetzt, hier und live.
(Volksbund Deutsche Kriegsgräberfürsorge e.V.)

M5 *Jugendliche reinigen bei einem Sommercamp der Volksgräberfürsorge bei Opole Grabsteine (2002).*

No man's land
And I can't help but wonder, no Willie McBride,
Do all those who lie here know why they died?
Did you really believe them when they told you ‚The Cause?'
Did you really believe that this war would end wars?
Well the suffering, the sorrow, the glory, the shame
The killing, the dying, it was all done in vain,
For Willie McBride, it all happened again,
And again, and again, and again, and again.

M6 *4. Strophe des Antikriegsliedes „No man's land", von Eric Bogle.*

„(…) Man lehrt ihn, gut zu sein, und dass es schlecht sei, nicht einen Menschen, sondern selbst ein Tier zu schlagen und zu töten, man sagt ihm, dass ein Mensch seine Würde hoch schätzen müsse und dass diese Würde darin besteht, seinem Gewissen entsprechend zu handeln. (…) Und nun, nachdem man ihm das alles beigebracht hat, tritt er in den Militärdienst ein, wo man von ihm gerade das Gegenteil von dem verlangt, was man ihn lehrte: Man befielt ihm, sich vorzubereiten, nicht nur Tiere, sondern auch Menschen zu verwunden und zu töten, man heißt ihn sich von seiner Menschenwürde loszusagen, um in den Sachen des Mordes unbekannter Menschen zu gehorchen. Was kann auf ein solches Verlangen ein Mann unserer Zeit erwidern? Doch wohl nur eins: Ich will und kann es nicht tun."

M7 *Der russische Schriftsteller L. N. Tolstoj (1828–1919), Rede gegen den Krieg.*

1 Beschreibe die Bilder M1 und M4. Benenne Einzelheiten, entziffere z. B. die Schrift auf dem Waggon.
2 Verfasse aus der Sicht eines Betroffenen (M1–M4) einen Brief an die Familie oder einen Freund.
3 Vergleiche die Texte M2 und M3. Schildere mit deinen Worten die Inhalte und die Veränderungen.
4 Zähle tabellarisch auf, welche Gründe junge Menschen damals und heute haben könnten, um an einem Krieg teilzunehmen.
5 a) Recherchiere, welche Ziele hinter der Idee von Sommercamps des Volksbundes Deutsche Kriegsgräberfürsorge stehen.
b) Würdest du deine Ferien auf diese Art verbringen? Begründe deine Antwort.
7 Erkläre, wie Tolstoj Kriegsdienstverweigerung begründet (M7).
8 + Übersetze das Antikriegslied (M6) und nimm Stellung zum Text.

Die neuen Weltmächte

Das sowjetische Denkmal „Arbeiter und Kolchosbäuerin".

Die US-amerikanische Freiheitsstatue.

Die USA auf dem Weg zur Weltmacht

M1 *Die territoriale Ausbreitung der USA.*

von Weißen besiedeltes Gebiet
- bis 1800
- bis 1830
- bis 1860
- Eisenbahn
- 1836 Staatsgründung
- Goldfunde um 1850

Die Ausdehnung der Vereinigten Staaten

Mit der Unabhängigkeit der Kolonien 1776 konnte England das erlassene Siedlungsverbot im amerikanischen Westen nicht aufrechterhalten. 1783 trat es das Gebiet von der Westgrenze seiner ehemaligen Kolonien bis zum Mississippi an die Vereinigten Staaten ab. 20 Jahre später kaufte Thomas Jefferson als Präsident der Vereinigten Staaten für 15 Millionen Dollar die französische Kolonie Louisiana. Um den „Landhunger" der Einwanderer zu stillen, waren weitere Gebietserwerbungen notwendig.

M2 *Eisenbahnbau. Foto um 1860.*

> Die Welt muss sich mit dem Gedanken vertraut machen, dass der uns angemessene Herrschaftsbereich der nordamerikanische Kontinent ist. Seit unserer Unabhängigkeit ist dieser Anspruch ebenso naturgesetzlich begründet wie die Tatsache, dass der Mississippi ins Meer fließt … Wir wollen dies nicht aus expansionistischer Gesinnung oder aus Ehrgeiz erzwingen. Aber es scheint absurd, dass territoriale Bruchstücke, die sich 1 500 Meilen entfernt auf der anderen Seite des Ozeans befinden, wertlos und lästig sind, auf Dauer neben einer großen, mächtigen, wagemutigen und schnell wachsenden Nation bestehen können.

M3 *Territorialer Anspruch der USA (US-Außenminister Quincy Adams 1819).*

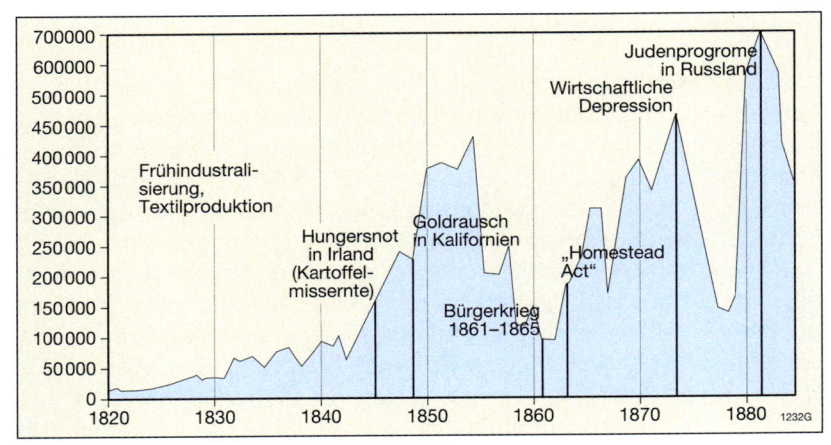

M4 Einwanderungen in die USA zwischen 1820 und 1880.

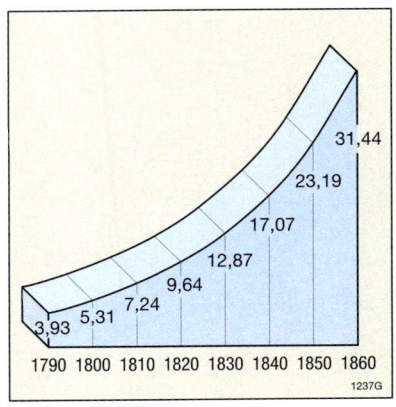

M5 Die Entwicklung der Einwohnerzahlen der USA.

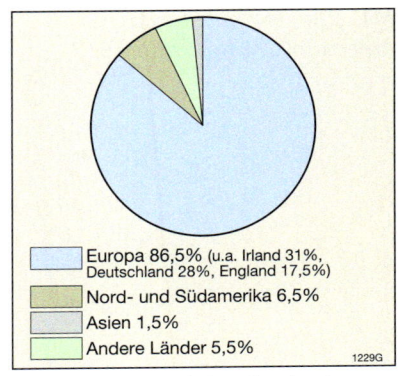

Das „Land der unbegrenzten Möglichkeiten"

Die Vereinigten Staaten lockten viele Europäer mit dem Versprechen von persönlicher Freiheit, Land und Arbeit. Zwischen 1830 und 1910 wanderten etwa 25,5 Millionen Europäer nach Amerika aus. Oft verkauften sie ihren letzten Besitz, um sich die wochenlange Überfahrt auf Segelschiffen oder den wenigen dampfbetriebenen Seglern leisten zu können. Reichte das Geld nicht für die Familie, wanderte oft nur der Mann aus und hoffte, Frau und Kinder bald nachholen zu können.

Nach der Niederschlagung der Revolution von 1848/49 in Deutschland mussten viele demokratisch gesinnte Menschen, die sogenannten Forty-Eighters, fliehen. Sie wanderten häufig nach Amerika aus. In den Vereinigten Staaten sahen sie ihre Ideale verwirklicht, sodass viele dieser Flüchtlinge in den USA blieben.

Unter den Einwanderern waren neben Bauern und Handwerkern auch Abenteurer, die als Jäger oder Trapper ihr Glück in der Wildnis suchten. Goldfunde in den neu besiedelten Gebieten lösten einen wahren Goldrausch aus und lockten zusätzlich Tausende Einwanderer nach Amerika.

M6 Die Herkunftsländer der Auswanderer.

1. Beschreibe die Ausdehnung des Gebiets der USA (M1). Nenne die natürlichen Grenzen der Siedlungsetappen.
2. Erläutere, wie der amerikanische Außenminister Adams die Ausdehnung der Vereinigten Staaten begründete, und nimm Stellung dazu (M3).
3. Beurteile die Bedeutung des Eisenbahnausbaus für die Erschließung der westlichen Gebiete.
4. Erkläre die Einwanderungswellen nach Amerika im 19. Jahrhundert (M4–M6).
5. Beschreibe die New Yorker Freiheitsstatue (S. 117) und erläutere ihre Bedeutung.
6. Stelle die Gründe für die Auswanderung in einer Tabelle dar und nenne die Herkunftsländer der Auswanderer.
7. **+** Beurteile, in welcher Weise der Zustrom von Einwanderern für die Entwicklung der USA wichtig war.

> **ⓘ Bürgerkrieg**
> 1861 – 1865 kämpften die Nordstaaten gegen die Südstaaten, die sich von den Vereinigten Staaten abspalten wollten. Ein Streitpunkt war die Abschaffung der besonders in den Südstaaten verbreiteten Sklaverei. 1865 setzten sich die Nordstaaten durch. Die Vereinigten Staaten blieben erhalten und die Sklaverei wurde abgeschafft.

Der Kriegseintritt der USA

An der Seite der Alliierten

Zu Beginn des Ersten Weltkrieges hatte die Regierung in den USA zu strikter Neutralität aufgerufen. Diese Haltung nahm Rücksicht auf die vielen europäischen Immigranten, die hier lebten. Allein 8 Millionen Menschen mit deutscher Herkunft waren US-Bürger, ein erheblicher Anteil bei einer Gesamtbevölkerung von 92 Millionen. Der Appell der Politiker, amerikanisch zu denken, ging an alle Immigranten.

Da Großbritannien bereits vor dem Krieg der wichtigste Handelspartner der USA war und Deutschland als größter Konkurrent im Wettlauf um die Weltspitze der Industrieproduktion galt, unterstützten die USA die Alliierten mit großzügigen Kriegskrediten. Der uneingeschränkte U-Boot-Krieg Deutschlands auch gegen die zivile Schifffahrt bewog die USA 1917 ihre Neutralität aufzuheben. Mit ihrem Kriegseintritt wollten die USA nicht nur ihre Interessen und die Freiheit der Meere sichern, sondern auch die Schaffung einer demokratischen, freiheitlichen Ordnung nach Ende des Ersten Weltkrieges unterstützen.

Im Repräsentantenhaus stimmten von 423 Abgeordneten 373 für die Erklärung, im Senat waren es 82 von 88.

Der Staat übernahm die Lenkung der Wirtschaft, was vor dem Krieg kaum denkbar schien. Dadurch sollte die Produktion wichtiger Güter gesteigert werden. Militärisch stand die Sicherung der Versorgungswege nach Europa im Vordergrund.

Der Eintritt der USA in den Krieg war eine große Hilfe für die Alliierten, den die Mittelmächte nicht ausgleichen konnten.

M1 *„Der unschuldige Zuschauer". Amerikanische Karikatur, 1915.*

1 Nenne Gründe für die Neutralität der USA zu Beginn des Krieges.
2 Interpretiere die Karikatur in M1.
3 a) Beschreibe, wie sich die Haltung der USA während des Krieges veränderte.
   b) Stelle anhand von M3 die Gründe dar, die die USA zum Handeln bewegten.

Der gegenwärtige deutsche Unterseebootkrieg gegen den Handelsverkehr ist ein Krieg gegen die Menschheit. Er ist ein Krieg gegen alle Nationen. Es sind keine Unterschiede gemacht worden, die Herausforderung hat der ganzen Menschheit gegolten. Jede Nation muss selbst darüber entscheiden, wie sie sie aufnehmen will. Unser Beweggrund soll nicht Rachsucht sein …, sondern allein die Vertretung des Menschenrechts …
Wir werden für Dinge kämpfen, die immer unseren Herzen am nächsten gelegen haben, für Demokratie, für das Recht derer, die einer Obrigkeit untertan sind, eine Stimme in ihrer eigenen Regierung zu haben, für die Rechte und Freiheiten der kleinen Nationen, für eine allgemeine Herrschaft des Rechts durch einen Bund freier Völker, der allen Nationen Frieden und Sicherheit bringt und schließlich die Welt selbst befreit …

M2 *Kriegsanleiheplakat von 1917.*

M3 *Begründung für den Kriegseintritt (Botschaft des US-Präsidenten am 2. April 1917 an den Senat).*

I. Die Diplomatie (soll) stets offen gehandhabt werden und vor aller Öffentlichkeit sich abspielen.
II. Absolute Freiheit der Schifffahrt auf den Meeren.
III. So weit wie möglich die Aufhebung sämtlicher wirtschaftlicher Schranken und die Festsetzung gleichmäßiger Handelsbedingungen zwischen allen Nationen, die dem Frieden zustimmen und sich zu seiner Aufrechterhaltung vereinigen.
IV. Ausreichende Garantien, gegeben und genommen, dass die nationalen Rüstungen auf den niedrigsten Grad, der mit der inneren Sicherheit vereinbar ist, herabgesetzt werden.

M4 *Wilsons 14 Punkte für eine neue Weltordnung von 1918 (Auszug).*

„America first"

Bei Kriegsende 1918 wurde der Vorschlag des amerikanischen Präsidenten zur Gründung eines Völkerbundes in den Vertrag von Versailles aufgenommen. Im April 1919 beschloss die Pariser Friedenskonferenz die Satzung des Völkerbundes, welche Grundsätze der internationalen Politik festschrieb. Die USA selbst beteiligten sich nicht an diesem Bund. Der US-Senat war wie die Mehrheit der US-Amerikaner für einen Rückzug der USA aus der europäischen Politik. Sie forderten die Konzentration auf die amerikanische Innen- und Wirtschaftspolitik.

Artikel 8: Die Mitglieder des Bundes erkennen an, dass die Aufrechterhaltung des Friedens es nötig macht, die nationalen Rüstungen auf das Mindestmaß herabzusetzen, das nicht mit der nationalen Sicherheit und mit der Durchführung der durch ein gemeinsames Handeln auferlegten internationalen Verpflichtungen vereinbar ist. Der Rat bereitet unter Berücksichtigung der geografischen Lage und der besonderen Umstände jedes Staates die Pläne für diese Abrüstung zum Zweck einer Prüfung und Entscheidung durch die verschiedenen Regierungen vor. …
Artikel 10: Die Bundesmitglieder verpflichten sich, die territoriale Unversehrtheit und die gegenwärtige politische Unabhängigkeit aller Bundesmitglieder zu achten und gegen jeden Angriff von außen her zu wahren. …
Artikel 11: Es wird hierdurch ausdrücklich erklärt, dass jeder Krieg oder jede Kriegsdrohung, möge dadurch eins der Bundesmitglieder unmittelbar bedroht werden oder nicht, den ganzen Bund angeht und dass dieser alle Maßregeln zur wirksamen Erhaltung des Völkerfriedens treffen muss. …

M5 *Aus der Satzung des Völkerbundes vom 28.4.1918.*

Das Recht, Kriege zu erklären, steht nach unserer Verfassung dem Kongress zu, und es sollte nicht erlaubt sein, unsere Truppen auf Wunsch oder Befehl anderer Nationen außerhalb unseres Landes einzusetzen …
Das Leben eines Amerikaners darf nicht geopfert werden ohne den Willen des amerikanischen Volkes, vertreten durch seine gewählten Abgeordneten im Kongress …

M6 *Begründung des US-Senats gegen eine Mitgliedschaft im Völkerbund.*

4 Erkläre, welche Idee das Verhältnis der Staaten untereinander bestimmen sollte (M4).
5 ✚ Bewerte die Gründe für den Nichteintritt der USA in den Völkerbund und vergleiche diese mit der Satzung des Völkerbundes (M6).

Genau betrachtet:

> **Doktrin** (lat. doctrina = Lehre) ist eine Aussage mit dem Anspruch auf Allgemeingültigkeit

Amerika den Amerikanern

Bereits ein halbes Jahrhundert nach ihrer Gründung wurde deutlich, dass sich die USA nach Westen ausdehnen würden. US-Präsident Monroe betonte das Sicherheitsbedürfnis seines Landes und dessen Führungsanspruch auf dem amerikanischen Kontinent im Jahre 1823 vor dem US-Kongress. Dies wurde später als Monroe-Doktrin bekannt.

M1 Präsident Monroe.

> Es ist ein Grundsatz, in welchem die Rechte und Interessen der Vereinigten Staaten inbegriffen sind: dass die amerikanischen Kontinente infolge des freien und unabhängigen Standes, den sie angenommen haben und behaupten, hinfort nicht als Gegenstände für künftige Kolonisation durch irgendwelche europäischen Mächte zu betrachten sind. ... Wir sind deshalb den freundlichen Beziehungen, die zwischen den Vereinigten Staaten und jenen Mächten (gemeint sind die europäischen Großmächte) bestehen, die aufrichtige Erklärung schuldig, dass wir ... Versuch von ihrer Seite, ihr System auf irgendeinen Teil dieser Halbkugel auszudehnen als gefährlich für unseren Frieden und unsere Sicherheit betrachten würden.

M3 Präsident Monroe 1823 an den US-Kongress.

Um 1900 hatte die amerikanische Expansion ihr Ziel der Ausdehnung vom Atlantik bis zum Pazifik erreicht. Die neue Außenpolitik zielte darauf ab, die Vorherrschaft der USA in ganz Amerika durchzusetzen.

M2 Zeitgenössische Karikatur.

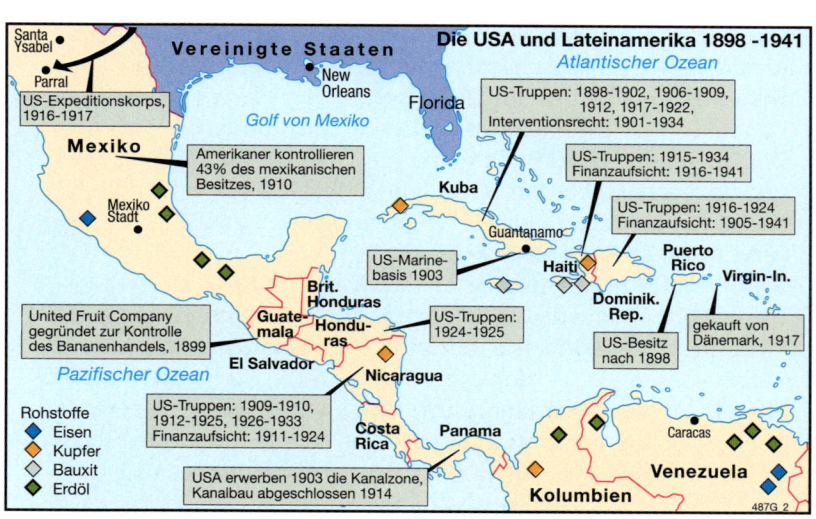

M4 Einflussnahmen der USA im amerikanischen Raum.

1. Erläutere das Hauptinteresse der USA im 19. Jahrhundert und ihre Forderung an die europäischen Mächte (Text, M3).
2. Beschreibe und deute die Karikatur (M2).
3. ✛ Werte M4 aus, indem du in einer chronologischen Tabelle Besitzungen, Einflussnahmen, Protektorate und militärische Operationen auflistest und dazu Stellung nimmst.

Die USA als Weltmacht

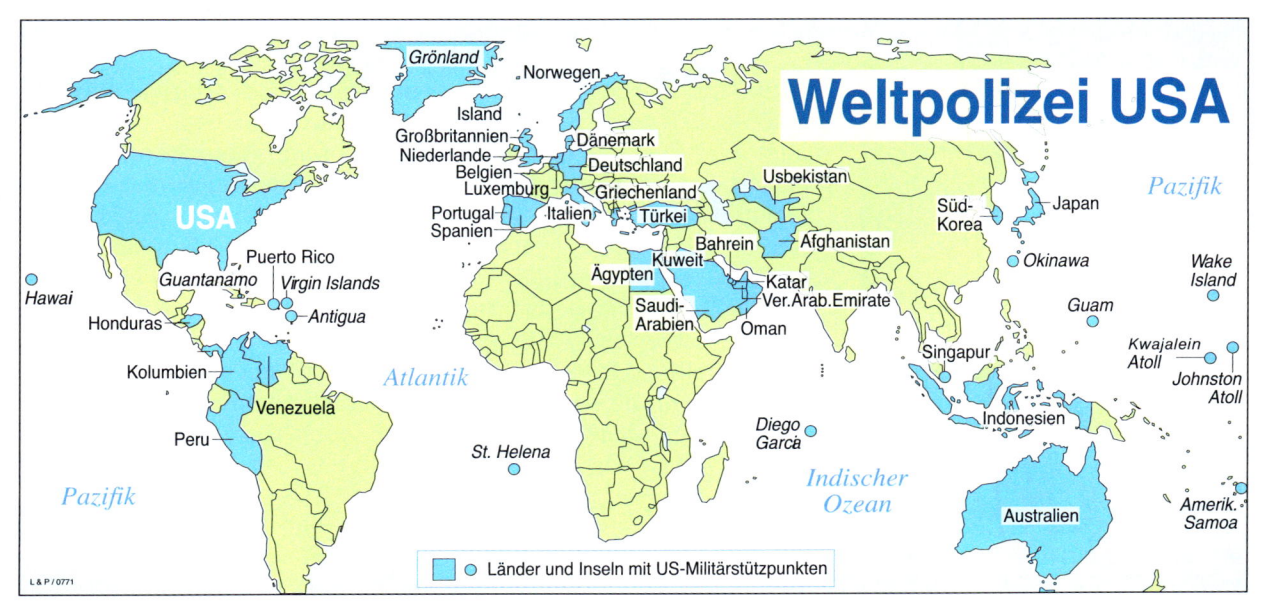

M5 Stützpunkte der USA in der Welt.

Die USA als Weltpolizist

Nach dem Zweiten Weltkrieg entwickelte sich zwischen den USA und der UdSSR im Rahmen des „Kalten Krieges" ein Kampf um die Vormachtstellung in der Welt. Es ging dabei auch um die Konkurrenz zwischen den unterschiedlichen politischen Systemen, die die beiden Großmächte vertraten. Diese Auseinandersetzung fand auf allen Kontinenten statt, ohne dass die beiden Großmächte direkt gegeneinander Krieg führten. In sogenannten Stellvertreterkriegen unterstützten die USA und die UdSSR Staaten oder Bürgerkriegsparteien, die gegeneinander Krieg führten. Nach dem Zerfall der UdSSR zu Beginn der 1990er-Jahre wurden die USA zur alleinigen Supermacht.

> Warum sind wir in Vietnam? … Wir haben geholfen aufzubauen und wir haben geholfen zu verteidigen: Auf diese Art haben wir viele Jahre lang ein nationales Versprechen gegeben, Südvietnam zu helfen, seine Unabhängigkeit zu verteidigen … Dieses Versprechen zu missachten, diese kleine, tapfere Nation ihrem Feind auszuliefern und dem Terror, der folgen würde, wäre ein unverzeihlicher Fehler … Rund herum um den Globus … gibt es Menschen, deren Wohlbefinden zum Teil darauf beruht, dass sie auf uns zählen können, wenn sie angegriffen werden.

M6 Auszug aus einer Rede von Präsident Johnson (1965).

4 Beschreibe das Militärstützpunktsystem der USA (M5).
5 Nenne Argumente der USA für militärische Einsätze im Ausland (M6).
6 Arbeite aus M7 heraus, welche Einsätze in der direkten Einflusssphäre der USA lagen und welche darüber hinausgingen.

1919	Honduras
1924	Honduras
1925	Shanghai/China
1925	Honduras
1926–1933	Nicaragua
1941–1945	Zweiter Weltkrieg
1950–1954	Koreakrieg
1956	Ägypten Suez-Krise
1958	Libanon und Taiwan
1961	Kuba
1962	Kuba-Krise
1964–1970	Laos
1964–1975	Vietnam
1965	Kambodscha
1983	Libanon (UNO-Auftrag)
1983	Grenada
1989	Panama
1991	Kuwait/Irak (UNO-Auftrag)
1992	Jugoslawien (UNO-Auftrag) Somalia (UNO-Auftrag)
1993	Irak
1999	Kosovo-Krieg (NATO-Einsatz)
2001	Afghanistan 2009 (noch andauernd)
2003	Irak (mit 47 Nationen)
2004	Haiti (UNO-Auftrag)

M7 Militäreinsätze der USA 1919 bis 2009.

Russland – das Reich des Zaren

Russland im späten 19. Jahrhundert

Im 19. Jahrhundert war Russland ein absolutistisch regierter Staat. An dessen Spitze stand der Alleinherrscher Zar Nikolaus II. – das Oberhaupt aller Russen. Seine Macht stützte er vor allem auf die Armee, eine Geheimpolizei und die oftmals korrupten Beamten, aber auch auf die einflussreiche russisch-orthodoxe Kirche. Unter dem Zaren gab es eine kleine Schicht adliger Gutsbesitzer, die riesige Ländereien besaßen. Diese Schicht festigte ebenfalls die Herrschaft des Zaren.

Überall im Land herrschte eine tiefe Kluft zwischen den Gesellschaftsschichten. Drei Viertel der Bevölkerung konnten weder lesen noch schreiben. Trotz der Abschaffung der Leibeigenschaft im Jahre 1861 lebten die Bauern weiter unter menschenunwürdigen Bedingungen. Über 100 Millionen Menschen, vor allem Bauern, aber auch

M1 *Zar Nikolaus II. (1868 – 1918) und Zarin Alexandra mit ihrem Sohn Alexej.*

> **ⓘ russisch-orthodoxe Kirche**
> orthodox = strenggläubig; christliche Kirche, die von der römisch-katholischen Kirche unabhängig ist.

M2 *Russisches Flugblatt um 1900. „Gesellschaftspyramide". Auf der Fahne steht: „Wir arbeiten für euch, wir ernähren euch."*

adlige Großgrundbesitzer und reiche Bürger, lebten auf dem Land, und nur ca. 14 Millionen Menschen wohnten in den russischen Städten wie Sankt Petersburg, Kiew und Moskau.

Das Donezbecken und das Ölgebiet um Baku entwickelten sich wegen ihrer bedeutenden Bodenschätze zu ersten Industriezentren. Kohle und Erdöl wurden gefördert und nach dem Ausbau des Eisenbahnnetzes im Land transportiert. Es entstanden viele Fabriken, ein weiteres Merkmal für den industriellen Aufschwung des Landes. Der Bau der Transsibirischen Eisenbahn förderte die Modernisierung Russlands.

Durch diese Entwicklung stieg zwar die Zahl der Arbeiter auf ca. 2,5 Millionen, doch waren dies nicht mehr als 2 % der Bevölkerung.

1 Erkläre mithilfe des Flugblattes den Gesellschaftsaufbau und die Machtverhältnisse in Russland im 19. Jahrhundert (Text, M2).
2 Nenne Konflikte, die aus dem Gesellschaftsaufbau entstehen konnten.
3 Beschreibe die Besiedlung Russlands (M3).
4 Erkläre die Bedeutung der Transsibirischen Eisenbahn für die Entwicklung des Landes.

M3 *Russland bis 1914.*

Die Oktoberrevolution

1917: Von der Zarenherrschaft zur Räterepublik

Seit Beginn des Ersten Weltkrieges war Zar Nikolaus II. Oberkommandierender der Armee. Aus der Sicht des Volkes war der Zar für die militärischen Niederlagen verantwortlich. Anfang 1917 erhielten die Soldaten den Befehl, auf streikende Petersburger Rüstungsarbeiter zu schießen. Statt den Befehl auszuführen, verbündeten sich die Soldaten aber mit den Arbeitern, stürmten die Waffenlager und besetzten öffentliche Gebäude. Die Beamten des Zaren leisteten keinen Widerstand. Am 3. März 1917 dankte der Zar Nikolaus II. ab und die Zarenherrschaft war beendet.

In dieser Situation bildeten die Abgeordneten der Duma eine provisorische Regierung. Die Mehrheit der Parlamentsmitglieder waren wohlhabende Bürger, wie Fabrikherren, Journalisten, Rechtsanwälte und Bankbesitzer. Sie wollten den Krieg gegen Deutschland weiterführen. Dagegen revoltierten die Arbeiter und Soldaten. In den Städten bildeten sie sogenannte Sowjets. Diese Räte riefen im Namen der Arbeiter und Bauer eine eigene Regierung aus. Es entstand eine Doppelherrschaft, die der Provisorischen Regierung auf der einen und die der Räte auf der anderen Seite.

Der „Rote Oktober"

Der Führer der kommunistischen Partei, Lenin, erfuhr von den Ereignissen in seinem Exil in der Schweiz. Er kehrte umgehend nach Russland zurück und verkündete im April 1917 in Petersburg die sozialistische Weltrevolution. Die Räte und Lenin griffen immer stärker die Politik der Provisorischen Regierung an. Sie versprachen die schnelle Beendigung des Krieges. Die Zahl ihrer Anhänger wuchs stetig.

Am 7. November 1917 besetzten die Anhänger Lenins alle wichtigen Straßenzüge in Sankt Petersburg. Das Winterpalais, der Sitz der Provisorischen Regierung, wurde umstellt, mit schweren Geschützen beschossen und erstürmt. Die Minister der Provisorischen Regierung wurden verhaftet. Das kommunistische Revolutionskomitee erklärte, dass es die Regierungsgewalt in Russland übernommen habe.

> **ⓘ Sowjet**
> russischer Begriff für Rat, staatliches oder gesellschaftliches Organ der Regierung in der ehemaligen UdSSR.

M1 *Lenins Ankunft in Petrograd am 16. April 1917.*

M2 *Sturm auf das Winterpalais (Gemälde, 1917).*

M3 Kämpfer der „Weißen" mit ihren toten Opfern (Foto von 1919).

M4 Die Rote Armee zieht siegreich in das lange umkämpfte Odessa (heute Ukraine) ein (Foto von 1920).

Bürgerkrieg in Russland

Die Kommunisten hatten mächtige Gegner: die Generäle, die Grundbesitzer, die bürgerlichen Schichten, alle, die das alte System wiederherstellen wollten. Ein Bürgerkrieg brach aus, der fast drei Jahre lang bis 1921 dauerte. Während des Bürgerkrieges schufen die Kommunisten die Rote Armee, eine Armee aus Arbeitern und Bauern.

Den „Roten" standen die Truppen der „Weißen" – die Gegner der Kommunisten im Land – gegenüber. Sie erhielten Waffenlieferungen und militärische Unterstützung für den Bürgerkrieg durch England, Frankreich und die USA. Diese Staaten sahen mit den Ergebnissen der Oktoberrevolution ihre Interessen in Russland gefährdet.

In diesem Krieg gab es auf beiden Seiten brutalen Terror, der auf dem Rücken der russischen Bevölkerung ausgetragen wurde. Neben Misshandlungen und der Ermordung von gefangenen Soldaten gab es auch zahlreiche Opfer unter der Zivilbevölkerung. Der Bürgerkrieg hat etwa fünf Millionen Menschen das Leben gekostet. Lenin und seine Kommunisten setzten sich mit grausamer Härte gegen ihre Gegner durch.

1922 wurde Russland in die Union der Sozialistischen Sowjetrepubliken (UdSSR) umbenannt. Moskau wurde zum Regierungssitz.

1 Beschreibe die Umstände, die zur Abdankung des Zaren führten.
2 Berichte über die unterschiedlichen Auffassungen der Provisorischen Regierung und der kommunistischen Revolutionäre.
3 Informiere dich über die Ziele Lenins und seiner Genossen. Berichte darüber.
4 Berichte über den Verlauf und das Ende des russischen Bürgerkriegs.
5 Beurteile, ob sich für die Menschen etwas zum Positiven verändert hat.

> Natürlich haben die Randgebiete Russlands ... ebenso wie alle anderen Nationen das unveräußerliche Recht auf Lostrennung von Russland ... Aber hier geht es nicht um die Rechte der Nationen, sondern um die Interessen der Volksmassen sowohl des Zentrums als auch der Randgebiete ... Nun, die Interessen der Volksmassen besagen aber, dass die Forderung nach Lostrennung der Randgebiete im gegenwärtigen Stadium der Revolution eine durch und durch konterrevolutionäre Forderung ist.

M5 Begründung für das Vorgehen gegen Georgien, das 1918 seine Unabhängigkeit erklärt hatte, durch Josef Stalin, Volkskommissar für Nationalitätenfragen (1921).

Die Sowjetunion unter Josef Stalin

M1 Josef Dschugaschwili, genannt Stalin (1879–1953).

Die Terrorherrschaft Stalins 1924–1953

Nach dem Tod Lenins 1924 wurde Josef Stalin zum Staatsoberhaupt der Sowjetunion. Die Regierung unter Stalin begegnete allen Widerständen mit Terror und Gewalt. Eine Geheimpolizei, die Tscheka, bespitzelte und terrorisierte die Bürger. Sie arbeitete völlig selbstständig. Hausdurchsuchungen, Verhaftungen und Erschießungen gehörten zu ihrem Aufgabengebiet. Die Tscheka verfolgte und ermordete die gesamte Zarenfamilie. Aber nicht nur Andersdenkende fielen dem Terror zum Opfer. Selbst Kommunisten, die mit der Politik der Regierung nicht einverstanden waren, wurden verfolgt und getötet.

Stalin ließ alle Mitglieder der ersten Sowjetregierung zum Teil durch große „Schauprozesse" beseitigen. An anderen wichtigen Stellen setzte er seine Gefolgsleute ein. So stieg er schließlich zum Alleinherrscher in der Sowjetunion auf.

Stalin war mächtiger und gefürchteter als jeder Zar. Unter ihm erreichten Terror und Diktatur von Partei und Staat über die einzelnen Bürger ihren Höhepunkt. Allein zwischen 1936 und 1938 wurden mindestens acht Millionen sowjetische Bürger, aller Berufe und politischer Richtungen, in Untersuchungsgefängnissen und in sibirischen Straflagern der Geheimpolizei inhaftiert.

… Der Begleitkommandoführer leierte das tägliche Häftlingsgebet herunter …: „Achtung, Strafgefangene! Während des Marsches ist in der Kolonne auf Ordnung zu achten! Keine zu großen Abstände, nicht zu nahe aufrücken, nicht von einer Fünferreihe zur anderen überwechseln, sich nicht unterhalten, nicht zur Seite blicken, Hände stets auf dem Rücken! Ein Schritt nach links oder rechts gilt als Fluchtversuch; die Wachmannschaft eröffnet ohne Warnung das Feuer! Kolonnenführer, marsch!"
Und wie es sein musste, marschierten zwei Begleitposten die Straße voraus. Die Marschkolonne schaukelte vorwärts, mit den Schultern auf und ab wippend, während die Begleitposten rechts und links im Abstand von etwa zwanzig Schritt von der Kolonne, gegenseitig etwa zehn Schritt Abstand haltend, marschierten, die Maschinenpistolen im Anschlag. Schon eine Woche hatte es nicht mehr geschneit, der Weg war ausgetreten. Sie bogen um das Lager, und der Wind pfiff ihnen jetzt von der Seite ins Gesicht.
… Schuchow legt die Fäustlinge auf die Knie, knöpfte die Jacke auf, band seinen vereisten Gesichtsschutz vom Nacken los, knickte ihn ein paar Mal und steckte ihn in die Tasche. Dann zog er den armseligen Brotkanten aus dem weißen Lappen hervor und begann, das Läppchen im Brusttäschchen haltend, damit kein Krümelchen neben den Lappen falle, kleine Bissen abzubeißen und ganz langsam zu kauen. Er hatte das Brot unter zwei Kleidungsstücken getragen, es mit seiner Körperwärme gewärmt, und so war es nicht erfroren.

M2 Auszug aus „Ein Tag im Leben des Iwan Denissowitsch". Der russische Schriftsteller Alexander Solschenizyn war selbst Häftling in einem der sibirischen Straflager.

M3 Strafgefangene bauen in Zwangsarbeit einen Kanal (1931).

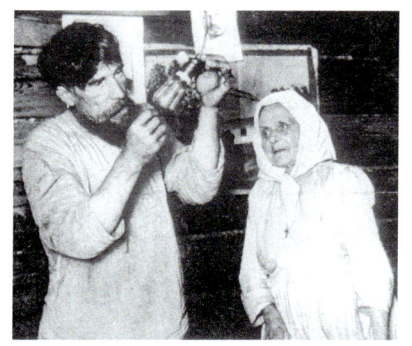

M4 Das elektrische Licht kommt in die Dörfer (Foto von 1926).

Die Industrialisierung

Obwohl Russland über zahlreiche Bodenschätze verfügt, entstanden bis um 1900 nur wenige Fabriken und Industriezentren. Der Bürgerkrieg und die Hungersnöte verhinderten die geplante Industrialisierung unter den Sowjets. Um die Entwicklung der Industrie voranzutreiben, musste das Land zunächst elektrifiziert werden. Flüsse wurden gestaut, Wasserkraftwerke in den Bergen gebaut und Hochspannungsleitungen errichtet, um den Strom zu den neu entstandenen Fabriken und Industriegebieten zu leiten. Es entstanden große Kombinate durch den Zusammenschluss vieler Betriebe. Neue Straßen, Eisenbahnen und Kanäle ermöglichten den Transport und die Zulieferung von Bodenschätzen und Material. Sogar im unzugänglichen Sibirien erschlossen die Menschen die Bodenschätze. Die Ströme des Landes wurden reguliert, um eine moderne Schifffahrt aufzubauen. So entwickelten sich Industriegebiete und Städte, wo bisher niemand gelebt und produziert hatte. Häufig wurden für große Projekte, wie zum Beispiel den Kanalbau, Strafgefangene eingesetzt. Bei den oft Jahre dauernden Bauarbeiten kamen mehrere Zehntausend von ihnen ums Leben.

Die Sowjetregierung enteignete die Besitzer von Fabriken, handwerklichen Betrieben, Bergwerken, Transport- und Handelsunternehmen, um die Wirtschaft zu stärken. Alles wurde zum Volkseigentum erklärt und der Regierung unterstellt.

M5 „Unsere Heimat soll blühen und gedeihen", Plakat mit Stalin (1930).

1 Schildere, wie es Stalin gelang, seine Macht zu festigen.
2 Beschreibe die Terrorherrschaft Stalins (Text, M2).
3 Erläutere, wie sich die Industrialisierung in der UdSSR vollzogen hat.
4 Beschreibe M5 und erläutere die Aussage des Plakates.
5 ✚ Diskutiert, inwieweit die wirtschaftlichen Veränderungen zu einer Verbesserung der Lebensbedingungen der Bevölkerung führten.
6 ✚ Bewerte den Aufbau des Landes mit Strafgefangenen während der Terrorherrschaft Stalins.

Die Kollektivierung

M1 *Einzug der Technik – ein neuer Traktor wird mit Blumen begrüßt (Propagandafoto, 1932).*

M2 *„Freiwillige Gründung eines Kolchos".*

Die Umgestaltung der Landwirtschaft

Nach dem Ende des Bürgerkrieges begann die Regierung, die UdSSR nach ihren Ideen umzugestalten und erstmals in einem Staat den Sozialismus zu verwirklichen. Nach den Enteignungen der Großgrundbesitzer und der Landverteilung an die verarmten Bauern stellte die Regierung fest, dass die Versorgung der Bevölkerung vor allem in den Städten nicht gewährleistet war. Die Produktion der Landwirtschaft sollte effektiver werden. Das konnte nur durch eine Umgestaltung der Eigentumsverhältnisse geschehen, indem die Kleinbauern ihre Wirtschaften wieder zu Großbetrieben zusammenschlossen. Dazu war es notwendig, das erhaltene Land zusammenzulegen und gemeinschaftlich zu bewirtschaften. Dies sollte unter staatlicher Kontrolle geschehen.

Die Zwangskollektivierung

Die Kollektivierung fand unter den Bauern nur wenige Anhänger, da sie ihr gerade erhaltenes Land nicht wieder hergeben wollten. In ihrer Verzweiflung töteten die Bauern sogar ihr Vieh und bauten weniger Getreide an, um den sozialistischen Aufbau und die landwirtschaftlichen Großbetriebe zu verhindern. Im Jahre 1929 wurden die Bauern gegen alle Widerstände kollektiviert. Erschießungen oder Verbannungen nach Sibirien sollten die Gegner abschrecken. Der Staat setzte bewaffnete Arbeiter ein, um die Kollektivierung durchzusetzen. Etwa drei Millionen Menschen wurden verbannt, wobei viele Menschen starben. Die „Zwangskollektivierung" und die Engpässe in der Versorgung, vor allem in den Städten, hatten eine Hungersnot zur Folge, der bis zu elf Millionen Menschen zum Opfer fielen.

Von 1929 bis 1931 wurde die Hälfte der Bauernwirtschaften zusammengeschlossen. Ende der 30er-Jahre spielte das Privateigentum in der Landwirtschaft keine Rolle mehr.

1 Erläutere die Durchführung der Kollektivierung und Industrialisierung.
2 Bewerte die Methoden zur Umsetzung von Kollektivierung.
3 Begründe, warum von „Zwangskollektivierung" gesprochen wird.

Gewusst wie: Propagandaplakate analysieren

Plakate werden von der Geschichtswissenschaft zu den historischen Bildquellen gezählt. Durch Plakate werden politische Interessen formuliert, Weltbilder verbreitet, aber auch politische und religiöse Gegner verunglimpft.
So gehst du vor:

1. Schritt: Das Plakat beschreiben
Welche Personen und Dinge sind abgebildet? Welche Symbole wurden verwendet? Welche Inhalte haben die Texte? Was ist das Thema des Plakats?

2. Schritt: Das Plakat analysieren
Wann ist das Plakat entstanden? Wer war der Auftraggeber? Wer hat das Plakat gestaltet? Welche Bedeutung haben die Bildelemente? Welche Wirkung soll damit erzielt werden?

3. Schritt: Das Plakat auswerten
Mit welchem Ziel wurde das Plakat angefertigt? An wen ist es gerichtet? Welche Haltung vermittelt das Plakat? Wird in dem Plakat die Wirklichkeit realistisch dargestellt oder verfälscht? Wie wird das Plakat vermutlich auf die Zeitgenossen gewirkt haben?

① Arbeiter und Bauern „bewachen" den Aufschwung des Landes
② „Proletarier aller Länder vereinigt euch!"
③ Arbeiter mit Waffen und Vorschlaghammer
④ Jubelnde, fröhliche Menschen zeigen Hoffnung
⑤ Arbeiter tritt Symbole des alten Russlands nieder (Zarenmantel, Krone …)
⑥ Dunkle Farben symbolisieren das alte Russland
⑦ Klar gestaltete rote Plakatunterschrift
⑧ „1. Jahrestag der Proletarischen Diktatur Oktober 1917 – Oktober 1918"
⑨ Zerbrochene Ketten zeigen Befreiung der Arbeiter und Bauern
⑩ Farbe Rot = Symbol für Hoffnung und Kampfesmut
⑪ Neue Industrien vor aufsteigender Sonne verdeutlichen Aufstieg der Wirtschaft
⑫ Farbe Gelb, aufgehende Sonne = Symbol für aufstrebende Macht des Sozialismus und der Sowjets
⑬ Bauer mit Sense trägt Fahne des neuen Russlands
⑭ Ährenkranz = Symbol für Arbeiter und Bauernmacht

M1 *Plakat zum ersten Jahrestag der Oktoberrevolution, 1918.*

Die Weltmacht Sowjetunion

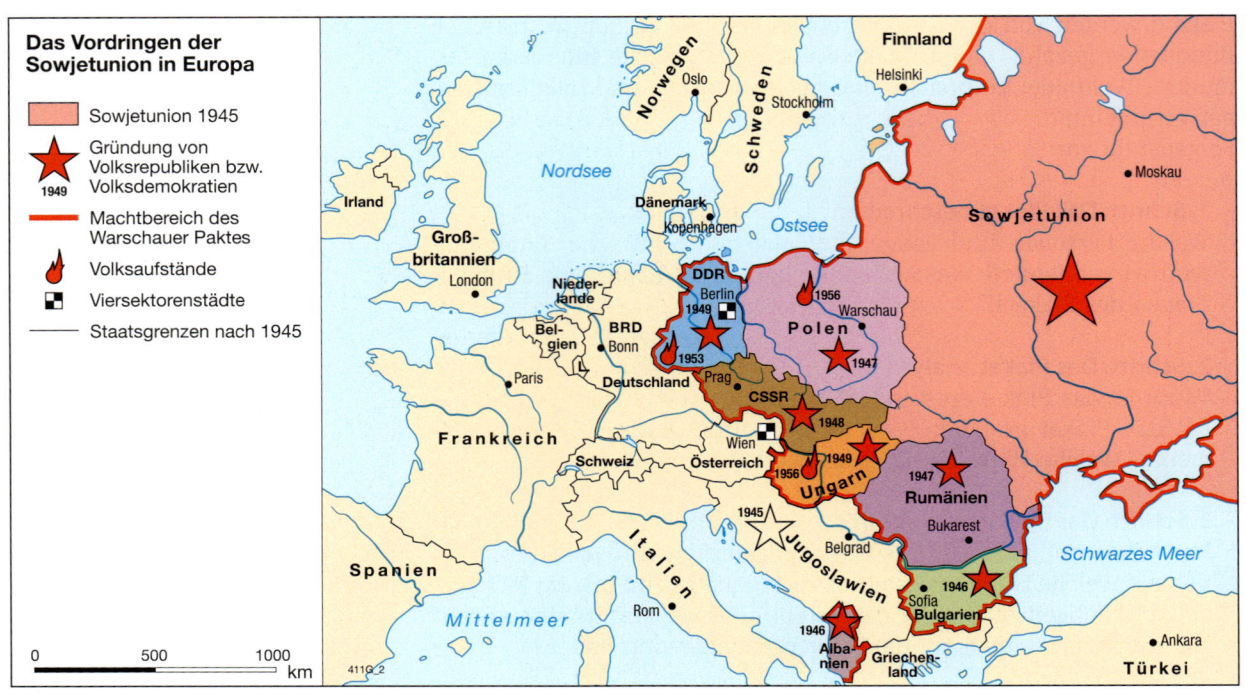

Das Vordringen der Sowjetunion in Europa
- Sowjetunion 1945
- ★ 1949 Gründung von Volksrepubliken bzw. Volksdemokratien
- Machtbereich des Warschauer Paktes
- Volksaufstände
- Viersektorenstädte
- Staatsgrenzen nach 1945

M1 Sowjetisches Vordringen in Europa.

Die Sowjetunion weitet ihren Machtbereich aus

Die Sache war streng geheim. Nur wenige Eingeweihte wussten, was am 29. August 1949 um sieben Uhr morgens in der Steppe von Kasachstan passierte. Fünf Tage später registrierte ein amerikanisches Flugzeug über dem Atlantik eine radioaktive Strahlung von 300 % über normal. So erfuhr die Welt die Neuigkeit: Sowjetische Wissenschaftler hatten ihre erste Atombombe gezündet. Die Amerikaner waren geschockt. Ihr Geheimdienst hatte angenommen, die Sowjets brauchten dazu noch Jahre. Eine neue Supermacht war entstanden.

Das hatte sich schon am Ende des Zweiten Weltkriegs 1945 abgezeichnet. Die Rote Armee hatte Deutschland vernichtend geschlagen. In Europa gab es keine andere Großmacht mehr. Dies war die Stunde der UdSSR.

1945 feierten die osteuropäischen Staaten die Soldaten der Roten Armee als Befreier von den Nazionalsozialisten. Die sowjetische Regierung versprach ihnen wirtschaftliche Hilfe und Gleichberechtigung. Sie unterstützte dort die kommunistischen Parteien. Ihre Führer hatte sie in Moskau geschult. So regierten diese Parteien nun ganz im Sinne der Sowjetunion.

1 Beschreibe das Vorgehen der Sowjetunion nach 1945.
2 Nenne die Gebiete, die
   a) von der Sowjetunion besetzt worden waren.
   b) nach 1945 von kommunistischen Regierungen geführt wurden.
3 Ermittle mithilfe anderer Medien die Bedeutung des Besitzes von Atombomben.

Doch bald erkannten viele Menschen, dass die neue Supermacht sie unterdrückte. Die Wünsche nach mehr Freiheit führten in der DDR, Ungarn und Polen zu Aufständen.

Auch die Bevölkerung in der Tschechoslowakei (ČSSR) wollte 1968 mehr Freiheit. Diese Forderungen unterstützte selbst die kommunistische Regierung dort.

Am 21. August 1968 um 1.30 Uhr morgens meldete Radio Prag den Einmarsch von über 200 000 sowjetischen Soldaten. Die Mitarbeiterinnen und Mitarbeiter des Senders erlebten dramatische Stunden. Um das Rundfunkgebäude wurde gekämpft, 20 Menschen fanden den Tod. Viele Tschechoslowaken leisteten Widerstand. Sie montierten Straßen- und Namensschilder ab, um drohende Verhaftungen zu erschweren. Geheimsender gaben die Autokennzeichen der Geheimpolizei bekannt. Doch wenige Tage später meldete Radio Prag – die Mitarbeiter waren neu – den Sieg der sowjetischen Armee.

M4 *Prag im Frühjahr und Sommer 1968.*

Teure Freunde!
Von den Imperialisten aufgehetzte Konterrevolutionäre drängen sich an die Macht. Antisozialistische Kräfte, die sich der Positionen in Presse, Rundfunk und Fernsehen bemächtigt haben, verleumden und schwärzen alles an, was durch die Hände von fleißigen Tschechen und Slowaken … geschaffen wurde.
Heute sind euch die Klassenbrüder zu Hilfe gekommen. Sie sind nicht deshalb gekommen, um sich in eure inneren Angelegenheiten zu mischen, sondern zusammen mit euch der Konterrevolution die Stirn zu bieten … Die Truppen der verbündeten Bruderländer sind zu euch gekommen, damit euch niemand die in unserem gemeinsamen Kampf gegen den Faschismus errungene Freiheit nehmen kann.

M2 *Die russische Armee verbreitete am 21. August eine Erklärung an die Bürger der ČSSR.*

Es ist 4.30 Uhr – vor das Gebäude der Kommunistischen Partei der Tschechoslowakei fahren sowjetische Tanks und Panzerfahrzeuge. In die … Finsternis springen sowjetische Soldaten hinaus. Sie erhalten Befehle und besetzen das Gebäude … Ich trete zu einem von ihnen: „Wir sind doch Brüder …" Der Kommandant kommt gesprungen und treibt mich fort. „Sprich mit keinem", schreit er den Soldaten an.

M3 *Ein Reporter des Rundfunks der ČSSR berichtete nachts am 21. August.*

Die gewaltsame Okkupation (Besetzung) … steht im Widerspruch zu den … Grundsätzen des internationalen Rechts. Die Regierung der ČSSR protestiert aufs Entschiedenste gegen diesen Schritt. Sie fordert die Regierung … im Namen des ganzen tschechoslowakischen Volkes …, alle Truppen vom tschechoslowakischen Territorium abzuziehen … An verschiedenen Stellen kommt es auch zu Blutvergießen in den Reihen der Zivilbevölkerung …

M5 *Am 21. August 1968 protestierte die Regierung der ČSSR nach Moskau.*

4 Stellt euch vor, ihr seid ein Reporter von Radio Prag. Interviewt eine der Personen aus M4.
5 Untersucht: Wen nennt die sowjetische Regierung „Freunde"? Wem will sie „die Stirn bieten"?
Wie reagiert die tschechische Regierung auf die Okkupation?
6 Beurteilt, welche Haltung wohl die Mehrheit der Tschechoslowaken hatte.

Wissen und können

1 Ordne die nachfolgenden Begriffe den USA oder der UdSSR richtig zu. Übertrage die Tabelle in dein Heft.

Union-Pacific-Eisenbahn – Zar – Erschließung des Territoriums von Westen nach Osten – Kauf einer französischen Kolonie – Zwangskollektivierung – demokratischer Staat – Transsibirische Eisenbahn – Eintritt in den Ersten Weltkrieg 1917 – Terrorherrschaft Stalins – Zwangsarbeitslager – Erschließung des Territoriums von Osten nach Westen – Kommunismus – Präsident – Roter Oktober – 25,5 Millionen Einwanderer zwischen 1830 und 1910 – Forderung eines Völkerbundes – Rückzug aus Europa – absolutistische Monarchie – Kollektivierung – Monroe-Doktrin

USA	UdSSR

2 Wähle eines der nachfolgenden Bilder aus und verfasse einen ausführlichen Bericht zu dem Thema, mit dem das Bild in Zusammenhang steht.

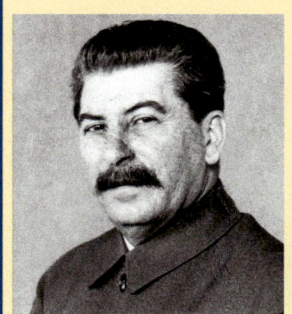

1776: Unabhängigkeitserklärung der USA

1830–1910: Einwanderungsströme in die USA

1917: US-Eintritt in Ersten Weltkrieg

ab 1945: die USA werden Weltmacht

Die neuen Weltmächte

3 Entscheide, ob die Aussage richtig (R) oder falsch (F) ist. Achte auch auf Einzelheiten

	Aussage	(R)	(F)
A	1783 trat England das Gebiet zwischen der Westgrenze der USA und dem Mississippi an die USA ab.		
B	1803 kaufte Präsident Thomas Jefferson für 10 Millionen Dollar die Kolonie Louisiana von Frankreich ab.		
C	Nach der Niederschlagung der Revolution von 1848/49 musste Carl Schurz aus Deutschland fliehen.		
D	Im Jahre 1915 traten die USA auf der Seite der Alliierten in den Ersten Weltkrieg ein.		
E	Obwohl die USA den Völkerbund selbst gefordert hatten, traten sie nicht ein.		
F	Präsident James Monroe warnte die Europäer vor einer Einmischung in Amerika.		
G	Zar Nikolaus II. wurde zusammen mit seiner Familie im Jahre 1916 von den Bolschewiki ermordet.		
H	1922 wurde Russland unter Wladimir Iljitsch Lenin in Union der Sozialistischen Sowjetrepubliken umbenannt.		
I	Josef Dschugaschwili, genannt Stalin, war von 1924 bis 1953 Staatsoberhaupt der UdSSR.		
J	Unter Stalin wurden die Terrorherrschaft der Bolschewiki beendet und die Zwangsarbeitslager aufgelöst.		
K	Mit der Kollektivierung der Landwirtschaft in der UdSSR wurden landwirtschaftliche Großbetriebe errichtet.		
L	Durch die Zwangskollektivierung in der Landwirtschaft wurde die Lebensmittelversorgung in der UdSSR nachhaltig verbessert.		

4 Übertrage die Tabelle in deine Mappe und ergänze die freien Felder!

Staat	Jahr	Ereignis
		Unabhängigkeitserklärung
		Erwerb Louisianas von Frankreich
		Abdankung des Zaren
Russland		Roter Oktober
USA	1917	
		Umbenennung in UdSSR
		Kollektivierung der Landwirtschaft

Grundbegriffe

Demokratie
Einwanderungsland
Kommunismus
Oktoberrevolution
Sowjetunion/UdSSR
Stalin
USA
Zwangskollektivierungen

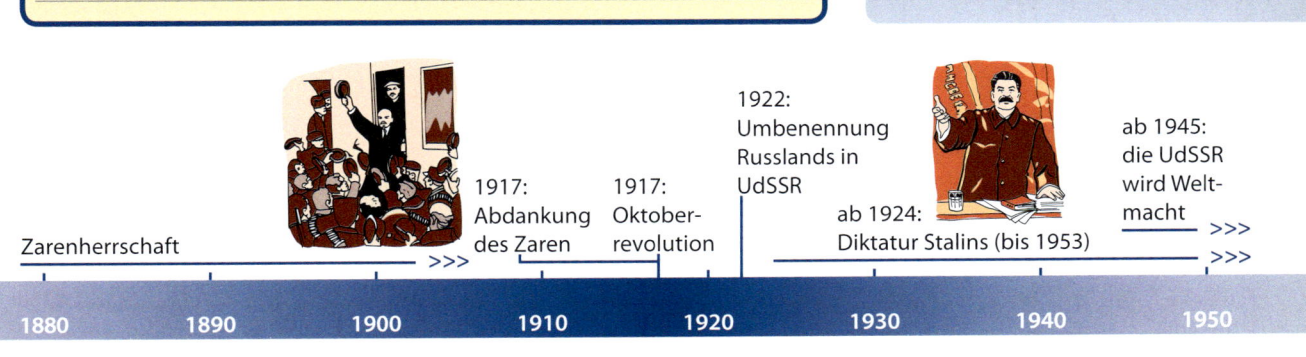

Zarenherrschaft — 1917: Abdankung des Zaren — 1917: Oktoberrevolution — 1922: Umbenennung Russlands in UdSSR — ab 1924: Diktatur Stalins (bis 1953) — ab 1945: die UdSSR wird Weltmacht

1880 — 1890 — 1900 — 1910 — 1920 — 1930 — 1940 — 1950

Erklären und beurteilen

Der "Sputnik-Schock"

Am 4. Oktober 1957 bemerkten Funker ein eigenartiges Piepsen. Kurze Zeit später wusste die Welt: Die Sowjets hatten mit Sputnik 1 den ersten Satelliten ins All geschossen.

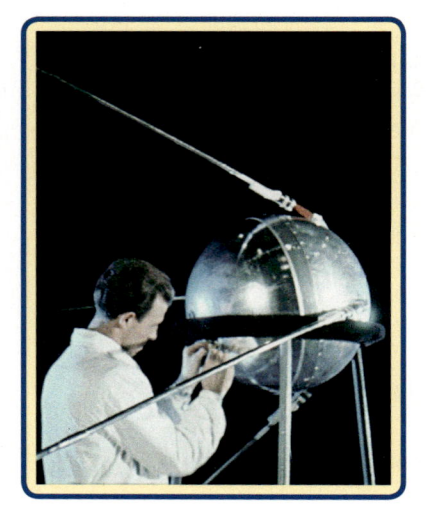

M1 *Techniker mit Sputnik 1.*

„Am Anfang herrschte Unsicherheit", erinnert sich der amerikanische Weltraumhistoriker Ted Spitzmiller. „... Als Amerika jedoch begriffen hatte, dass es in die Annalen der Weltraumfahrt nunmehr als Zweiter eingehen wird, war das Entsetzen groß." Die USA selbst hätten sich als den großen technologischen Visionär betrachtet und mit Geringschätzung auf die Sowjetunion hinuntergeschaut, weil diese von der anderen Seite des Atlantik industriell und technologisch rückständig erschien ...
Einen Monat nach Sputnik 1 schickten die Sowjets mit der Hündin Laika an Bord von Sputnik 2 das erste Lebewesen ins All. ... Wiederum einen Monat später, am 6. Dezember 1957, versuchte Amerika mit „Vanguard" seinen ersten Start. Die Rakete hob sich ein paar Meter von der Abschussrampe, verlor an Schub, fiel zurück zu Boden und wurde in einer großen Explosion zerstört. „Das war natürlich der absolute Tiefpunkt", meint Ted Spitzmiller. Amerika war das Gespött der Welt, ihr Satellit wurde als „Kaputtnik" verhöhnt.
Auch bei der bemannten Raumfahrt hatten die Russen zuerst die Nase vorn. Wieder war die UdSSR mit ihrem Kosmonauten Juri Gagarin schneller, der 1961 als erster Mensch in den Weltraum und um die Erde flog. Erst im Februar 1962 folgte ihm der Amerikaner John Glenn in den Erdorbit.

M4 *Der Sputnik-Schock.*

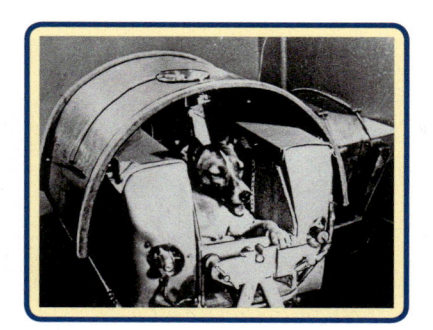

M2 *Laika in Sputnik 2.*

M3 *Juri Gagarin – der erste Mensch im Weltall.*

M5 *Staatschef Chruschtschow verkündet die russischen Raumfahrterfolge.*

Die neuen Weltmächte

M6 Start von Apollo 11 am 16. Juli 1969.

M8 Wernher von Braun und Präsident John F. Kennedy in Cap Canaveral am 16.11.1963.

Zuerst schien es, als würden die Sowjets auch das Rennen um den Mond für sich entscheiden. Im September 1959 erreichte die russische Sonde „Lunik" als Erste den Erdtrabanten. Doch der neue Präsident John F. Kennedy verordnete 1961 das Ende der Demütigungen. Bis Ende der Dekade sollte Amerika Menschen zum Mond schicken und sie sicher wieder zurückholen – so sein Auftrag an die Nasa. Nicht weil das leicht sei, sondern eben gerade weil es eine Herausforderung darstelle. Erstmals sollten Astronauten den Anziehungsbereich der Erde verlassen, in den offenen Weltraum vordringen und zu einem anderen Himmelskörper fliegen. „In erster Linie ging es darum, die Russen zu schlagen und der Welt zu zeigen, dass Amerika wirklich die technologische Überlegenheit besitzt", so der US-Weltraumhistoriker.

Am 20. Juli 1969 betrat Neil Armstrong als erster Mensch den Mond und äußerte seinen berühmten Satz: „Ein kleiner Schritt für einen Menschen, aber ein großer Sprung für die Menschheit." Endlich waren die USA die Nummer eins im All.

M7 Die Landung auf dem Mond.

M9 Der Astronaut James Irwin salutiert neben der US-amerikanischen Flagge auf dem Mond (Apollo-15-Mission 1971).

1. Erstelle anhand des Textes eine Zeitleiste zum Wettrennen um die Eroberung des Weltraumes.
2. Der Start des ersten Weltraumsatelliten durch die UdSSR wurde im Westen als Sputnik-Schock umschrieben. Erkläre diese Bezeichnung. Berücksichtige dabei besonders, wie die USA und die Sowjetunion in dieser Zeit zueinander standen.
3. Beschreibe die Bilder M5 und M9 und erkläre ihre Aussage.
4. ⤴ Informiere dich über aktuelle Raumfahrtprojekte der USA und Russlands und berichte.

Die Weimarer Republik

Das Parlament der Weimarer Republik (1927).

1914　　　1916　　　1918　　　1920　　　1922　　　1924　　　1926　　　1928　　　1930　　　1932

Unten: Putschende Soldaten warten auf den Befehl, das Regierungsviertel zu besetzen.

Die Novemberrevolution 1918

Das Ende der Monarchie in Deutschland

In den letzten Tagen des Ersten Weltkrieges glaubte in Deutschland kaum noch jemand an einen Sieg. Die Menschen litten Hunger und fast jede Familie hatte Angehörige auf den Schlachtfeldern verloren. Unter den massiven Angriffen der Alliierten drohte die Front im Westen zusammenzubrechen.

Im November 1918 meuterten die Matrosen der Deutschen Kriegsmarine gegen die Marineleitung. Sie wollten in diesem aussichtslosen Krieg nicht sinnlos ihr Leben opfern. Zusammen mit Soldaten des Heeres stürmten sie Kasernen, setzten die leitenden Offiziere ab und übernahmen als Soldatenräte das Kommando.

Die Fabrikarbeiter in den Großstädten bildeten Arbeiterräte. Zusammen mit den Soldatenräten übernahmen sie die Regierungsgewalt in vielen Rathäusern. Oft kam es dabei zu bewaffneten und blutigen Auseinandersetzungen mit Kaisertreuen und gemäßigten Kräften.

Die Stimmung im Volk richtete sich besonders gegen Kaiser Wilhelm II. Er hatte nach Meinung des Volkes die Kriegslage zu lange beschönigt und dem Volk die Wahrheit vorenthalten.

In dieser Situation verkündete am 9. November 1918 Reichskanzler Max von Baden ohne vorherige Absprache mit Kaiser Wilhelm II. dessen Abdankung und übertrug die Regierungsgewalt an den SPD-Vorsitzenden Friedrich Ebert, weil seine Partei die meisten Sitze im Deutschen Reichstag besaß. Das Deutsche Kaiserreich hatte damit aufgehört zu existieren.

Der Reichskanzler hat folgenden Erlass herausgegeben:
Seine Majestät der Kaiser und König haben sich entschlossen, dem Thron zu entsagen. Der Reichskanzler bleibt noch so lange im Amte, bis die mit der Abdankung Seiner Majestät … und der Einsetzung der Regentschaft verbundenen Fragen geregelt sind. …

M1 *Eine Extra-Ausgabe der SPD-Zeitung „Vorwärts". (Der Text des Artikels unter der Schlagzeile ist in heutiger Schrift gekürzt abgedruckt.)*

1. Beschreibe die Lage in Deutschland am Ende des Ersten Weltkrieges.
2. Nimm zum Verhalten der meuternden Matrosen Stellung.
3. Erläutere, wie es zum Ende der Monarchie in Deutschland kam (Text, M1, M2).

M2 *Demonstration in Berlin im Winter 1918 (Foto).*

M3 *Wichtige Politiker der Revolutionstage: Karl Liebknecht, Philipp Scheidemann, Rosa Luxemburg, Friedrich Ebert (zeitgenössische Fotos, von links nach rechts).*

Wie sollte Deutschland künftig regiert werden? Sollte es eine freiheitliche Demokratie oder eine kommunistische Räterepublik werden? Nach der Abdankung Kaiser Wilhelms II. beschäftigte diese Frage die Menschen überall in Deutschland.

An diesem 9. November demonstrierten Tausende von Menschen in Berlin und anderen Städten auf den Straßen. Gegen Mittag rief der SPD-Politiker Philipp Scheidemann von einem Fenster des Berliner Reichstagsgebäudes die „Deutsche Republik" aus. Die Befürworter einer freiheitlichen Demokratie glaubten sich am Ziel ihrer Wünsche und jubelten ihm zu. Andere Demonstranten unter der Führung von Karl Liebknecht und Rosa Luxemburg forderten eine Räterepublik, einen kommunistischen Staat nach russischem Vorbild. Deshalb rief Karl Liebknecht noch am selben Tag vor dem Berliner Stadtschloss die „Freie sozialistische Republik Deutschlands" aus. Es drohten gewalttätige Auseinandersetzungen, Bürgerkrieg.

In dieser schwierigen Lage wurde eine provisorische Regierung, der „Rat der Volksbeauftragten", unter Vorsitz des Reichskanzlers Ebert gebildet. Er sollte zunächst für Ruhe und Ordnung im Staat sorgen. Die meisten Arbeiter- und Soldatenräte unterstützten den Rat der Volksbeauftragten. Dieser setzte im Dezember 1918 Wahlen zur Nationalversammlung für den 19. Januar 1919 an. Aufgabe der Nationalversammlung sollte es sein, eine Verfassung auszuarbeiten und eine Regierung zu bilden.

Die Kommunisten unter Liebknecht und Luxemburg waren gegen dieses Verfahren. Wochenlang kam es zu Protestdemonstrationen und blutigen Straßenkämpfen. Sie wurden schließlich vom Militär mit Waffengewalt niedergeschlagen. Rosa Luxemburg und Karl Liebknecht wurden verhaftet und am 15. Januar 1919 auf dem Transport ins Gefängnis ermordet.

4 Erkläre, was Scheidemann meint, wenn er vom „Alten und Morschen" spricht oder „Alles für das Volk, alles durch das Volk" fordert (M4).

5 Ordne die Ereignisse am 9. November 1918, indem du sie in einer Tabelle den Spalten „Deutsche Republik" und „Freie sozialistische Republik" zuordnest.

> … Alles für das Volk, alles durch das Volk … Seid einig, treu und pflichtbewusst! Das Alte und Morsche, die Monarchie, ist zusammengebrochen. Es lebe das Neue! Es lebe die Deutsche Republik!

M4 *Ausrufung der Republik durch Philipp Scheidemann am 9. November 1918 (Foto und Textausschnitt).*

Die Neuordnung Europas

Der Versailler Vertrag

Noch während des Krieges hatte der amerikanische Präsident Woodrow Wilson ein Programm für einen Frieden formuliert, der auf Gerechtigkeit und dem Selbstbestimmungsrecht der Völker fußen sollte. In Deutschland setzte man große Hoffnungen darauf und erwartete, dass ein Frieden nach den Grundsätzen dieses Programms ausgehandelt würde.

Es kam ganz anders. Die unterlegenen Staaten durften an den Verhandlungen im französischen Versailles gar nicht teilnehmen. Die „großen Drei", das waren die Regierungschefs aus Frankreich, England und den USA, verständigten sich im Frühjahr 1919 hinter verschlossenen Türen auf die Grundlagen des Friedensvertrages. Sollte der Vertrag von Deutschland abgelehnt werden, wurde mit der Besetzung des Landes gedroht. Unter diesem Druck nahm Deutschland den Vertrag an. Reichskanzler Scheidemann trat zurück, weil er den Vertrag nicht unterschreiben wollte.

Am 28. Juni 1919 setzte die deutsche Delegation im Spiegelsaal zu Versailles ihre Unterschrift unter den Vertrag. Ganz Deutschland war über die harten Bestimmungen empört.

- Deutschland erkennt seine alleinige Schuld am Ausbruch des Krieges an. Es ist für die Kriegsschäden haftbar.
- Deutschland zahlt Reparationen (Schadenersatz) in Waren oder Goldmark in Höhe von 132 Milliarden Goldmark.
- Das Heer wird auf 100 000 Mann, die Marine auf 15 000 Mann begrenzt.
- Schwere Waffen (Panzer, Flugzeuge, Zerstörer) müssen verschrottet werden und bleiben für das deutsche Militär verboten.
- Eine Vereinigung Deutschlands mit Österreich ist unzulässig.
- Das Rheinland wird zunächst von den Alliierten besetzt und bleibt nach deren Abzug entmilitarisierte Zone.
- Das Saargebiet wird vom Völkerbund verwaltet, seine Kohlegruben werden als Reparationen an Frankreich abgetreten. Die Saarländer entscheiden nach 15 Jahren, ob sie wieder zu Deutschland gehören wollen.
- Danzig wird unter internationale Kontrolle gestellt.
- Elsass-Lothringen, Eupen-Malmedy, Nordschleswig, Westpreußen, Memelland und ein Teil Oberschlesiens werden von Deutschland abgetrennt.
- Deutschland muss seine Kolonien abgeben.
- Deutschland muss seine Handelsflotte abliefern.

M1 *Die wichtigsten Bestimmungen des Versailler Vertrags (vereinfachter Auszug).*

M2 *Plakat der Deutschnationalen Volksparteien (DNVP) aus dem Jahr 1924.*

M3 Gebietsveränderungen durch den Versailler Vertrag.

Besonders die demokratie- und republikfeindliche Deutschnationale Volkspartei DNVP hetzte gegen die Regierung und verbreitete die „Dolchstoßlegende": Die deutsche Armee sei im Felde unbesiegt gewesen. Erst durch die Unterzeichnung des Waffenstillstandes habe Deutschland den Krieg verloren. Die demokratisch gesinnten Politiker hätten der Armee den Dolch in den Rücken gestoßen. Sie wurden als „Novemberverbrecher" und „Erfüllungspolitiker" beschimpft.

1. Wiederhole und stelle zusammen, was du über den Ausbruch des Ersten Weltkrieges erfahren hast (S. 104–109).
2. Notiere stichwortartig die Bestimmungen und Bedingungen des Versailler Vertrages und schreibe die Folgen der jeweiligen Bedingung für Deutschland auf (M1).
3. Werte die Karte M3 aus, indem du auflistest, welche Gebiete Deutschland abtreten musste.
4. Nimm Stellung zur Aussage des Vertrages, dass Deutschland die alleinige Kriegsschuld trägt.
5. Erkläre die Begriffe „Dolchstoßlegende", „Novemberverbrecher" und „Erfüllungspolitiker" mit eigenen Worten (M2).
6. Beurteile, ob mit dem Versailler Vertrag der Frieden gesichert werden konnte.

M4 Protestkundgebung in Berlin gegen die Bestimmungen des Versailler Vertrages (Foto 1919).

Die Weimarer Verfassung von 1919

Die erste Demokratie für Deutschland

Am 19. Januar 1919 wurde die Nationalversammlung gewählt. Sie sollte eine Verfassung für die Deutsche Republik ausarbeiten. Erstmals waren die Frauen den Männern rechtlich gleichgestellt. Sie durften wählen und gewählt werden. Die Wahlbeteiligung war mit 83 % sehr hoch. Weil keine Partei die absolute Mehrheit errungen hatte, bildeten SPD, Zentrum und DDP eine Koalition. Am 11. Februar 1919 wählte die Nationalversammlung Friedrich Ebert zum Reichspräsidenten und Philipp Scheidemann zum Reichskanzler.

M1 *Wahlplakat von 1919.*

> **Weimarer Republik**
> Nach Weimar, wo die Nationalversammlung bis 1920 tagte und die Verfassung verabschiedet wurde, bezeichnet man die Zeit von 1919 bis 1933 in Deutschland als „Weimarer Republik".

M2 *Die weiblichen Abgeordneten der Nationalversammlung (Foto, 1919).*

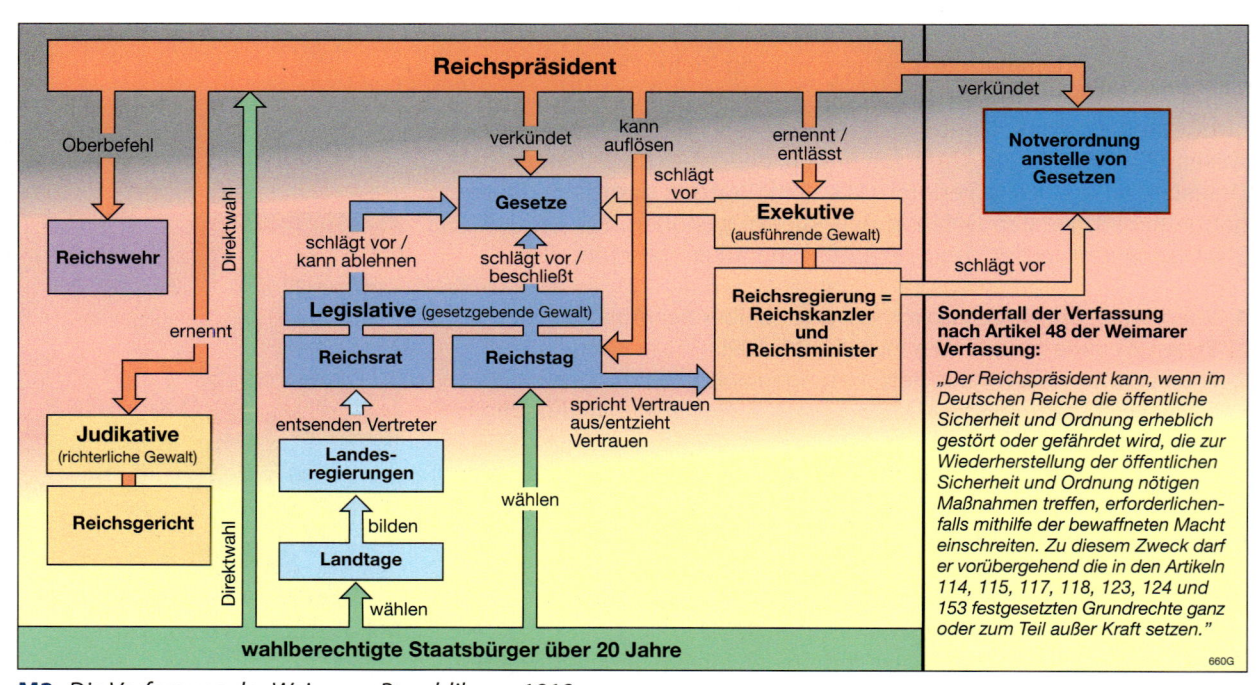

Sonderfall der Verfassung nach Artikel 48 der Weimarer Verfassung:

„Der Reichspräsident kann, wenn im Deutschen Reiche die öffentliche Sicherheit und Ordnung erheblich gestört oder gefährdet wird, die zur Wiederherstellung der öffentlichen Sicherheit und Ordnung nötigen Maßnahmen treffen, erforderlichenfalls mithilfe der bewaffneten Macht einschreiten. Zu diesem Zweck darf er vorübergehend die in den Artikeln 114, 115, 117, 118, 123, 124 und 153 festgesetzten Grundrechte ganz oder zum Teil außer Kraft setzen."

M3 *Die Verfassung der Weimarer Republik von 1919.*

Artikel 109
(1) Alle Deutschen sind vor dem Gesetze gleich. Männer und Frauen haben grundsätzlich dieselben staatsbürgerlichen Rechte und Pflichten. …

Artikel 114
(1) Die Freiheit der Person ist unverletzlich. Eine Beeinträchtigung oder Entziehung der persönlichen Freiheit durch die öffentliche Gewalt ist nur aufgrund von Gesetzen zulässig. …

Artikel 115
(1) Die Wohnung jedes Deutschen ist … unverletzlich. …

Artikel 117
(1) Das Briefgeheimnis sowie das Post-, Telegraphen- und Fernsprechgeheimnis sind unverletzlich. …

Artikel 118
(1) Jeder Deutsche hat das Recht, innerhalb der Schranken der allgemeinen Gesetze seine Meinung durch Wort, Schrift, Druck, Bild oder in sonstiger Weise frei zu äußern. …

Artikel 123
(1) Alle Deutschen haben das Recht, sich ohne Anmeldung oder besondere Erlaubnis friedlich und unbewaffnet zu versammeln. …

Artikel 124
(1) Alle Deutschen haben das Recht, zu Zwecken, die den Strafgesetzen nicht zuwiderlaufen, Vereine oder Gesellschaften zu bilden. Dies Recht kann nicht durch Vorbeugungsmaßregeln beschränkt werden. Für religiöse Vereine und Gesellschaften gelten dieselben Bestimmungen. …

Artikel 153
(1) Das Eigentum wird von der Verfassung gewährleistet. Sein Inhalt und seine Schranken ergeben sich aus den Gesetzen. …

M4 *Auszug aus der Weimarer Verfassung.*

Immer noch gab es gewalttätige Ausschreitungen von Gegnern der Republik. Wegen der Unruhen in Berlin tagte die Nationalversammlung in Weimar. Dort wurde am 31. Juli 1919 die Weimarer Verfassung verabschiedet.

1 Erkläre, warum Wahlplakate erstmals um Frauen warben (M1).
2 Notiere die Aufgaben von Volk, Reichstag, Reichsregierung und Reichspräsident in einer Tabelle (M3).
3 Prüfe, ob die Gewaltenteilung in der Weimarer Verfassung garantiert ist, und begründe deine Meinung.
4 ✚ Nach Artikel 48 kann der Reichspräsident in Krisenzeiten bestimmte Grundrechte aufheben und die Gesetzgebung auf die Reichsregierung übertragen. Stelle mithilfe von M3 und M4 die Gefahren dieser Regelung dar.
5 Informiere dich im Lexikon über die im Info-Text genannten Parteien und ihre damaligen politischen Standpunkte.
6 Begründe, dass es sich bei der Weimarer Verfassung um eine demokratische Verfassung handelte.

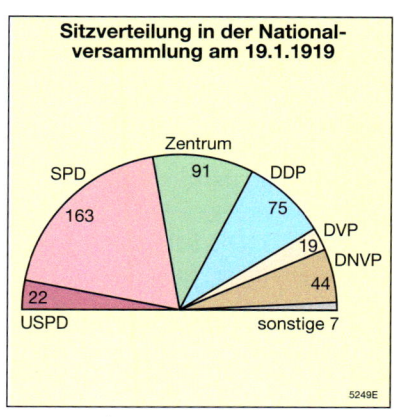

M5 *Ergebnisse der Wahl zur Nationalversammlung 1919.*

Sitzverteilung in der Nationalversammlung am 19.1.1919:
- SPD: 163
- USPD: 22
- Zentrum: 91
- DDP: 75
- DVP: 19
- DNVP: 44
- sonstige: 7

Parteien in der Weimarer Republik

SPD = Sozialdemokratische Partei Deutschlands: Befürworter der Demokratie, vertrat besonders Arbeiter und Angestellte

DDP = Deutsche Demokratische Partei: Befürworter der Demokratie, vertrat besonders Handwerker und Kaufleute

Zentrum: Befürworter der Demokratie, vertrat den katholischen Mittelstand

USPD = Unabhängige Sozialdemokratische Partei Deutschlands: mehrheitlich Gegner der Demokratie, Befürworter der Räterepublik, vertrat Teile der Arbeiterschaft

DVP = Deutsche Volkspartei: mehrheitlich Gegner der Demokratie, vertrat Industrielle und Großgrundbesitzer

DNVP = Deutsch-Nationale Volkspartei: Gegner der Demokratie, kaiser- und königstreu

Das Krisenjahr 1923

> **ⓘ Inflation**
> Geldentwertung. Sie entsteht, wenn die Menge des Geldes erhöht wird und gleichzeitig der Gegenwert (Deckung), also die Menge der Waren und Dienstleistungen, konstant bleibt oder sinkt.

Inflation und Putschversuche

Bereits in den Kriegsjahren hatte eine Geldentwertung (Inflation) eingesetzt. Nach Kriegsende aber musste die Regierung die Versorgung der Kriegsopfer und Hinterbliebenen sowie der vielen Arbeitslosen finanzieren. Am schlimmsten jedoch wirkten sich die Reparationsleistungen aus: die Reichsbank musste ihre Goldvorräte an Großbritannien und Frankreich abliefern, Industrieanlagen wurden abgebaut und den einstigen Kriegsgegnern ausgehändigt. Die Regierung ließ deshalb immer mehr Banknoten drucken, ohne dass noch ein Gegenwert vorhanden war. Dadurch beschleunigte sich die Geldentwertung weiter.

Als Deutschland die Reparationszahlungen nicht mehr leisten konnte, besetzten am 9.1.1923 französische und belgische Truppen das Ruhrgebiet. Die Regierung in Berlin rief zum Generalstreik, einem Streik in allen Wirtschaftsbereichen des Ruhrgebietes, auf. Niemand sollte für die Besatzer arbeiten. Die Regierung konnte der streikenden Bevölkerung nur helfen, indem sie immer mehr wertloses Geld nachdrucken ließ. Schließlich brach die gesamte Wirtschaft zusammen.

M1 *Banknote von 1923.*

M3 *Französischer Soldat im Ruhrgebiet.*

M4 *Aufruf zum Generalstreik (Plakat der Regierung, 1923).*

Datum	Preis in Mark
1914	0,32
1919	0,80
1921, Juni	3,90
1922, Juli	53,15
1923, Jan.	250,00
1923, Juli	3 465,00
1923, Sept.	1 512 000,00
1923, Nov.	201 000 000 000,00

M2 *Preisentwicklung für Brot in Deutschland.*

> 1923 waren Geldscheine mit Millionen- und Milliardenbeträgen in Umlauf. Wenn wir Brot kaufen wollten, brauchten wir für das Geld einen kleinen Koffer. Die Union, ein Großbetrieb in Hamm, zahlte zweimal pro Woche den Lohn, weil das Geld zu schnell an Wert verlor. ... Schwer hatten es damals die Rentner. Meine Großmutter gehörte auch dazu. Sie war eine sparsame Frau und stapelte ihr Geld im Wäscheschrank. Dass dieses Geld schon wenige Tage später wertlos war, begriff sie nicht. Sie war empört, als meine Mutter ihr riet, das Geld sofort auszugeben.

M5 *Zeitzeugin Erna Arntz über das Inflationsjahr 1923.*

M6 Inflationsgeld als Spielzeug (Foto, 1923).

M7 Wahlplakat 1923.

Gewinner der Inflation waren Besitzer von Sachwerten und alle, die Schulden hatten. Der Staat wurde seine Schulden bei Privatpersonen los und Unternehmer, die ihre Betriebe mit Krediten finanziert hatten, beglichen diese mit wertlosem Geld. Am 15. November 1923 wurde die Inflation durch Einführung einer neuen Währung, der Rentenmark, beendet (Währungsreform). Für eine Billion Mark bekam man eine Rentenmark. Mit Finanzhilfen aus den USA konnte sich die deutsche Wirtschaft schnell erholen.

Die wirtschaftliche Not hatte auch zu politischen Unruhen geführt. Im Oktober 1923 brachen in Sachsen und Thüringen kommunistische Aufstände aus. Die Aufstände wurden von der Reichswehr mit Waffengewalt niedergeschlagen.

Am 9. November 1923 versuchte Adolf Hitler zusammen mit einigen ehemaligen Generälen des Ersten Weltkrieges von München aus, die Reichsregierung in Berlin zu stürzen. Der Putschversuch scheiterte und Hitler wurde wegen Hochverrats verurteilt.

1. Berichte über die Ruhrbesetzung (Text, M3, M4).
2. Erläutere die Hauptursachen der Inflation (i-Kasten, Text).
3. Stellt Gewinner und Verlierer der Inflation gegenüber (Text, M5).
4. Nenne die politischen Krisen des Jahres 1923 (Text, M7, M8).
5. „1923 stand Deutschland am Abgrund!" Erläutere diese Einschätzung des britischen Botschafters (M8).

Nun geht das Krisenjahr zu Ende. Die inneren und äußeren Gefahren waren so groß, dass sie Deutschlands ganze Zukunft bedrohten. Eine bloße Aufzählung der Prüfungen …wird einen Begriff davon geben, wie schwer die Gefahr, wie ernst der Sturm war. Wenn man zurückblickt, sieht man klarer, wie nah dieses Land am Abgrund stand.
In den zwölf Monaten vom Januar bis heute hat Deutschland die folgenden Gefahren überstanden: Die Ruhrinvasion, den kommunistischen Aufstand in Sachsen und Thüringen, den Hitlerputsch in Bayern, eine Wirtschaftskrise ohnegleichen …

M8 Tagebucheintrag des britischen Botschafters Viscount d'Abernon.

Die neue deutsche Außenpolitik

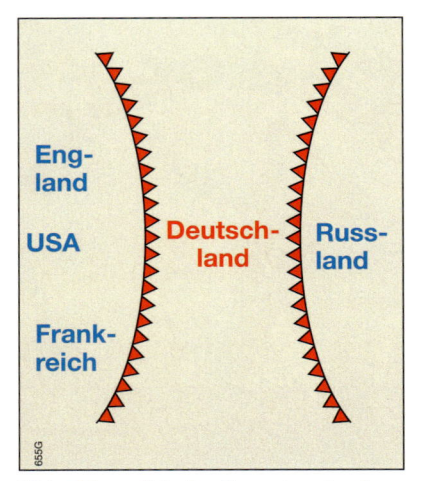

M1 *Die politische Situation, in der sich Deutschland nach dem Ersten Weltkrieg befand.*

M2 *Gedenkbriefmarke für Walther Rathenau.*

Die Verträge von Rapallo und Locarno

Politiker von Zentrum, SPD, DDP und DVP wollten durch die Einhaltung des Versailler Vertrages und die Aussöhnung mit ihren Nachbarn die Situation Deutschlands verbessern.

Der Ausgleich mit Russland gelang dem deutschen Außenminister Walther Rathenau im April 1922 mit dem Vertrag von Rapallo. Wenige Wochen später wurde Rathenau von rechtsradikalen Offizieren ermordet, weil er mit den Kriegsgegnern von einst verhandelt hatte.

Die Annäherung zwischen Deutschland und Frankreich erreichten Gustav Stresemann (DVP, Außenminister von 1923 bis 1929) und der französische Außenminister Aristide Briand 1925 im Vertrag von Locarno. Deutschland erkannte die im Versailler Vertrag festgelegte Westgrenze an. Im Gegenzug räumten Frankreich und Belgien besetzte Gebiete an Rhein und Ruhr.

> Art. 1: Beide Regierungen sind darin einig, dass die Auseinandersetzung zwischen Deutschland und Russland aus der Zeit des Kriegszustandes auf folgenden Grundlagen geregelt ist:
> a) Gegenseitiger Verzicht auf Ersatz der Kriegskosten und Kriegsschäden sowie auf den Ersatz der zivilen Schäden. …
> Art. 3: Wiederaufnahme der diplomatischen und konsularischen Beziehungen zwischen beiden Mächten. …

M3 *Vertrag von Rapallo 1922 (Auszug).*

> Art. 1: Individuelle und gemeinsame Garantie der Unverletzlichkeit der Grenzen zwischen Deutschland … Belgien und Frankreich. Die Rheingrenze wird entmilitarisiert. …
> Art. 2: Deutschland und Belgien, ebenso Deutschland und Frankreich verpflichten sich gegenseitig, in keinem Falle zu einem Angriff oder zu einem Einfall oder zum Kriege gegeneinander zu schreiten …

M4 *Verträg von Locarno 1925 (Auszug).*

> ℹ️ **Rechtsradikale**
> In der Weimarer Republik gab es von Anbeginn an rechtsradikale Gruppierungen, die der Demokratie feindlich gegenüberstanden. Sie wollten einen anderen Staat mit einem starken Führer an der Spitze.

M5 *Aristide Briand (li.) und Gustav Stresemann (re.) in Locarno (Foto, 1925).*

M6 Stresemann spricht vor dem Völkerbund (Foto, 1926).

> Für mich besteht das Gute in dem Vertrag von Locarno darin, dass er nicht formuliert und unterzeichnet wurde, um der einen Nation auf Kosten der anderen Vorteile zu sichern. Um ihn recht zu verstehen, muss man ihn nach seinem Geist beurteilen, der nicht der Geist eines eigensüchtigen Nationalismus ist. Er ist ausgehandelt und geschlossen worden in einem europäischen Geist und für das Ziel des Friedens.

M7 Aristide Briand am 5. Februar 1926.

M8 Deutschlands Westgrenze 1920.

Legende:
- Grenze des Deutschen Reiches 1920. Abtretungen sind in Flächenfarbe der neuen Besitzerländer dargestellt
- Abstimmungsgebiete
- Saargebiet 1920-35 unter Verwaltung des Völkerbundes
- Besatzungszonen nach dem Versailler Vertrag
- Sanktionen und Einbrüche 1920-25
- Ostgrenze der entmilitarisierten Zone

1926 stimmte Frankreich für die Aufnahme Deutschlands in den Völkerbund. Der Völkerbund war 1919 von den Siegermächten des Ersten Weltkrieges als Versammlung von Staaten gegründet worden, um internationale Konflikte friedlich zu lösen. Deutschland war nun Mitglied dieser Staatengemeinschaft. Für ihre Aussöhnungspolitik erhielten Stresemann und Briand im selben Jahr den Friedensnobelpreis. 1930 wurde das besetzte Rheinland geräumt und 1932 wurden die Reparationen praktisch gestrichen.

1. Der Vertrag von Rapallo veränderte das deutsch-russische Verhältnis (M1, M3). Erkläre.
2. Beschreibe die Folgen von Stresemanns Politik für Deutschland auch nach 1929 (Text, M9).
3. Nimm Stellung zu den Äußerungen des französischen Außenministers über den „Geist von Locarno" (M7).
4. Beurteile die Bedeutung der Aufnahme in den Völkerbund für Deutschland. Beschreibe die Reaktion im Völkerbund (M9).
5. ✛ Zeichne M1 dreimal. Verändere dabei im zweiten und dritten Bild die Symbole so, dass sie die Lage nach 1922 und nach 1925 verdeutlichen (Text, M3, M4). Verfasse kurze erklärende Texte.

> … Von allen Seiten wurde erwartungsvoll Bravo gerufen. Nur mit Mühe konnten sich die Delegierten … den Weg zu ihren Plätzen bahnen. Alle wollten ihnen die Hände schütteln und ihnen persönlich zu diesem großen Ereignis Glück wünschen. Inzwischen tobte das Publikum auf den Tribünen, Tücherwinken, Hüteschwenken, „Bravo Stresemann …" Dieser Empfang Deutschlands durch die Völker der Welt war wirklich etwas Einmaliges.

M9 Stresemann spricht im Völkerbund (Augenzeugenbericht, 1926).

Jahre des Aufschwungs

- Traktoren und Maschinenpflüge in der Landwirtschaft
- Fließbandarbeit in der Industrie
- Elektrogeräte im Haushalt (Geschirrspüler, Kühlschrank, Waschmaschine)
- Gründung der Lufthansa
- Steigerung der Automobilproduktion
- Einführung des Rundfunks

M1 Neuerungen im Deutschland der 20er-Jahre.

Die „Goldenen Zwanziger"

Durch die Währungsreform und neue Zahlungspläne, welche die Last der Reparationen milderten, erholte sich die deutsche Wirtschaft. In Kultur, Wissenschaft, Technik sowie in der Arbeitswelt und im sozialen Bereich verzeichnete Deutschland Erfolge.

Wer es sich leisten konnte, kaufte sich Telefon, Radio, Schallplatten oder andere Luxusartikel, die das Leben angenehmer und schöner machten. Immer mehr verdrängte das Automobil das Pferdegespann. Theater, Varietés, Kinos und Tanzpaläste sorgten für die Unterhaltung der Menschen. Deutsche Wissenschaftlerinnen und Wissenschaftler machten bedeutende Entdeckungen und Erfindungen in den Bereichen Physik, Chemie und Medizin.

Mit der politischen Gleichstellung der Frauen änderte sich auch ihre Rolle in der Berufs- und Arbeitswelt. Frauen arbeiteten nun als Sekretärinnen, Verkäuferinnen und Arzthelferinnen, wurden aber geringer als Männer entlohnt. Die Zahl der Studentinnen an den Universitäten nahm zu. Nur wenige schafften es danach in Führungspositionen.

Die Regierung bemühte sich, auch die Lebensbedingungen der Arbeiter und sozial Schwachen zu verbessern. Durch den sozialen Wohnungsbaus entstand neuer Wohnraum, der ausreichend Platz für Familien bot, über sanitäre Anlagen verfügte und dabei bezahlbar war.

1 Erläutere die Ursachen für den Aufschwung in Deutschland nach der Inflation von 1923 (Text).
2 Beschreibe die Bilder M2 bis M5 und weise nach, dass ihr Inhalt stellvertretend für die Aufwärtsentwicklung in Deutschland in den „Goldenen Zwanzigern" steht.
3 Beschreibe, welche Auswirkungen die Neuerungen (Text und M1) auf den Wirtschafts-, Arbeits- und Freizeitbereich hatten.
4 Berichte über die veränderte Rolle der Frau.

M2 Das erste Fernsehbild, ausgestrahlt in Berlin 1929.

M3 Frauen in Berlin (Foto, um 1925).

M4 Ein erfolgreicher deutscher Tonfilm (1929).

M5 Werbung für Luxusartikel.

Gewusst wie: Ein Bild auswerten

M1 *Der Potsdamer Platz in Berlin (Foto, 1925).*

Menschen haben zu allen Zeiten ihre Eindrücke in Bildern festgehalten. Wenn man es versteht, Bildquellen auszuwerten, erhält man viele Informationen über die Vergangenheit. So gehst du vor:

1. Schritt: Das Bild beschreiben
– Was ist im Vordergrund und was im Hintergrund zu sehen (z. B. Menschen, Landschaft, Gebäude, Gegenstände)? Welche Einzelheiten werden besonders herausgestellt?
– Wie sind die Menschen gekleidet? Wie verhalten sie sich?
– Sind die Dinge so dargestellt, wie du sie kennst? Oder sind es ausgedachte Dinge, die es nur in der Fantasie gibt?

2. Schritt: Die Inhalte erklären
– Was weißt du über das Ereignis oder die Personen auf dem Bild?
– Wann passierte das Ereignis, wo und warum? Wie verlief es?
– Was weißt du über das Bild selbst und den Maler/Fotografen?
– Wann und warum hat er es gemalt/fotografiert?

Ein Tipp: Informiere dich auch im Lexikon oder im Internet über den Maler, das dargestellte Ereignis oder die Personen.

3. Schritt: Deuten
– Hat der Maler die Wirklichkeit wie ein Fotograf abgebildet oder hat er nur Fantasiefiguren und -gebilde gezeichnet? Warum hat der Maler die genaue oder die ungenaue Darstellung gewählt?
– Welche Bedeutung haben die Farben und die Zusammensetzung des Bildes? Welche Gefühle sollen sie vermitteln?
– Gibt es Lebewesen oder Gegenstände, die stellvertretend für etwas stehen, was sich eigentlich nicht zeichnen lässt (zum Beispiel für Gefühle)?

M2 *George Grosz „Stützen der Gesellschaft" (Gemälde 1928).*

> **ⓘ Bildquellen**
> Alle bildlichen Darstellungen aus der Vergangenheit bezeichnet man als Bildquellen. Es gibt ganz verschiedene Formen: Fotografien, Gemälde, Zeichnungen, Buchmalereien, Statuen, Reliefs oder Karikaturen.

5 Werte eines der beiden Bilder (M1 oder M2) in drei Schritten aus.

Genau betrachtet:

Gesellschaftlicher Wandel

Mit dem Übergang vom Kaiserreich zur Republik hatte besonders in den Städten ein gesellschaftlicher Wandel stattgefunden. Die Frauen – seit 1919 den Männern durch das Wahlrecht politisch gleichgestellt – zeigten sich selbstbewusster und selbstständiger. Die täglichen Arbeitszeiten waren jetzt allgemein kürzer und die Familien konnten mehr Zeit miteinander verbringen.

Es entstanden neue Stadtviertel mit geräumigeren Wohnungen, in denen man das Familienleben genießen konnte. Die Wohnungen waren häufig mit dunklen Möbeln eingerichtet. Oft schmückten Familienfotos und andere Bilder die Wände der Zimmer.

1 Beschreibe das Wohnzimmer aus M1 und seine Möblierung (M1).
2 a) Vergleiche M2 mit M1 und nenne Gemeinsamkeiten.
   b) Erkläre, ob es sich bei den Bildern um einen Schnappschuss oder eine gestellte Aufnahme handelt.
3 Berichte anhand der Bilder M1–M4 über das häusliche Leben in den Zwanzigerjahren.

M1 *Familie in ihrem Wohnzimmer (1920er-Jahre).*

M3 *Picknick im Garten (um 1925).*

M2 *Familienfeier (um 1930).*

M4 *Feier mit Freunden (um 1923).*

Ein Blick in den Wohnalltag

M5 *Sozialer Wohnungsbau in Berlin (1930).*

In die neuen Wohnungen hielt in den Zwanzigerjahren die Technik Einzug. Technische Entwicklungen und Erfindungen bereicherten nicht nur die Wohnkultur, sondern erleichterten auch die Arbeit im Haushalt.

> Radio? Da wussten wir zunächst gar nicht, was das ist, konnte man es essen oder was? Und dann kam aus dem Weltraum oder woher plötzlich ein Ton. Ich hörte, dass eine Oper gesendet wurde und hatte natürlich keine Ahnung, was eine Oper ist. Dann hörte ich den Titel. Es war „Cosi fan tutte". Da habe ich mir sofort ein Textbuch gekauft und die Oper der ganzen Länge nach gehört.

M6 *Franz Scherer, geb. 1913, Köln.*

M7 *Ein Kofferradio.*

M8 *AEG-Werbung.*

4 Beschreibe den neuen Baustil im sozialen Wohnungsbau (M5).
5 Berichte über technische Neuerungen in den Haushalten zur Zeit der Weimarer Republik (M6, M7, M8).

Die Weltwirtschaftskrise von 1929

Wirtschaftsentwicklungen in USA

Zu Beginn des 20. Jahrhunderts hatten sich die USA zu einer Industrienation entwickelt. Hier war das Fließband erfunden worden. Automobile, Haushaltsgeräte und andere Güter des täglichen Lebens konnten in großen Mengen hergestellt und günstig verkauft werden. Amerika war im Kaufrausch und viele Menschen legten ihr Geld in Aktien der wachsenden Industriebetriebe an. Mitte der Zwanzigerjahre jedoch zeichnete sich ein Rückgang in der Nachfrage ab. Zu viele Güter warteten auf Abnehmer, weil die Märkte gesättigt waren. Betriebe mussten Arbeitskräfte entlassen oder ganz schließen. Die Zahl der Arbeitslosen stieg bedrohlich an, die Aktienkurse an den US-Börsen sanken. Aktienbesitzer fürchteten um ihr Vermögen und wollten ihre Aktien möglichst schnell abstoßen. Diese Entwicklung führte am 25. Oktober 1929, dem „Schwarzen Freitag", zum Zusammenbruch der New Yorker Börse. Daraus entwickelte sich in kurzer Zeit eine weltweite Wirtschaftskrise.

In den USA sank die Industrieproduktion um die Hälfte. Besonders hart traf es viele verschuldete Landwirte: Sie mussten ihre Höfe aufgeben und standen vor dem Nichts. Die Krise mit vielen Arbeitslosen hielt über Jahre an. Zu dieser Zeit gab es in den USA keine staatliche Sozialversicherung. Dennoch vertrauten die Bürger darauf, dass ihr demokratisches System die großen Schwierigkeiten meistern würde. Der 1932 neu gewählte Präsident Roosevelt machte mit seinem Wirtschaftsprogramm des „New Deal" seinen Landsleuten Hoffnung. Schon nach wenigen Jahren hatten sich die USA von der Krise erholt.

> Panische Angst erfasst große und kleine Spekulanten (Geldanleger). Tausende von ihnen werfen ihre gesamten Aktien in den tumultartigen Markt, geben Signal an ihre Broker (Börsenhändler): „Verkaufen zu jedem Preis." Die Verluste sind entsetzlich. Tausende von großen Konten, gesund und sicher in der Woche zuvor, werden vollständig ruiniert. Furcht erregte Spekulanten mit ungläubigen Augen verfolgen regungslos das Unglück, das viele von ihnen ruiniert hat. Die Börse bietet ein Bild der Selbstzerfleischung. Verzweifelte Händler versuchen, Aktienblöcke loszuwerden, die niemand kaufen will. Die Preise stürzen tiefer und tiefer.

M1 *Bericht in der „New York Times" vom 24. Oktober 1929 über den Börsenkrach.*

1 Stelle in einem Flussdiagramm stichwortartig die Stationen der wirtschaftlichen Entwicklung in den USA dar (Text). Recherchiere dazu in Geschichtslexika oder im Internet.

> **New Deal**
> Präsident Roosevelt griff mit seinen Maßnahmen regulierend in die Wirtschaft ein. Mindestlöhne und Preise wurden gesetzlich geregelt, die Arbeitszeiten begrenzt, Ansätze einer Arbeitslosen- und Sozialversicherung eingerichtet. Roosevelts Vorgehen stellte einen Bruch mit dem bisher in den USA gültigen Grundsatz dar, dass jeder für sein Schicksal selbst verantwortlich sei und der Staat sich nicht in die Wirtschaft einmischen dürfe.

M2 *Straßenszene in New York im November 1929 (Foto).*

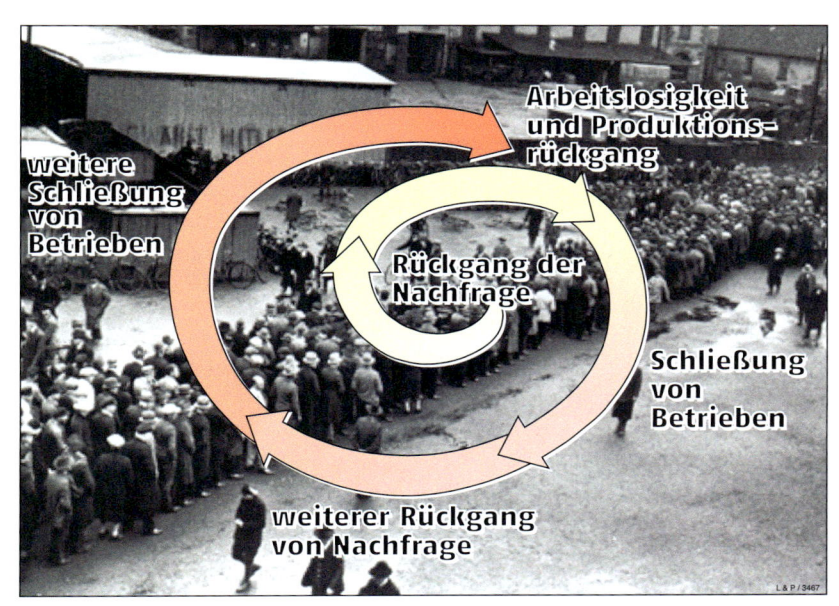

M3 *Spirale der Wirtschaftskrise.*

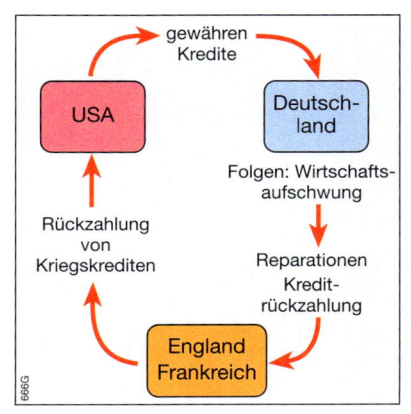

M4 *Aufschwung auf Kredit.*

M5 *Arbeitsloser (Foto, 1930).*

Auswirkungen in Deutschland

Nach der Krise von 1923 war der Aufschwung in Deutschland fast ausschließlich mit Krediten aus den USA finanziert. Um nicht zahlungsunfähig zu werden, forderten die US-Banken in der Krise 1929 ihr Geld in Deutschland zurück. Die Folge: Deutsche Banken brachen zusammen, Betriebe schlossen. Bis 1932 wurden 6 Millionen Menschen arbeitslos und 3,5 Millionen waren Kurzarbeiter. Nur wenige Jahre nach der Inflation von 1923 verloren wieder viele Deutsche Arbeit und Ersparnisse.

Viele Menschen in Deutschland gaben der Demokratie die Schuld an der Krise und sehnten sich zurück nach dem Kaiserreich. Als die rund 30 Parteien keine mehrheitsfähige Regierung bilden konnten, machte Reichspräsident von Hindenburg von 1930 bis 1932 vom Artikel 48 der Weimarer Verfassung Gebrauch. Er setzte den Reichskanzler ein. Jetzt waren der Reichskanzler und seine Minister nur dem Reichspräsidenten verantwortlich (Präsidialkabinett). Weil die Regierung im Reichstag keine Mehrheit besaß, durfte sie ebenfalls nach Artikel 48 anstelle von Gesetzen sogenannte Notverordnungen erlassen. Damit war der Reichstag als Legislative bedeutungslos geworden.

2 a) Beschreibe den Geldkreislauf (M4).
  b) Erläutere anhand von M4, warum die Krise in den USA direkte Auswirkungen auf Deutschland hat.
3 a) Erkläre den Teufelskreis der Arbeitslosigkeit (M3).
  b) Beschreibe die Gefühle der Menschen in dieser Krise (M5, M6).
4 Wiederhole, was du über die Befugnisse des Reichspräsidenten (Art. 48) und die Notverordnungen erfahren hast (Seite 144, M3). Berichte.
5 ✚ Erkläre, wie sich Präsidialkabinette und Notverordnungen auf die Gewaltenteilung auswirken.

„Die Arbeitslosigkeit … bringt den Menschen um. Da hat man gelernt und liegt nachher auf der Straße, keine Aussicht auf Besserung, keine Aussicht auf Weiterbildung, man hat das schreckliche Gefühl des Überflüssigseins."

„Man ist rumgelaufen nach Arbeit Tag für Tag … und wenn man dann immer das eine hört: nichts zu machen – wird man abgestumpft. … Mit der Zeit wächst in dem Herzen eine giftige Blüte auf, der Hass."

M6 *Junge Arbeitslose 1932 über ihre Situation.*

Demokratie in der Krise

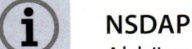

NSDAP
Abkürzung für „Nationalsozialistische Deutsche Arbeiterpartei", in der Hitler ab 1921 eine beherrschende Stellung gewann.

SA
Abkürzung für „Sturmabteilung"; leicht bewaffnete uniformierte Schläger- und Kampftruppe der NSDAP.

SS
Abkürzung für „Schutzstaffel"; Unterabteilung der SA, Schutztruppe für Hitler und die Führung der NSDAP, ab 1934 Hitlers wichtigstes Terrorinstrument. Die SS war verantwortlich für die Konzentrationslager in Deutschland und die Vernichtungslager in den besetzten Ostgebieten.

M2 SA-Aufmarsch in Braunschweig am 18. Oktober 1931 (Foto).

Der Aufstieg der NSDAP

Adolf Hitler wollte mit der NSDAP auf demokratischem Weg an die Macht gelangen und dann die Demokratie beseitigen. SA und SS, die Kampftruppen der NSDAP, zettelten Schlägereien und Straßenschlachten mit ihren Gegnern an, terrorisierten Andersdenkende und schufen eine Atmosphäre der Angst.

Als während der Wirtschaftskrise die Maßnahmen der Regierung zur Bekämpfung der Arbeitslosigkeit nur langsam wirkten, breiteten sich Hilflosigkeit und Angst vor einem Leben ohne Arbeit aus. Viele Menschen fragten sich, ob dieser Staat, ob die Demokratie ihnen überhaupt noch helfen konnte. Diese Stimmungen nutzten die radikalen Parteien für ihre politischen Zwecke aus. So kam die Wirtschaftskrise in Deutschland auch Hitler sehr gelegen.

Insgesamt erstarkten in dieser Zeit die radikalen Parteien auf der Rechten (NSDAP und DNVP) sowie auf der Linken (KPD). Dadurch verloren die demokratischen Parteien die Mehrheit im Reichstag.

> Ich habe in meiner Arbeit für die NSDAP mehr als dreißig Mal vor Gericht gestanden und bin acht Mal wegen Körperverletzung, Widerstandsleistung und ähnlicher für einen Nazi selbstverständlichen Delikte vorbestraft. An der Abzahlung der Geldstrafen trage ich heute noch … Ich bin ferner mindestens zwanzig Mal mehr oder weniger schwer verletzt worden.

M3 Aus dem Brief eines SA-Mannes (1932).

1. Beschreibe, wie die Nationalsozialisten gegen ihre politischen Gegner vorgingen (Text, i-Kasten, M3).
2. Hitler und die NSDAP nutzten die Not der Menschen aus (Text und M1). Erkläre.
3. Nimm Stellung zu den Folgen der Radikalisierung (Text).

M1 NSDAP-Plakat von 1932.

Die Demokratie auf dem Rückzug

Nach der Revolution von 1918 hatten Richter, hohe Beamte, Hochschullehrer und Lehrer, Militärs und Großindustrielle ihre Ämter und Positionen behalten, weil die Regierung auf ihr Fachwissen nicht verzichten konnte. Die meisten von ihnen jedoch waren Gegner der Demokratie und zumeist Mitglieder der rechtsgerichteten Deutschnationalen Volkspartei (DNVP).

Vorsitzender der DNVP war seit 1928 Alfred Hugenberg. Er besaß einen Zeitungskonzern und die große UFA-Filmgesellschaft. Diese Massenmedien nutzte er, um zusammen mit den Nationalsozialisten das Volk gegen die Demokratie aufzuhetzen. Hugenberg vermittelte Hitler Kontakte zu wichtigen Großindustriellen. Sie unterstützten ihn, weil sie sich von ihm, wie ihr Sprecher Gustav Krupp es ausdrückte, einen starken Staat erhofften, in dem es mit der Wirtschaft wieder aufwärtsgehen würde.

	Politische Morde, verübt	
	von Linken	von Rechten
Gesamtzahl der Morde	22	354
davon: ungesühnt	4	326
teilweise gesühnt	1	27
gesühnt	17	1
Dauer der Einsperrung je Mord	15 Jahre	4 Monate
Zahl der Hinrichtungen	10	–

M4 *Urteile gegen politisch motivierte Gewalttäter (1918–1922).*

> … Wir sind bereit, im Reich … in national geführten Regierungen die Verantwortung zu übernehmen … (Wir) erklären, dass wir es … ablehnen, die heutige Regierung und das heutige herrschende System zu schützen …

M5 *Gemeinsame Erklärung der Harzburger Front (Bündnis aus DNVP und NSDAP).*

M6 *Plakat der DNVP.*

M7 *Plakat von John Heartfield.*

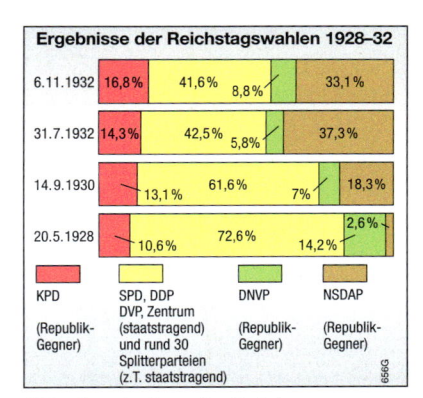

M8 *Ergebnisse der Reichstagswahlen 1928 bis 1932.*

4 Werte M4 aus und nimm Stellung zum Verhalten der Justiz.
5 ✚ Beschreibe das Plakat der DNVP (M6). Erkläre ihre Wahlkampfziele mit eigenen Worten und vergleiche sie mit den Zielen der NSDAP.
6 John Heartfield verwendet für sein Plakat (M7) ein Hitlerzitat. Hitler will etwas anderes damit aussagen als Heartfield. Erkläre.
7 Erläutere den Standpunkt der Harzburger Front (M5) zur Demokratie. Zeige mögliche Folgen für die junge Weimarer Republik auf.
8 Nimm anhand der Wahlergebnisse von 1928–1932 (M8) Stellung
 a) zur Entwicklung der Stimmenanteile der NSDAP,
 b) zur Bildung möglicher Regierungsbündnisse und
 c) zu Ursachen und Gefahren des Wählerverhaltens.
9 Beurteile anhand von M8 die Radikalisierung in Deutschland.

Demokratie in der Krise

M1 Reichspräsident Paul von Hindenburg und Hitler am 30.01.1933.

Hitler wird Reichskanzler

Weder die demokratischen Parteien noch das DNVP-NSDAP-Bündnis besaßen 1932 die Mehrheit für eine Regierungsbildung. Auch lehnte Reichspräsident von Hindenburg zunächst eine Beteiligung Hitlers an der Regierung ab, weil er ihm und seiner radikalen NSDAP misstraute. Franz von Papen und andere Politiker, die mit den Nationalsozialisten eine Regierung bilden wollten, zerstreuten jedoch Hindenburgs Bedenken: Dem neuen Präsidialkabinett, das nur dem Reichspräsidenten, nicht jedoch dem Reichstag verantwortlich war, sollten neben Hitler als Reichskanzler nur zwei weitere Minister aus der NSDAP angehören. Weil die anderen Kabinettposten an die DNVP und Parteilose gingen, glaubte man, Hitler könne „eingerahmt" und „gezähmt" werden. Am 30. Januar 1933 ernannte Reichspräsident von Hindenburg Hitler zum Reichskanzler. Dieser leistete den Eid auf die Verfassung, obwohl er sie ablehnte und bekämpfte.

> Ich glaubte den Nationalsozialisten, dass sie die Arbeitslosigkeit. … von sechs Millionen Menschen beseitigen würden. Ich glaube, dass sie das deutsche Volk aus der Zersplitterung von mehr als vierzig politischen Parteien zu einer Einheit zusammenführen und dass sie die Folgen des Versailler Diktates überwinden würden.

M2 Einschätzungen der Zeitzeugin Melita Maschmann.

1 Erläutere die Rechte, die Hitler als Reichskanzler besaß. Nutze dazu M3 auf S. 144.
2 ✚ Die Nationalsozialisten feierten den 30. Januar 1933 als „Tag der Machtergreifung". Prüfe anhand der Weimarer Verfassung (M3, S. 144), ob dieser Begriff zutrifft. Begründe deine Antwort.
3 Nenne Personen und Gruppen, die Hitler auf seinem Weg an die Macht unterstützt haben (M2 sowie S. 156/157). Beschreibe die Motive der Unterstützer.

ⓘ Adolf Hitler
20.04.1889 geb. in Braunau am Inn (Österreich).
1895-1905 Volksschule, Realschule, kein Abschluss.
1907/1908 mehrere Aufnahmeprüfungen an der Kunstakademie in Wien nicht bestanden.
1908–1914 Gelegenheitsjobs, Postkartenmaler.
1913 Flucht vor der Einberufung ins österreichische Heer nach Bayern.
1914-1918 Kriegsfreiwilliger in der deutschen Armee.
Seit 1919 Mitglied der DAP, der späteren NSDAP.
1921 Vorsitzender der NSDAP.
1923 Hitlers Umsturzversuch in München scheitert.
1924/25 Festungshaft wegen des Umsturzversuchs.
Seit 1930 große Stimmengewinne für die NSDAP bei den Reichstagswahlen.
1932 deutscher Staatsbürger.
30.01.1933 Reichskanzler.

M3 Fackelzug der Nationalsozialisten am 30. Januar 1933 (Foto einer im Sommer 1933 nachgestellten Szene für einen Propagandafilm).

⭐ Diktaturen in Europa

Nach dem Ende des Ersten Weltkrieges hatten sich in fast allen europäischen Staaten parlamentarisch-demokratische Regierungsformen durchgesetzt. Verschiedene Krisen und mangelndes Demokratiebewusstsein führten jedoch bald in zahlreichen Staaten zu einer Radikalisierung der Politik und zum Entstehen von Diktaturen.

4 ↪ Kläre dir unbekannte Begriffe und Namen in M4 in einem Lexikon.
5 Werte M4 aus. Übertrage die Tabelle in dein Heft und fülle sie aus.

Land	Demokratie seit	faschistische Diktatur seit	Militärdiktatur seit	kommunistische Diktatur seit
	…	…	…	…

6 „Politische und wirtschaftliche Krisen bedrohen die Demokratie."
Nimm Stellung zu dieser Aussage.

- **Ungarn:** Admiral *Miklos von Horthy* errichtet am 1.3.1920 eine ständisch-autoritäre Diktatur.
- **Italien:** Nach seinem „Marsch nach Rom" setzt sich *Benito Mussolini* am 28.10.1922 als „Duce" (= Führer) an die Staatsspitze.
- **Spanien:** General *Miguel Primo de Rivera* beseitigt am 13.9.1923 für 7 Jahre die Demokratie. Die Zweite Republik (ab 1931) geht im spanischen Bürgerkrieg (1936–1939) unter. General *Franco* errichtet eine Diktatur.
- **Polen:** Marschall *Josef Pilsudski* unternimmt am 12.5.1926 einen Militärputsch.
- **Litauen:** Präsident *Smetona* ist als „Führer der Nation" seit Dezember 1926 Alleinherrscher.
- **Portugal:** Mit *Antonio de Oliveira Salazar* steht seit dem 27.4.1928 der „Sohn eines Armen" an der Spitze des Staates.
- **Jugoslawien:** Am 6.1.1929 hebt König *Alexander I.* die Verfassung auf.
- **Griechenland:** Am 4.8.1936 errichtet General *Joannis Metaxas* eine Diktatur.
- **Rumänien:** König *Carol II.* geht 1938 zu einem diktatorischen Regime über.

Europa zwischen Demokratie und Diktatur (1918–1938)
- Faschistische Diktatur
- Autoritäres Regime, Militärdiktatur
- Kommunistische Diktatur
- Demokratie
- 1936 Jahr der Errichtung einer Diktatur oder eines autoritären Regimes

M4 *Europa zwischen 1918 und 1938.*

Das Ende der Demokratie

Der Stellvertreter des Reichskanzlers führt aus, es sei am besten, schon jetzt festzulegen, dass die kommenden Wahlen zum Reichstag die letzten sein sollen und eine Rückkehr zum parlamentarischen System für immer zu vermeiden sei.
Der Reichskanzler erklärte, er wolle folgende bindende Versprechen abgeben: a) Der Ausgang einer Neuwahl zum Reichstag solle keinen Einfluss auf die Zusammensetzung der jetzigen Reichsregierung haben. b) Die nun bevorstehende Wahl zum Reichstag solle die letzte Neuwahl sein …

M3 Aus einer Absprache zwischen Hitler und von Papen am 31.1.1933.

Angriff auf die Verfassung

Als erste Amtshandlung ließ Hitler am 31. Januar 1933 den Reichstag auflösen. Mit Neuwahlen am 5. März wollte er die NSDAP zur absolut stärksten Partei machen. In einem aufwendigen Wahlkampf reiste er durch Deutschland, um bei Aufmärschen und auf Kundgebungen um Stimmen zu werben. Gleichzeitig drängte Hitler den Reichspräsidenten am 4. Februar, die „Verordnung zum Schutz des Deutschen Volkes" zu erlassen, die die Presse-, Rede- und Versammlungsfreiheit stark einschränkte.

Mitten im Wahlkampf brannte in der Nacht des 27. Februar der Reichstag. Die NSDAP verkündete, noch bevor der Brand gelöscht war, dass dafür die Kommunisten verantwortlich wären. In derselben Nacht zogen SS-Truppen durch Berlin und andere Städte und verhafteten etwa 4 000 Kommunisten unter dem Vorwand des Umsturzversuchs. Am folgenden Tag wurde die „Verordnung zum Schutz von Volk und Staat" zur „Abwehr kommunistischer staatsgefährdender Gewaltakte" erlassen. Mit dieser sogenannten „Reichstagsbrandverordnung" setzte die NSDAP weitere Grundrechte außer Kraft.

Am 23. März 1933 legte Hitler dem Reichstag das „Gesetz zur Behebung der Not von Volk und Reich" vor. Die Abgeordneten der KPD sowie ein Teil der Abgeordneten der SPD waren als Folge des Reichstagsbrandes verhaftet worden. Nur wenige SPD-Abgeordnete waren noch im Reichstag anwesend und wagten in dieser Situation kaum, offen gegen den Gesetzesentwurf aufzutreten. Das „Ermächtigungsgesetz" wurde mit 441 zu 94 gegen die Stimmen der SPD angenommen.

M1 Wahlplakat der NSDAP nach dem Reichstagsbrand.

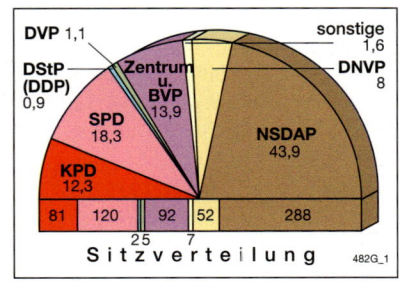

M2 Ergebnis der Reichstagswahlen vom 5.3.1933 (Stimmen in %).

… Art. 1. Reichsgesetze können außer in dem in der Reichsverfassung vorgesehenen Verfahren auch durch die Reichsregierung beschlossen werden …
Art. 2. Die von der Reichsregierung beschlossenen Reichsgesetze können von der Reichsverfassung abweichen, soweit sie nicht die Einrichtung des Reichstages und des Reichsrats als solches zum Gegenstand haben. Die Rechte des Reichspräsidenten bleiben unberührt.

M4 Aus dem „Ermächtigungsgesetz" vom 23. März 1933.

> Als wir uns … in kleinen Gruppen zur Krolloper begaben, fanden wir den weiten Platz davor … mit schwarzen Menschenhaufen bedeckt. Wilde Sprechchöre empfingen und begleiteten uns: „Wir wollen das Ermächtigungsgesetz, sonst gibt es Feuer!" Junge Burschen, Hakenkreuzabzeichen an der Brust, musterten uns frech … und riefen uns Schimpfworte wie „Zentrumsschwein" oder „Marxistensau" zu. Es war ein richtiges Spießrutenlaufen …
> In der Krolloper wimmelte es von SA und SS. … Der Sitzungssaal war mit riesigen Hakenkreuzfahnen und ähnlichem Zierrat ausgeschmückt. Diplomatenlogen und Zuhörerränge waren überfüllt. Unsere Plätze befanden sich, da kommunistische Abgeordnete nicht anwesend waren, auf der äußersten Linken. Als wir sie eingenommen hatten, stellten sich SA- und SS-Leute an den Eingängen und Wänden hinter uns im Halbkreis auf. Ihre Mienen ließen nichts Gutes erwarten.

M5 *Ein Abgeordneter der SPD erinnert sich an die erste Reichstagssitzung vom 23. März 1933.*

Die NSDAP schaltet andere Parteien aus

Bereits die Reichstagsbrandverordnung schränkte die Tätigkeit der KPD stark ein. Unmittelbar nach den Wahlen wurde die KPD verboten. Die Auflösung der SPD folgte im Juni mit der Begründung, den Marxismus endgültig ausrotten zu wollen. Das Vermögen der beiden Parteien zog die NSDAP ein und erklärte die Mandate im Reichstag und in den Landtagen für ungültig. Viele Genossen wurden in „Schutzhaft" genommen. Die anderen Parteien lösten sich daraufhin ohne großen Druck selbst auf. Ein „Gesetz gegen die Neubildung von Parteien" drohte jedem mit hohen Strafen, der es wagte, eine Partei aufrechtzuhalten oder neu zu gründen.

Als Reichspräsident Hindenburg im Sommer 1934 starb, griff Hitler nach dem höchsten Staatsamt und vereinte die gesamte politische Macht in seiner Person. Damit gab es keine verfassungsrechtliche Institution mehr, die seine Stellung einschränken konnte. In einer Volksabstimmung ließ sich Hitler am 19. August 1934 seine absolute Macht zusätzlich durch den Volkswillen „bestätigen". 89,9 % der Wähler stimmten für die Vereinigung der Ämter des Reichspräsidenten und des Reichskanzlers. Zudem leisteten von nun an alle Beamten und Soldaten ihren Eid auf Adolf Hitler.

M6 *Das offizielle Führerbild, das in allen Amtsräumen und Schulen hing.*

1 Erkläre die Einstellungen der NSDAP zur Demokratie (Text, M3).
2 Die Nationalsozialisten erweiterten ihre Macht mithilfe von Terror und parlamentarischen Mehrheiten. Berichte.
3 Schildere anhand von M5 die Atmosphäre der Reichstagssitzung vom 23.3.1933, wie sie der SPD-Abgeordnete erlebte.
4 Analysiere M4. Nimm Stellung zu der Behauptung, dass das Ermächtigungsgesetz das Ende der Demokratie einleitete.
5 Vermute, welche Folgen es haben konnte, wenn Beamte und Soldaten auf Adolf Hitler vereidigt wurden.

Wissen und können

1 In der Novemberrevolution von 1918 ging es um die grundsätzliche Frage, ob in Deutschland ein parlamentarisches Regierungssystem oder ein Rätesystem errichtet werden sollte. – Ordne die Kennziffern der nachfolgenden Namen, Orte und Begriffe den beiden Möglichkeiten zu.

Freie sozialistische Republik Deutschlands (1); Reichstagsgebäude (2); SPD (3); Friedrich Ebert (4); Demokratie (5); Rosa Luxemburg (6); russisches Vorbild (7); Philipp Scheidemann (8); Berliner Stadtschloss (9); Deutsche Republik (10); Karl Liebknecht (11); KPD (12).

Parlamentarisches Regierungssystem: _____

Rätesystem: _____

2 Ergänze den Lückentext mit den folgenden Begriffen:

stärksten Partei, 30. Januar 1933, Hitler, Regierung, Franz von Papen, Regierungsbildung, Reichstag, Reichskanzler, Reichspräsident von Hindenburg, Reichspräsidenten, 31. Januar 1933.

Weder die demokratischen Parteien noch das DNVP-NSDAP-Bündnis besaßen 1932 die Mehrheit für eine _____. Auch lehnte _____ zunächst eine Beteiligung Hitlers an der Regierung ab, weil er ihm und seiner radikalen NSDAP misstraute. _____ und andere Politiker, die mit den Nationalsozialisten eine _____ bilden wollten, zerstreuten jedoch Hindenburgs Bedenken: Dem neuen Präsidialkabinett, das nur dem _____, nicht jedoch dem _____ verantwortlich war, sollten neben _____ als Reichskanzler nur zwei weitere Minister aus der NSDAP angehören. Weil die anderen Kabinettposten an die DNVP und Parteilose gingen, glaubte man, Hitler könne „eingerahmt" und „gezähmt" werden. Am _____ ernannte Reichspräsident von Hindenburg Hitler zum _____. Dieser leistete den Eid auf die Verfassung, obwohl er sie ablehnte und bekämpfte. Als erste Amtshandlung ließ Hitler am _____ den Reichstag auflösen. Mit Neuwahlen am 5. März wollte er die NSDAP zur absolut _____ machen. In einem aufwendigen Wahlkampf reiste er durch Deutschland, um bei Aufmärschen und auf Kundgebungen um Stimmen zu werben.

1918: Ausrufung der Republik

1923: Inflation

1925: Vertrag von Locarno

1929: Weltwirtschaftskrise

1933: Machtergreifung

1915 — 1920 — 1925 — 1930 — 1935

Die Weimarer Republik

3 Füge die nachfolgenden Kärtchen richtig aneinander, indem du die Kennbuchstaben in die richtige Reihenfolge bringst.

Radikalisierung in Deutschland – Hitlers Chance (A)	Deutschland muss Reparationen zahlen (B)	New Yorker Börsenkrach Oktober 1929 (C)	US-Banken kündigen deutsche Kredite (D)	Massenarbeitslosigkeit in Deutschland (E)
Deutsche Unternehmen gehen bankrott (F)	Großbritannien und Frankreich tilgen ihre Schulden an USA (G)	Deutschland zahlt Reparationen an Großbritannien und Frankreich (H)	USA gewähren Deutschland Kredite (I)	

4 Zwei Historikerinnen haben die Veränderungen in der Erwerbsarbeit von Frauen zwischen 1880 und 1980 untersucht. Ermittle den prozentualen Anteil der berufstätigen Frauen an der gesamten weiblichen Bevölkerung und beschreibe die Entwicklung.

	1882	1907	1925	1939	1961	1980
Weibliche Wohnbevölkerung (in Mio.)	23,07	31,26	32,21	35,40	29,77	32,18
davon erwerbstätig (in Mio.)	7,79	9,74	11,48	12,8	9,94	10,48

(Die Zahlen für 1961 und 1980 zeigen nur die Werte für Westdeutschland.)

5 Beschreibe das Foto und gehe auf den geschichtlichen Hintergrund ein.

Arbeitslose vor einem Arbeitsamt (Foto, 1932).

Grundbegriffe

Demokratie
Inflation
„Machtergreifung"
Novemberrevolution
Radikalisierung
Reparationen
Versailler Vertrag
Weimarer Republik
Weltwirtschaftskrise

Erklären und beurteilen

Warum neues Geld?

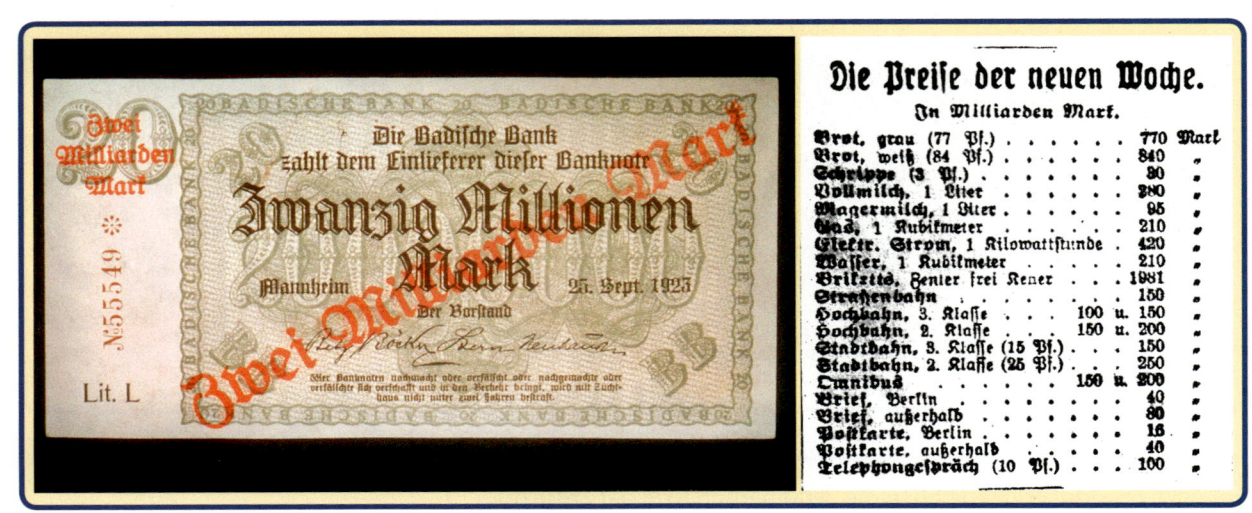

M1 Inflation 1923: ein Geldschein (links) und ein Preisverzeichnis, in dem einige Preise vor der Inflation in Klammern angegeben sind (rechts).

Die Inflation von 1923

Während des Ersten Weltkriegs wurde das Geld in Deutschland immer weniger wert, weil der Krieg mit Krediten finanziert wurde. In den Jahren 1922 und 1923 gab es in Deutschland eine Inflation. Der Wert des Geldes sank dabei ins Bodenlose. Es war praktisch nichts mehr wert. Dementsprechend konnten die Menschen sich für die damals gültige Währung, die Papiermark, nichts kaufen.

Die deutsche Regierung hatte in den Jahren nach dem Ende des Ersten Weltkriegs mit enormen Schwierigkeiten zu kämpfen. Sie hatte geringe Steuereinnahmen, aber viele Ausgaben. Sie musste Arbeitslose, Kriegsverletzte, Hinterbliebene und entlassene Soldaten versorgen und gleichzeitig an die Siegermächte Reparationen bezahlen. Sie ließ deshalb immer mehr Geldscheine drucken, um ihren Verpflichtungen nachzukommen.

So sank der Wert des Geldes von Tag zu Tag. Die Reichsregierung führte schließlich eine Währungsreform durch, an deren Ende die Einführung der Rentenmark stand. Das neue Geld wurde gedeckt, indem man den Grundbesitz von Industrie und Landwirtschaft belieh.

Der Wechselkurs von der alten Papier- zur neuen Rentenmark betrug 1 000 000 000 000 : 1 (eine Billion zu eins) und für 4,20 Rentenmark bekam man einen Dollar.

Wert eines Dollars	
1914	14 Papiermark
Jan. 1922	191 Papiermark
Jan. 1923	33 500 Papiermark
Nov. 1923	1 000 000 000 000 Papiermark

M2 Verfall der Währung in Deutschland

1 Beschreibe die Anlässe und Gründe, die zur Einführung
 a) der Rentenmark (1923) und
 b) der Deutschen Mark (1948) führten.
2 Erläutere den Ablauf einer Währungsreform.
3 Nenne jeweils die Gruppen in der Bevölkerung, die bei der Währungsreform
 a) Vorteile hatten und
 b) benachteiligt wurden.
4 a) ↗ Erkundige dich bei deinen Eltern nach der Einführung des Euro im Jahr 2002 und berichte darüber.
 b) ✚ Vergleiche die beiden Währungsreformen mit der Einführung des Euro.
5 Versetze dich in die Situation, nicht mehr mit Bargeld einkaufen zu können, sondern mit Wertgegenständen tauschen zu müssen. Schildere deine Gedanken.
6 Bewerte die Situation nach der Währungsreform von 1948.

Die Weimarer Republik

M3 Schwarzmarkt in Berlin (Foto, 1947).

M5 Lebensmittelkarte aus der amerikanischen Besatzungszone (1947).

Die Währungsreform von 1948

Im Mai 1945 endete der Zweite Weltkrieg in Deutschland. In den folgenden Jahren bestimmten Hunger und Elend das Leben der meisten Deutschen. Lebensmittel und Güter des täglichen Bedarfs gab es nur auf Bezugscheine und Lebensmittelkarten. Die Reichsmark war so gut wie nutzlos, weil praktisch niemand gegen Bargeld etwas verkaufen wollte. Brauchte man etwas, musste man tauschen oder man bezahlte mit Zigaretten. Der Schwarze Markt war verboten, aber in vielen Fällen die einzige Möglichkeit, an gesuchte Waren zu kommen.

In den Besatzungszonen der Engländer, Franzosen und Amerikaner wurde deshalb am 20. Juni 1948 eine neue Währung eingeführt: die Deutsche Mark (DM). Die Löhne und Gehälter wurden im Verhältnis 1 : 1 umgestellt. Die Preise ebenso, allerdings stiegen sie erheblich an. Dagegen wurden Bargeld und Guthaben auf Bankkonten im Verhältnis von 10 Reichsmark : 1 DM umgestellt. Viele Sparer verloren viel Geld, doch Besitzer von Betrieben, Immobilien oder Waren behielten ihre Werte.

Schon am Tage der Währungsreform war in den Geschäften alles wieder zu haben. Allerdings hatten die meisten Deutschen zu wenig Geld, um sich viel leisten zu können.

M4 Aushang an einem Lebensmittelgeschäft kurz vor der Währungsreform (Foto, 1948).

M6 Auslage eines Lebensmittelgeschäftes – einen Tag nach der Währungsreform (Foto, 21.6.1948).

Minilexikon

Absolutismus
Bei dieser Herrschaftsform war die Macht des Königs nicht durch Gesetze, Einrichtungen und Gewalten eingeschränkt. Der König stand über dem Gesetz, wurde nicht kontrolliert und musste sich keinem Menschen gegenüber rechtfertigen. Vom 16. bis 18. Jahrhundert herrschte der Absolutismus als Regierungsform in Europa vor. Hiervon abgeleitet wurde der aufgeklärte Absolutismus, bei dem sich der König dem Volk als erster Diener seines Staates verpflichtet fühlte.

Aktien
Wertpapier, das den Anteil an einer Gesellschaft/einem Unternehmen verbrieft (auch Anteilsschein).

Aktienfonds
Eine Form der Geldanlage. Eine Investmentgesellschaft sammelt das Geld von Anlegern, bündelt es und investiert es in unterschiedlichen Aktien, um deren Wertschwankungen auszugleichen.

Akzent
Betonung einer Sache oder Form der Aussprache, z. B. beim Sprechen einer Fremdsprache.

Akzeptieren
Annehmen, billigen.

Allgemeinwohl
Bezeichnung für das gemeinsame Interesse bzw. den Zustand aller Menschen in einem Staat.

Alliierter
Verbündeter.

Alternativ
Wahlweise; Wahlmöglichkeit zwischen mindestens zwei Wegen.

Arbeiter- und Soldatenräte
In der Novemberrevolution 1918 bildeten sich diese Räte zur Selbstverwaltung in den Städten, in denen sich Arbeiter und Soldaten erhoben. Ihre Ziele waren die Beendigung des Krieges und die Einführung der Republik.

Atombombe
Auch Kern- oder Nuklearwaffen genannt. Im Gegensatz zu herkömmlichen Waffen ist die Zerstörungskraft besonders groß.

Arbeiterbewegung
Seit der Industriellen Revolution organisierten sich Arbeiter in Gewerkschaften, Arbeiterparteien und anderen Verbänden. Sie wollten ihre schlechten Arbeits- und Lebensverhältnisse verbessern sowie gesellschaftlichen und politischen Einfluss gewinnen.

Banner
Fahne.

Barrikaden
Schutzwall im Straßenkampf, der meist aus Gegenständen des täglichen Lebens spontan zusammengestellt wird.

Befreiungskriege
Um sich von der Fremdherrschaft Napoleons zu befreien, kämpfte eine Reihe von europäischen Völkern seit 1808 gegen den französischen Besatzer, den sie 1815 in der Schlacht von Waterloo bei Brüssel endgültig besiegten.

Biedermeier
Bezeichnung für die bürgerliche Lebensform zwischen 1815 und 1858 (Vormärz). Enttäuscht von der Restauration, die die Bürger aus der Politik verdrängte, zogen sich diese ins Privatleben zurück.

Bildungswesen
Alle Einrichtungen, die der Bildung dienen, z. B. Schulen, Hochschulen, Universitäten.

Bundesstaat
Zusammenschluss selbstständiger Staaten zu einem Gesamtstaat, wobei die Gliedstaaten einen Teil ihrer Hoheitsrechte auf den Gesamtstaat übertragen.

Burschenschaft
1815 in Jena gegründete studentische Vereinigung. Sie forderte unter anderem die nationale Einigung Deutschlands und verkündete ihre liberalen Ziele 1817 auf dem Wartburgfest bei Eisenach. Die Karlsbader Beschlüsse führten 1819 zum Verbot der Burschenschaft, die insgeheim jedoch fortbestand.

Bürgeramt
Amt in der Gemeinde- oder Stadtverwaltung, in dem Bürger unterschiedliche Dienstleistungen der Gemeinde in Anspruch nehmen können.

Bürgerkrieg
Bewaffnete Auseinandersetzung zwischen verschiedenen Gruppen eines Landes.

Bürgerliches Gesetzbuch (BGB)
Das Bürgerliche Gesetzbuch ist eine der wichtigsten Gesetzsammlungen und regelt die Rechtsbeziehungen zwischen Privatpersonen. Es trat am 1. Januar 1900 in Kraft.

Cholera
Schwere, bakterielle Infektionskrankheit, die vorwiegend den Dünndarm befällt. Die Übertragung erfolgt vor allem über verunreinigtes Trinkwasser oder infizierte Nahrung. Die Bakterien können extremen Durchfall und starkes Erbrechen verursachen, was zu einer schnellen Austrocknung des Körpers führen kann.

DDR
Neben der Bundesrepublik bis zur Wiedervereinigung (3. Oktober 1990) der zweite Teilstaat Deutsch-

lands. Am 7. Oktober 1949 als Antwort auf die Gründung der Bundesrepublik auf dem Gebiet der sowjetischen Besatzungszone gegründet.

Delegierter, Delegation
Abgeordneter bzw. Gruppe von Abgeordneten.

Demokratie
Staatsform, die von der Gleichheit und Freiheit aller Menschen ausgeht und in der die Bürgerinnen und Bürger die Regierung wählen bzw. abwählen.

Deutscher Bund
1815 auf dem Wiener Kongress gegründeter loser Zusammenschluss von unabhängigen deutschen Einzelstaaten und freien Reichsstädten. Der Deutsche Bund zerbrach 1866 am preußisch-österreichischen Dualismus.

Deutsches Reich
Es bestand von 1871 bis 1918 als konstitutionelle Monarchie. Nach der Abdankung des Kaisers am Ende des Ersten Weltkrieges wurde das Deutsche Reich eine Republik mit demokratischer Verfassung (Weimarer Republik). Diese ging 1933 mit der Machtübernahme Hitlers unter.

Dienstleistungen
Leistungen zur Befriedigung eines Bedürfnisses werden als Dienstleistungen bezeichnet. Sie werden z. B. erbracht in den Bereichen Handel, Verkehr, Banken, Versicherungen, Wissenschaft, Kunst, Gesundheitswesen, Sport und öffentliche Verwaltung.

Dioxine
Zusammenfassender Begriff für eine Gruppe von Giften, darunter auch der giftigste je von Menschen hergestellte Stoff.

Dissident
Andersdenkender.

Dolchstoßlegende
Nach dem Ersten Weltkrieg von deutschen Nationalisten verbreitete Behauptung, dass nicht die Armee und die kaiserliche Führung für Deutschlands Niederlage verantwortlich seien, sondern demokratisch und sozialistisch gesinnte Politiker. Nationalistische und antidemokratische Kräfte nutzten diese Propaganda zur Hetze gegen die Weimarer Republik.

Dosierung
Abgemessene Menge, z. B. Menge einzunehmender Medikamente.

Dragoner
Berittener Soldat.

Dreiklassenwahlrecht
Von 1849 bis 1918 wurden in Preußen alle wahlberechtigten Männer jedes Wahlkreises in drei Klassen eingeteilt, die jeweils ein Drittel des Steueraufkommens erbrachten. Somit hatten die wenigen Menschen, die die höchsten Steuern zahlten, wesentlich mehr Einfluss auf das Wahlergebnis als die Masse.

Droschke
Leichtes, offenes, gefedertes Gefährt für ein bis zwei Personen. Eine Pferdedroschke ist eine kleine Kutsche, die von Pferden gezogen wird. Kraftdroschken bezeichneten motorgetriebene Droschken.

Dualismus
Konkurrenz zweier Mächte um die Vorherrschaft. Bezeichnung auch für den machtpolitischen Gegensatz zwischen Österreich und Preußen um die Vorherrschaft in Deutschland seit dem 18. Jh.

Duma
Bezeichnung für eine beratende Versammlung in Russland (Volkskammer).

Emanzipation
In der Aufklärung (18. Jh.) wurzelnde Bewegung, welche die rechtliche und gesellschaftliche Gleichstellung aller Bürger anstrebte. Dazu zählen Bauernbefreiung, Judenemanzipation oder Frauenbewegung.

Emser Depesche
Schriftlicher Bericht über Verhandlungen zwischen König Wilhelm I. und dem französischen Botschafter. Bismarck kürzte ein Telegramm über diese Verhandlung so gezielt, dass sich Frankreich provoziert fühlen musste und Deutschland den Krieg erklärte (Deutsch-Französischer Krieg 1870/71).

Entwicklungsländer
Bezeichnung für die Länder der Dritten Welt, die im Vergleich zu den Industriestaaten einen wirtschaftlich geringen Entwicklungsstand aufweisen.

Erwerbsunfähigkeit
Zustand, in dem man wegen Krankheit oder Behinderung seinen Lebensunterhalt nicht mehr in einem Beruf verdienen kann.

Faschismus
Bezeichnung für rechtsgerichtete Diktaturen im 20. Jahrhundert mit ausgeprägtem Führerkult.

Flugblatt
Ein- oder beidseitig bedrucktes Papier, das eine Mitteilung transportiert, oft auch mit Abbildungen.

Fraktion
Freiwilliger Zusammenschluss von Abgeordneten zur Durchsetzung ihrer Ziele und Interessen in einem Parlament.

Minilexikon

Fregatte
Kleines Kriegsschiff.

Freie Marktwirtschaft
Wirtschaftsordnung, die keiner Lenkung durch den Staat unterliegt, sondern dem freien Spiel der Kräfte des Marktes gehorcht. Angebot und Nachfrage bestimmen hierbei den Preis einer Ware oder Dienstleistung. Voraussetzung sind Privateigentum, Gewerbe- und Vertragsfreiheit sowie ein freier Wettbewerb.

Freies Geleit
Gerichtliche Zusicherung an einen Beschuldigten, ihn vor einem Urteil nicht zu verhaften.

Fürsten
Adel, der an der Herrschaft des Reiches beteiligt war. Zu den Fürsten zählten Grafen, Markgrafen und Herzöge sowie Bischöfe und Erzbischöfe.

Garde
Besondere militärische Truppe, die z. B. als Leibwache oder zu repräsentativen Zwecken eingesetzt wird.

Geburtenrate
Anzahl der Geburten pro Familie.

Gemeinnützig
Tätigkeit für die Allgemeinheit, meist unentgeltlich.

Gendarm
Polizist.

Generalstände
Versammlung von gewählten Vertretern der Stände (Geistlichkeit, Adel, Bürger und Bauern) in Frankreich vor der Revolution.

Genossenschaft
Zusammenschluss von Personen, die gemeinsam unternehmerisch tätig sind.

Gewerkschaft
Zusammenschluss von Arbeitnehmern zur Wahrung ihrer wirtschaftlichen Interessen. Nach 1890 (Aufhebung des Sozialistengesetzes) entwickelten sich die Gewerkschaften zu breiten Massenorganisationen.

Giftgas
Waffe, die zum ersten Mal im Ersten Weltkrieg eingesetzt wurde. Dabei wird der Gegner giftigen Gasen (Chemikalien, Bakterien) ausgesetzt.

Großmacht
Ein Staat, der im Vergleich zu anderen Staaten über Macht verfügt. In der Regel ist dabei die militärische Macht gemeint, es können aber auch andere Aspekte (z. B. wirtschaftliche Macht) infrage kommen.

Grundrechte
Wesentliche Rechte, die den Mitgliedern der Gesellschaft gegenüber dem Staat als beständig und einklagbar garantiert werden. Grundrechte werden meist in der Verfassung formuliert.

Gründerzeit
(auch Gründerjahre)
Zeit unmittelbar nach dem deutsch-französischen Krieg 1870/71, in der es einen starken wirtschaftlichen Aufschwung gab.

Hambacher Fest
Massenkundgebung, an der 30 000 Menschen teilnahmen. Es fand im Mai 1832 auf dem Hambacher Schloss bei Neustadt an der Weinstraße statt. Die Teilnehmer forderten Demokratie und die Einheit Deutschlands.

Heiliges Römisches Reich Deutscher Nation
Herrschaftsgebiet aus größtenteils deutschen Territorien, das ein König und Kaiser regierte. Es bestand seit dem späten Mittelalter bis 1806.

Hochofen
Industrieanlage zur Gewinnung von Eisen.

Hochverrat
Bezeichnung für den Versuch, den inneren Bestand oder die verfassungsmäßige Ordnung eines Staates zu zerstören. Adolf Hitler wurde für seinen Putschversuch am 9. November 1923 wegen Hochverrats verurteilt.

Homestead Act
Ein 1862 in den USA in Kraft getretenes Gesetz zum Landerwerb. Es erlaubte jeder Person über 21 Jahren, sich auf einem bis dahin unbesiedelten Stück Land niederzulassen und es zu bewirtschaften. Nach einer bestimmten Dauer wurde der Siedler zum Eigentümer.

Ideologie
Bezeichnung für eine Weltanschauung oder ein System von Wertvorstellungen.

Imperialismus
Politik eines Staates mit dem Ziel, seine Herrschaft auf andere Staaten auszudehnen. Von 1880-1914 kolonisierten meist europäische Staaten gewaltsam Gebiete in Afrika und Asien. Befreiungsversuche der Einheimischen wurden blutig niedergeschlagen.

Industrielle Revolution
Einschneidender wirtschaftlicher und gesellschaftlicher Umwälzungsprozess, ausgelöst durch die um 1760 in England einsetzende Industrialisierung. Sie erreichte um 1840 Deutschland und breitete sich weltweit aus. Zu ihren Voraussetzungen zählte vor allem der Einsatz von Maschinen.

Industrierevier
Gebiet mit vielen Industriebetrieben (z. B. Ruhrgebiet).

Infrastruktur
Hier: Straßen, Wasserversorgung, Schulen und Ähnliches; Bezeichnung für langlebige Grundeinrichtungen, die das Funktionieren einer arbeitsteiligen Gesellschaft gewährleisten.

Internationale
Internationale Vereinigung der sozialistischen Parteien.

Inspektion
Überprüfung.

Instruktion
Belehrung, Anweisung.

Invasion
Im Krieg: Einmarsch von Truppen in ein bestimmtes Gebiet.

Kabinett
Regierung.

Kaiser
Durch den Kaisertitel erhielten Herrscher den höchsten weltlichen Titel. Lange Zeit durfte dieser alleinig durch den Papst in Rom verliehen werden; der Kaiser konnte somit als Beauftragter Gottes regieren. Erster deutscher Kaiser war Otto I., letzter deutscher Kaiser war Wilhelm II.

Kalter Krieg
Bezeichnung für den weltpolitischen Zustand nach dem Zweiten Weltkrieg (1947–1989), als die politischen Gegensätze zwischen Ost- und Westmächten zwar zu ständigen Konflikten, nicht aber zum („heißen") Krieg führten.

Kapitalismus
Wirtschaftssystem, bei dem das Kapital unternehmerisch eingesetzt wird, um hohe Gewinne zu erzielen. Angebot und Nachfrage bestimmen den Verkaufspreis.

Karlsbader Beschlüsse
Auf Initiative Metternichs 1819 beschlossene Maßnahmen zur massiven Einschränkung von Meinungs- und Pressefreiheit. Anlass war die Ermordung des Dichters von Kotzebue.

Kasino
Speisehaus für Offiziere, auch Bezeichnung für eine Spielbank.

Klassen
Gesellschaftliche Gruppen, deren Stellung durch Vermögen, Bildungsgrad und gesellschaftliches Bewusstsein gekennzeichnet ist.

Kollektivierung
Überführung von Produktionsmitteln – vor allem landwirtschaftlicher Grundbesitz – in genossenschaftlich bewirtschaftetes Gemeineigentum. Die Kollektivierung der sowjetischen Landwirtschaft erfolgte vor allem nach 1927 unter Stalin, meist als gewaltsame Zwangskollektivierung. Die so entstandenen Großbetriebe nennt man Kolchosen.

Kolonialismus
Die Politik der zumeist europäischen Staaten war seit dem 15. Jahrhundert auf Erwerb und Ausbeutung überseeischer Gebiete ausgerichtet.

Kolonie
Ein abhängiges Gebiet in Übersee. Europäische Staaten besetzten dank ihrer überlegenen Waffen überseeische Gebiete, unterwarfen die dortige Bevölkerung, besiedelten das Gebiet und beuteten es wirtschaftlich aus.

Kommune
(lat. = allen gemeinsam, allgemein) Gemeinde als untere Verwaltungseinheit und Einwohnerschaft. Dazu gehören kreisangehörige Gemeinden, große selbstständige Städte und kreisfreie Städte.

Kommunismus
Von Karl Marx und Friedrich Engels begründete Ideologie, die im „Kommunistischen Manifest" 1848 zusammengefasst wurde. Es enthält die Vorstellung von einer klassenlosen Gesellschaft, in der alle Menschen gleich und frei sind, und in der allen alles gemeinsam gehört.

Konstitutionelle Monarchie
Regierungsform, in der die Gewalt des Herrschers (Monarch) an eine Verfassung (Konstitution) gebunden ist. Gewaltenteilung und Mitwirkung der Volksvertretung bei der Gesetzgebung ist vorgesehen.

Konkurs
Zahlungsunfähigkeit.

Konservativismus
Geistige und politische Haltung, die auf Bewahrung überlieferter Werte abzielt. Der Konservativismus entstand in der Auseinandersetzung mit den Ideen der Französischen Revolution und wurde im 19. Jh. zum Verbündeten der Restauration gegen den Liberalismus.

Konsul
Vertreter eines Staates im Ausland.

Konstituieren
Errichten, gründen.

Konzern
Zusammenschluss wirtschaftlicher Unternehmen.

Korporation
Körperschaft, Vereinigung. Im Unterschied zu modernen Organisationen (z. B. Verbände, Vereine) verpflichten Korporationen zur

Minilexikon

Mitgliedschaft. Weiterhin gilt eine bestimmte, meist sehr strenge Ordnung.

Kredit
Geliehenes Geld.

Kulturkampf
Die von Bismarck geführte Auseinandersetzung zwischen dem preußischen Staat und der katholischen Kirche 1871–1887.

Landflucht
Das massenhafte Umziehen der Landbevölkerung in die Städte, z. B. aufgrund besserer Verdienstmöglichkeiten in den Städten.

Lebenserwartung
Durchschnittliche Lebenszeit.

Liberalismus
In der Aufklärung (18. Jh.) wurzelnde politische Bewegung, die im 19. Jh. Bedeutung erlangte. Im Zentrum steht das Recht des Einzelnen auf freie Entfaltung gegenüber staatlicher Bevormundung. Zu den Forderungen zählen Glaubens- und Meinungsfreiheit, bürgerliche Grundrechte sowie Beteiligung an politischen Entscheidungen. Der wirtschaftliche Liberalismus fordert einen freien Wettbewerb ohne staatliche Eingriffe.

Mangelkrankheit
Durch einseitige oder unzureichende Ernährung verursachte Krankheit.

Manufaktur
Handwerksbetrieb mit Arbeitsteilung.

Marktsättigung
Tritt auf, wenn der Bedarf gedeckt ist. Keine weiteren Güter können mehr auf dem Markt abgesetzt werden.

Marxismus
Bezeichnung für die von Karl Marx und Friedrich Engels im 19. Jh. begründete Theorie des wissenschaftlichen Sozialismus. Der Marxismus fordert die Reform der kapitalistischen Wirtschaftsweise und den Umsturz der auf ihr bestehenden Gesellschaftsordnung, in der die herrschende Klasse die Klasse der Arbeiter ausbeute (Klassenkampf).

Medien/Massenmedien
Vermittler von Informationen, Unterhaltung und Werbung: Printmedien, Zeitungen, Zeitschriften, Bücher sowie die elektronischen Medien Internet, Rundfunk, Fernsehen, Video, CD.

Menschenrechte
In der Aufklärung (18. Jh.) entstandene Überzeugung, wonach jeder Mensch unantastbare Rechte besitzt, die der Staat achten und schützen muss. Hierzu zählen das Recht auf Gleichheit vor dem Gesetz, Unversehrtheit, Eigentum, Glaubens- und Meinungsfreiheit, Widerstand gegen Unterdrückung. Diese Rechte wurden erstmals in die amerikanische Unabhängigkeitserklärung (1776) und die französische Verfassung von 1791 aufgenommen und sind seitdem Bestandteil vieler Verfassungen.

Mine
Verdeckt verlegte Sprengkörper, die bei Berührung oder Erschütterung explodieren.

Mobilmachung
Das Militär eines Landes einsatzbereit machen.

Monarchie
(griechisch = Alleinherrschaft) Staatsform mit einem alleinigen Herrscher (König/Königin) an der Spitze.

Monopol
Das Recht, als einziger ein Produkt herzustellen oder damit zu handeln.

Nation
Gebiet mit gemeinsamer Sprache, Zusammengehörigkeitsgefühl, gleicher Abstammung der Menschen, Sitten und Bräuche.

Nationalismus
Übersteigertes Nationalgefühl; politische Auffassung, die grundsätzlich die Interessen des eigenen Landes in den Vordergrund stellt.

Nationalkonvent
Gesetzgebende Nationalversammlung in Frankreich seit 1792, nachdem das Land Republik geworden war.

Nationalsozialismus
Nach dem Ersten Weltkrieg entstandene rechtsradikale Bewegung, die nationalistische, expansive und demokratiefeindliche Ziele vertrat. Der Nationalsozialismus ist eine deutsche Ausformung des Faschismus, von dem er sich durch besonders radikale Positionen abhebt. Er führte zur nationalsozialistischen Diktatur unter Adolf Hitler zwischen 1933 und 1945.

Nationalversammlung – deutsche
Während der Revolution von 1848/49 wurden in den Ländern des Deutschen Bundes Volksvertreter gewählt, die sich in der Frankfurter Paulskirche trafen, um eine Verfassung auszuarbeiten.

Neue Welt
So nannten die Europäer den neu entdeckten und bislang unbekannten Kontinent Amerika. Zur Alten Welt gehörten die bereits bekannten Erdteile Asien, Afrika und Europa.

Norddeutscher Bund
Ein nationalstaatlicher Vorläufer des Deutschen Reiches, der infolge des preußisch-österreichischen Krieges von 1866 aus deutschen Staaten nördlich des Mains gegründet wurde und bis 1871 Bestand hatte.

Notverordnung
Arikel 48 der Weimarer Verfassung gab dem Reichspräsidenten die Möglichkeit, ohne Zustimmung des Parlaments im Ausnahmezustand zu regieren.

Notwehr
Wenn ein Mensch sich bei einem rechtswidrigen Angriff gegen einen Angreifer verteidigt und sich schützt, handelt er in Notwehr (§ 32 StGB, § 227 BGB).

Offene demokratische Gesellschaft
Bezeichnung für den Zustand einer Gesellschaft, in der alle Gruppen, auch Minderheiten, Mitspracherecht haben.

Omnibuswagen
Großes Fahrzeug zum Transport zahlreicher Personen. Heute: Bus.

Ökologie
Bezeichnung für Maßnahmen zum Schutze der Umwelt mit dem Ziel der Erhaltung der Lebensgrundlagen der Menschen.

Ostpreußen
Zwischen 1871 und 1845 östlichster Landesteil Deutschlands. Heute gehört dieses Gebiet zu Polen.

Parlament
Versammlung von Volksvertretern. Parlamente wirken an der Gesetzgebung mit, beschließen den Staatshaushalt und kontrollieren Regierung und Verwaltung.

Partei
Organisierter Zusammenschluss von politisch Gleichgesinnten, die Einfluss auf die Gestaltung des Staates nehmen wollen. Eine politische Partei in demokratisch-parlamentarischen Systemen nimmt auf die Willensbildung von Bürgern Einfluss. Sie verfügt über eine ständige Organisation, besitzt ein Wahlprogramm und zeigt durch Teilnahme an Wahlen, dass sie politische Verantwortung übernehmen will.

Patriotismus
Vaterlandsliebe.

Pension
Altersversorgung von Beamten.

Petition
Bitte, Beschwerde. Jeder hat in der Bundesrepublik das Recht, sich mit Bitten oder Beschwerden an die zuständigen Regierungsstellen zu wenden. An den Bundestag gerichtete Petitionen werden im Petitionsausschuss bearbeitet. Das Petitionsrecht ist im Grundgesetz (Artikel 17) garantiert.

Plantage
Landwirtschaftlicher Großbetrieb, der sich auf die Erzeugung eines Produktes spezialisiert hat (Monokultur).

Plenardebatte
Debatte, bei der sich alle Mitglieder des Parlamentes zu einem Thema äußern können.

Pressefreiheit
Das Grundgesetz sichert das Recht auf freie Meinungsäußerung für alle Bürger. Es umfasst die Freiheit der Berichterstattung sowie das Recht auf Äußerung und Verbreitung von Nachrichten. Medien müssen sich an allgemeine Gesetze und gesetzlichen Bestimmungen zum Schutze der Jugend und an das Recht der persönlichen Ehre halten und dürfen diese nicht verletzen.

Produktionsmittel
Alle Arbeits- und Betriebsmittel, die zur Herstellung von Gütern erforderlich sind.

Propaganda
Werbung für politische Ideen.

Provisorisch
Vorläufig.

Radikal
Eine Sache kompromisslos vertreten, eine politisch extreme Meinung verfolgen.

Rädelsführer
Anführer beim Begehen von Straftaten.

Räterepublik
Politisches System der direkten Demokratie. Die gewählten Vertreter haben ausschließlich den Auftrag der Wähler auszuführen.

Rechtsradikal
Politische Auffassung, die z. B. von Nationalsozialisten oder Neonazis vertreten wird (Nationalismus, Führerstaat usw.).

Reichstag
Deutsches Parlament seit 1871. Im Reichstagsgebäude in Berlin tagt heute der Bundestag der Bundesrepublik Deutschland.

Reichswehr
Offizielle Bezeichnung für die deutschen Streitkräfte von 1921 bis 1935.

Residenz
Regierungssitz.

Minilexikon

Reparation
Entschädigungsleistung für Zerstörungen im Krieg.

Republik
Staatsform, der ein auf Zeit gewähltes Oberhaupt vorsteht. Die Republik ist das Gegenmodell einer Monarchie.

Restauration
Bemühungen, frühere Zustände wiederherzustellen. Der Begriff wird auf die Epoche zwischen 1815–1848 angewandt und umfasst die Bestrebungen der Politik, den vor der Französischen Revolution geltenden Ordnungsprinzipien erneut Geltung zu verschaffen.

Revier
Bezirk, Gebiet, Bereich.

Revolution
(Gewaltsamer) Umsturz der bestehenden Ordnung durch breite Bevölkerungsmassen, der zu tief greifenden politischen und gesellschaftlichen Veränderungen führt.

Rheinbund
1806 schlossen sich 16 west- und süddeutsche Fürsten unter dem Druck und Schutz Frankreichs zusammen. Sie sagten sich somit vom Heiligen Römischen Reich Deutscher Nation los. Zahlreiche weitere deutsche Staaten traten ihm bei, als Napoleon (1769 bis 1821) Preußen besiegte.

Schauprozess
Öffentliches Gerichtsverfahren, bei dem die Verurteilung des Angeklagten bereits im Vorhinein feststeht. Typischerweise werden Schauprozesse zur Verfolgung politischer Gegner eingesetzt und dienen der Abschreckung.

Schwerindustrie
Sammelbegriff für Bergbau, Eisen- und Stahlindustrie.

Souveränität
Eigenständigkeit, Unabhängigkeit.

Sowjet
(russisch = Rat)
In der russischen Oktoberrevolution von 1917 bildeten sich spontane Arbeiter-, Soldaten- und Bauernräte. Sie gerieten unter den Einfluss der Kommunisten, die mit dem „Rat der Volkskommissare" unter Lenin die Regierungsgewalt übernahmen.

Soziale Frage
Bezeichnung für die ungelösten Probleme der Arbeiter im 19. Jh., die durch die Industrialisierung entstanden. Hierzu zählten: Verelendung durch zu geringe Löhne und Arbeitslosigkeit, lange Arbeitszeiten, schlechte Arbeitsbedingungen und Wohnverhältnisse, fehlender Versicherungsschutz sowie Frauen- und Kinderarbeit.

Sozialgesetzgebung
Gesamtheit aller sozialen Regelungen für die Bürger, um deren soziale Sicherheit herzustellen. Im Kaiserreich bezeichnen Sozialgesetze die von Bismarck begründeten Maßnahmen, um Probleme von Alter, Krankheit und Invalidität durch gesetzliche Versicherungen zu verbessern.

Sozialismus
Im 19. Jh. entstandene politische Bewegung, die bestehende gesellschaftliche Verhältnisse mit dem Ziel sozialer Gleichheit und Gerechtigkeit verändern will. Im Marxismus ist er das Übergangsstadium vom Kapitalismus zum Kommunismus.

Sozialistengesetz
Gesetz gegen die Sozialdemokraten im Kaiserreich. Attentate auf den Kaiser nahm Reichskanzler Bismarck (1815-1898) zum Anlass, dieses Gesetz einzubringen. Mit Ausnahme der sozialdemokratischen Reichstagsfraktion wurden damit sozialdemokratische, sozialistische und kommunistische Vereine, Versammlungen, Demonstrationen und Druckschriften von 1878–1890 verboten.

Stand (Ständegesellschaft)
Gesellschaftliche Gruppe, die durch Herkunft, Beruf, Bildung und eigene Rechte abgegrenzt ist.

Stellungskrieg
Bei Ausbruch des Ersten Weltkrieges sollte die deutsche Armee in weiträumigen Zangenbewegungen auf Paris vorrücken. Die starken Truppenverbände Frankreichs vereitelten jedoch diesen Plan und es kam 1915 zu einer Erstarrung der Front. Die gegnerischen Armeen gruben sich in Schützengräben ein, sodass Geländegewinne angesichts der stark befestigten Stellungen kaum noch möglich waren.

Stellvertreterkrieg
Zur Zeit des Kalten Krieges geprägter Begriff für eine militärische Auseinandersetzung zwischen Staaten auf fremdem Gebiet. Typisches Beispiel ist der Vietnamkrieg, in dem die USA und ihre Verbündeten gegen die Sowjetunion und ihre Bündnispartner kämpften (1965–1975).

Streik
Planmäßige Niederlegung der Arbeit durch eine größere Zahl von Arbeitnehmern, um höhere Löhne oder bessere Arbeitsbedingungen vom Unternehmer zu erzwingen.

Symbol
Merkmal, Zeichen.

Terror
Gesetzlose Gewaltherrschaft.

Torpedo
Lenkwaffe, die z. B. von U-Booten aus abgefeuert wird.

Tuberkulose
Bakterielle Infektionskrankheit, die am häufigsten die Lungen befällt. Meist wird die Tuberkulose als Tröpfchen-Infektion, d. h. über die Luft, übertragen.

Typhus
Infektionskrankheit, die durch einen charakteristischen Verlauf mit stufenförmigem Fieberanstieg, Bauchschmerzen, Darmverstopfung und niedrigem Puls gekennzeichnet ist. Die Übertragung erfolgt besonders über verunreinigte Nahrung und verschmutztes Wasser.

Vormärz
Epoche zwischen dem Wiener Kongress 1815 und den revolutionären Ereignissen im März 1848. Kennzeichnend für diese Epoche sind äußerer Friede und innenpolitische Ruhe, erzwungen durch die Einschränkung von Bürgerrechten (Karlsbader Beschlüsse). Dennoch entwickelte sich im Vormärz eine liberale, demokratische und nationale Bewegung, getragen von einem Bürgertum, das schließlich politische Mitsprache forderte.

Varieté
Theater für Musik, Tanz und Akrobatik.

Verfassung
(Konstitution) Die politische Grundordnung eines Staates, die alle Regelungen über die Staatsform, die Herrschaftsausübung und die Bildung sowie die Aufgaben der Staatsorgane enthält.

„Versailler Diktat"
Von national denkenden Gruppen in der Weimarer Republik verwendete Bezeichnung für den Frieden von Versailles.

Vorparlament
Vorbereitende Versammlung der Nationalversammlung 1848.

Währungsreform
Neuordnung des Geldwesens durch gesetzgeberische Maßnahmen, etwa durch Einführung einer neuen Währung.

Wahlberechtigte
Alle, die das aktive Wahlrecht ausüben dürfen. Bei Kommunalwahlen sind das in Rheinland-Pfalz alle Deutschen und EU-Bürger, die das 18. Lebensjahr vollendet haben und seit mindestens drei Monaten im Wahlgebiet wohnen. Bei Landtags- und Bundestagswahlen dürfen nur Deutsche ab dem 18. Lebensjahr wählen.

Weimarer Republik
Bezeichnung der von 1919 bis 1933 während parlamentarischen Republik in Deutschland. Die Weimarer Republik wurde benannt nach der Stadt Weimar, wo die Nationalversammlung tagte und die Verfassung verabschiedet wurde.

Weltwirtschaftskrise
In den USA kam es 1929 durch eine Überproduktion bei gleichzeitigem Rückgang der Nachfrage zu einer Wirtschaftskrise. Unternehmen wurden zahlungsunfähig und die amerikanischen Banken forderten die Rückzahlung ihrer Kredite, die sie Deutschland, England und Frankreich in den Reparationsplänen gewährt hatten. So wurde auch die Wirtschaft in den europäischen Ländern in den Strudel der Wirtschaftskrise gerissen.

Wiener Kongress
Konferenz europäischer Fürsten und Staatsmänner, um die politische Neuordnung Europas nach Napoleons Sturz zu beraten (1814/15). Den Vorsitz führte der österreichische Außenminister Fürst Metternich. Die Teilnehmer des Wiener Kongresses verfolgten das Prinzip der Restauration.

Willkürlich
Handeln, das Gleiches ungleich behandelt.

Zensur
Behördliche Prüfung, eventuell auch das Verbot von Druckschriften, Filmen, Fernsehprogrammen und Ähnlichem.

Zweiter Weltkrieg
1939–1945; der zweite auf globaler Ebene geführte Krieg sämtlicher Großmächte des 20. Jahrhunderts. Es kämpften die Alliierten (insbesondere Frankreich, Großbritannien, Sowjetunion, USA, China) gegen die Achsenmächte (Deutschland, Italien, Japan). Etwa 60 Millionen Menschen wurden getötet.

Textquellenverzeichnis

9 M2 Wentzcke, Paul; Klötzer, Wolfgang (Hg.): Deutscher Liberalismus im Vormärz. Heinrich von Gagern, Briefe und Reden 1815–1848, Musterschmidt, Göttingen 1959, 60.
M3 Schönbrunn, Günther: Bürgerliches Zeitalter 1815–1914, München 1980, 86 f.

12 M2 Grab, Walter (Hg.): Die Revolution von 1848/49, Nymphenburger Verl.-Handlung, München 1980, 55 f.
M4 Zit. nach: Valentin, Veit: Das Hambacher Nationalfest, Büchergilde Gutenberg, Frankfurt 1982, 162 f.

13 M7 Schildt, Gerhard: Aufbruch aus der Behaglichkeit. Deutschland im Biedermeier 1815–1847 Westermann, Braunschweig 1989, 33 f.
M8 Obermann, Karl (Hg.): Flugblätter der Revolution: eine Flugblattsammlung zur Geschichte der Revolution von 1848/49 in Deutschland, dtv, München 1972, 35.

14 M1 Zit. nach Schildt, Gerhard: Aufbruch aus der Behaglichkeit. Deutschland im Biedermeier 1815–1847, Westermann, Braunschweig 1989, 76.
M2 Heine, Heinrich: Die schlesischen Weber, in: Vaßen, Florian (Hg.): Die deutsche Literatur in Text und Darstellung, Bd. 10: Vormärz, Reclam, Stuttgart 1975, 139 f.

17 M3 Lautemann, Wolfgang; Schlenke, Manfred (Hg.): Geschichte in Quellen, Bd. 4: Das bürgerliche Zeitalter 1815–1914, bearb. von Günter Schönbrunn, Bayerischer Schulbuchverlag, München 1980, 153.

18 M3 Klein, Tim (Hg.): 1848. Der Vorkampf deutscher Einheit und Freiheit. Erinnerungen, Urkunden, Berichte, Briefe – Lebensdokumente vergangener Jahrhunderte, Bd. 9, München/Leipzig, 1914, 30 f.

19 M4 Zit. nach: Schurz, Carl: Lebenserinnerungen, Bd. 1: Bis zum Jahre 1852, G. Reimer, Berlin 1906, 123 f.
M6 Freiligrath, Ferdinand: Die Todten an die Lebenden, in: Grab, Walter (Hg.): Die Revolution von 1848/49. Eine Dokumentation, Reclam, Stuttgart 1998, 110 f.

22 M1 Mühleisen, Hans-Otto: Geschichte der Grundrechte, in: Informationen zur politischen Bildung 239/1993, 9.
M2 Ranke, Leopold von: Aus dem Briefwechsel Friederich Wilhelms mit Bunsen, Leipzig 1873, 233 f.

23 M4 Lautemann, Wolfgang; Schlenke, Manfred (Hg.): Geschichte in Quellen, Bd. 4: Das bürgerliche Zeitalter 1815–1914, bearb. von Günter Schönbrunn, Bayerischer Schulbuchverlag, München 1980, 237 f.

26 M2 Rheinisches Conversations-Lexikon oder Encyclopädisches Handwörterbuch für gebildete Stände, zit. nach: Kuhn, Annette; Schneider, Gerhard: Geschichtsunterricht 5–10, München 1981, 182.

27 M5 Kuhrt, Aro: www.moabitonline.de/156 (01.12.2009).
M6 Müller, Hanna: www.gemeinsamlernen.de/vile-netzwerk/seminare/seminar_barendorf/content/FrauenInEinerMaennerrev_Hanna%20Mueller.pdf (01.12.2009).
M7 Junck, Sybille: Die Hochverräterin, in: Damals spezial 1/98: 1848/49 – Für die Freiheit streiten. Das aktuelle Magazin für Geschichte und Kultur.

30 M3 Bismarck, Otto von: Gesammelte Werke, Bd. 10, Berlin 1928, 140.

31 M5 Bismarck, Otto von: Gesammelte Werke, Bd. 5, Berlin 1942, 95 ff.

32 M2 Spitzemberg, Hildegard: Deutsche Geschichtsquellen des 19. und 20. Jahrhunderts, Vandenhoeck & Ruprecht, Göttingen 1960, 121.

33 M5 Aschoff, Hans-Georg: Ludwig Windthorst. Briefe 1834–1880, Schöningh, Paderborn 1995, 295.

36 M2 Bismarck, Otto von: Gesammelte Werke, Bd. 12, Berlin 1929, 12.

41 M4 Zit. nach: Ritter, Gerhard A.; Kokka, Jürgen (Hg.): Deutsche Sozialgeschichte, Bd. 17, Beck, München 1974, 330.
M6 Zit. nach: Schmidt, August: Lang war der Weg. Verl.-Ges. d. IG Bergbau, Bochum 1958, 9 ff.

43 M4 Brecht, Arnold: Aus nächster Nähe, Deutsche Verlags-Anstalt, Stuttgart 1966, 25 f.
M5 Wilhelm II. Die Reden in den Jahren 1888 – 1905. Bd. 1, Leipzig o. J., 197.

44 M2 Brandes, George: Berlin als deutsche Reichshauptstadt, Colloquium Verlag, Berlin 1989, 442 ff.

45 M3 Mann, Heinrich: Der Untertan, in: Kantorowicz, Alfred (Hg.): Heinrich Mann. Ausgewählte Werke in Einzelbänden, Bd. IV, Aufbau-Verlag, Berlin 1951, 44 f.
M4 Kehr, Carl: Die Praxis der Volksschule, Gotha 1877, 451.

48/49 M1 Zuckmayer, Carl: Der Hauptmann von Köpenick, Fischer, Frankfurt/M./Hamburg 1961, 134 ff.

53 M5 Treue, Wilhelm; Pönicke, Herbert; Manegold, Karl-Heinz: Quellen zur Geschichte der industriellen Revolution, Göttingen 1966, 55.

55 M6 Riemann, Gottfried (Hg.): Karl Friedrich Schinkel. Reise nach England, Henschelverlag, München 1986, 244 u. 252.

56 M2 Lütgert, Will (Hg.): Bei Bauern und Leinewebern, Metzler Verlag, Stuttgart 1984, 252.
M3 Bitter, Carl Hermann: Bericht über das Spinnerelend in der Senne bei Bielefeld, in: Engel, Gustav (Hg.): Jahresbericht des Historischen Vereins für die Grafschaft Ravensberg, Bielefeld 1964/65, 11 f.

62 M1 Müller, Bernhard u. a. (Hg.): Wir machen Geschichte 3. Vom Absolutismus bis zum Imperialismus, Diesterweg Verlag, Frankfurt/M. 2000, 46.
M2 Wieder: Der Arbeiterschutz in der gesundheitsschädlichen und schweren Industrie, o. O. 1909, 58.

64 M3 Wachowiak, Stanislaus: Die Polen in Rheinland–Westphalen, Dissertationsschrift, München 1916, 11 ff.

65 M7 Wettstein-Adelt, Minna: 3 1/2 Monate Fabrik-Arbeit, Leiser Verlag, Berlin 1893, 61 f.
M9 Deuerlein, Ernst: Gesellschaft im Industriezeitalter, Hamburg 1970, 55 f.

68 M2 Treue, Wilhelm; Pönicke, Herbert; Manegold, Karl-Heinz: Quellen zur Geschichte der Industriellen Revolution, Göttingen 1966, 126–129.

70 M1 Tennstädt, Florian: Vom Proleten zum Industriearbeiter, Köln 1983, 32.
M3 Kuczynski, Jürgen: Geschichte des Alltags des Deutschen Volkes 1810–1870, Bd. 3, Pahl-Rugenstein-Verlag, Köln 1982, 361 f.

71 M5 Concordia. Zeitschrift für Arbeiterfragen, Nr 2/1872, 275.

72 M3 Plößl, Elisabeth: Augsburg auf dem Weg ins Industriezeitalter, Verlag Haus der Bayer. Geschichte, München 1985, 67.

73 M5 Baader, Ottilie: Ein steiniger Weg. Lebenserinnerungen einer Sozialistin, Dietz Verlag, Bonn 1979, 23.
M6 Ottilie Baader: Ein steiniger Lebensweg. Lebenserinnerungen einer Sozialistin, Stuttgart/Berlin 1921, 66.

74 M5 zit. nach: Schöne, Bernd: Kultur und Lebensweise der Laisitzer Bandweber (1750–1850), Akademieverlag, Berlin 1977, 44.

75 M6 Kuczynski, Jürgen: Geschichte des Alltags des deutschen Volkes, Bd. 3, PapyRossa Verlag, Köln 1981, 258.
M7 zit. nach: Cornu, Auguste: Karl Marx und Friedrich Engels. Leben und Werk, Bd. 1, Berlin 1954, 185 f.
M10 Budde, Heinz: Christentum und soziale Bewegung, Paulus Verlag, Aschaffenburg 1961, 16.

77 M3 Alberti, Conrad: Maschinen, Leipzig 1895.
M5 Pietzcker, Frank (Hg.): Deutsches Bürgertum im 19. Jahrhundert, Diesterweg Verlag, Frankfurt 1978, 39 f.

78 M2 Pönicke, Herbert: Die sozialen Theorien im 19. Jahrhundert in Deutschland, Paderborn o. J., 86 f.

79 M3 Treue, Wolfgang: Deutsche Parteiprogramme, Musterschmidt, Göttingen 1956, 67.

80 M2 Berg, Rudolf: Grundkurs Deutsche Geschichte, Bd. 1, Cornelsen Verlag, Frankfurt/M. 1997, 189.
81 M5 Pönicke, Herbert: Die sozialen Theorien im 19. Jahrhundert in Deutschland, Paderborn o. J., 86 f.
M6 Engels, Friedrich: Die Lage der arbeitenden Klasse in England, dtv, München 1973, 302.
82 M4 Landshut, Siegfried (Hg.): Karl Marx, Die Frühschriften, Kröner Verlag, Stuttgart 1971, 547.
83 M6 Petersdorf, Herrmann von (Hg.): Otto von Bismarck, Gesammelte Werke, Bd. 3, Politische Schriften, Frankfurt/O. 1925, 319 f.
M7 Bismarck, Otto von: Gesammelte Werke, Bd. 12, Berlin 1924, 319 f. (vereinfacht).
86 M2 Geo Epoche 12/2004, 78.
87 M5 Focus Money online vom 18.09.06, www.focus.de/finanzen/boerse/aktien/vw-sanierung_aid_115773.html (10.01.2009).
90 M2 Grundgesetz für die Bundesrepublik Deutschland, Art. 3, 53. neubearb. Aufl., München 1996, 27.
M3 Stead, William (Hg.): The Last Will and Testament of Cecil J. Rhodes, Verlag Review of Reviews, London 1902, 58, 98.
91 M5 Brunschwig, Henri: Vom Kolonialimperialismus zur Kolonialpolitik der Gegenwart, Steiner Verlag, Wiesbaden 1957, 54.
92 M2 Clement, Catherine: Ghandi – Der gewaltlose Widerstand, Maier Verlag, Ravensburg 1991, 14-17.
M4 Zit. nach Hug, Wolfgang: Materialien zum Verständnis der Entwicklungsländer, Neckar Verlag, Villingen 1971, 29 f.
96 M2 Behnen, Michael: Quellen zur deutschen Außenpolitik im Zeitalter des Imperialismus 1890-1911, WBG, Darmstadt 1977, 166.
97 M4 Matthias Erzberger, zit. nach: Verhandlungen des Reichstags, Bd. 214, Stenografische Berichte, Berlin 1906, 320.
M5 Zit. nach: Patemann, Helgard: Lernbuch Namibia, Hammer, Wuppertal 1984, 103 ff.
M6 Zit. nach: Drechsler, Horst: Südwestafrika unter deutscher Kolonialherrschaft, 2. Aufl., Berlin 1985, 160.
98 M5 Zit. nach Ritter, Gerhard A. (Hg.): Das deutsche Kaiserreich 1871-1914, Vandenhoeck & Ruprecht, Göttingen 1977, 300 (leicht verändert).
M6 Rohrbach, Paul: Der deutsche Gedanke in der Welt, Langewiesche, Düsseldorf/Leipzig 1912, 7 f.
99 M7 www.transfair.org (26.08.2003) (sprachlich leicht verändert).
M9 ARD-Magazin Monitor vom 13.09.2007.
100 M1 Zit. nach: Görtemaker, Manfred: Deutschland im 19. Jahrhundert, Leske & Budrich, Opladen 1994, 301.
101 M3 Haffner, Sebastian: Die sieben Todsünden des Deutschen Reiches, Nannen, Hamburg 1965.
102 M3 Schneider, Karl-Ludwig: Georg Heym. Dichtung und Schriften, Bd. 3, Ellermann, Hamburg 1960, 139.
M4 Rolland, Romain: Das Gewissen Europas. Tagebuch der Kriegsjahre 1914-1919, Berlin (Ost) 1983, 1.
105 M5 Lautemann, Wolfgang (Hg.): Geschichte in Quellen, Bd. 5, München 1961, 14.
106 M3 Zit. nach: Witkopp, Philipp (Hg.): Kriegsbriefe gefallener Studenten, München 1928, 165, 264 ff.
113 4 Kästner, Erich: Gesang zwischen den Stühlen, DVA, Berlin/Stuttgart 1932, 91 f.
114 M2 Zit. nach: Praxis Geschichte, Juli 4/2001, 34.
M3 Zit. nach: Praxis Geschichte, Juli 4/2001, 39.
115 M6 http://www.allthelyrics.com/lyrics/eric_bogle/no_mans_land-lyrics-221443.html (18.11.08).
M7 Tolstoj, Lev. N.: Rede gegen den Krieg. Politische Flugschriften, hg. von Peter Urban, Insel Verlag, Frankfurt/M. 1968, 32 f.
118 M3 Zit. nach: Keil, Hartmut: Die Vereinigten Staaten von Amerika zwischen kontinentaler Expansion und Imperialismus, in: Dahlmann, Dittmar; Reinhard, Wolfgang: Imperialistische Kontinuität und nationale Ungeduld im 19. Jahrhundert, Frankfurt/M. 1991, 70.
120 M3 Zit. nach: Lautemann, Wolfgang; Schlenke, Manfred (Hg.): Geschichte in Quellen, Bd. 6, K. V. Werner, München 1979, 57 f.
121 M4 www.dhm.de/lemo/html/dokumente/versailles/index.html (01.12.2009).
M5 Zit. nach: Geschichte kennen und verstehen 9, Oldenbourg Schulbuchverlag, Donauwörth 1983, 279.
M6 Zit. nach: Zeiten und Menschen. Die USA von 1917 bis zur Gegenwart, Schöningh, Paderborn 1987, 11.
122 M3 Zit. nach: Wagner, Fritz: USA. Geburt und Aufstieg der neuen Welt, MV und Graph Kunstanstalten, München 1947, 176.
123 M6 Lyndon B. Johnson's Vietnam papers: a documentary collection. College Station, Texas, A&M Univ. Press, 1998, 24. Übers. v. Renate Teepe.
127 M5 Anweiler, o.: Die russische Revolution, Stuttgart 1975, 67 f.
128 M2 Zit. nach: Solschenizyn, Alexander: Ein Tag im Leben des Iwan Denissowitsch, Herbig, München 1969, 47 ff.
133 M2 Prager Schwarzenbuch, Bonn 1969, 22–24.
M3 Mlada fronta, 21.8.1968, Prager Schwarzenbuch, Bonn 1969, 22.
M5 Dokumente des Außenministeriums, in: Prager Schwarzenbuch, Bonn 1969, 42 f.
141 M4 Zit. nach Pollmann, Bernhard (Hg.): Lesebuch zur deutschen Geschichte, Bd. III, Dortmund 1984, 111 f.
142 M1 www.versailler-vertrag.de/vv-i.htm (02.12.2009).
145 M4 www.dhm.de/lemo/html/dokumente/verfassung/index.html (01.12.2009).
146 M5 Interview des Autors Martin Lücke mit Erna Artz, Hildesheim 1995.
147 M8 Zit. nach: Abernon, Edgar Vincent Viscount d': Viscount d' Abernon, ein Botschafter der Zeitenwende, Bd. 2, P. List, Leipzig 1929, 337 f.
148 M3 Rönnefarth, Helmut K.G.; Euler, Heinrich: Vertrags-Ploetz. Ein Handbuch geschichtlich bedeutender Zusammenkünfte und Vereinbarungen, Ploetz, Würzburg 1959, 73.
M4 Rönnefarth, Helmut K.G.; Euler, Heinrich: Vertrags-Ploetz. Ein Handbuch geschichtlich bedeutender Zusammenkünfte und Vereinbarungen, Ploetz, Würzburg 1959, 96.
149 M7 Hürten, Heinz: Zwischenkriegszeit und Zweiter Weltkrieg, Klett-Cotta, Stuttgart 1982, 123.
M9 Zit. nach: Schmidt, Paul: Statist auf diplomatischer Bühne 1923-1945, Athenäum Verlag, Bonn 1954, 115 ff.
153 M6 www.daserste.de/zwanzigerjahre/zitate.asp (11.12.2009)
154 M1 New York Times vom 24. Oktober 1929; Übers. des Verfassers.
155 M6 Zit. nach: Der Tag vom 22.09.1932, in: Bergmann, K.; Hufnagel, G. u.a.: Erinnern und urteilen, Bd. 4, Klett, Stuttgart 1981, 62, 30a, 30b.
156 M3 Hentschel, Volker: So kam Hitler. Schicksalsjahre 1932-1933. Bild/Text-Reportage, Düsseldorf 1980, 58.
157 M4 Tenbrock, Robert-Hermann; Kluxen, Kurt (Hg.): Zeiten und Menschen, Bd. B/4: 1917 bis zur Gegenwart, Paderborn 1980, 71.
158 M2 Maschmann, Melita: Fazit. Kein Rechtfertigungsversuch, Stuttgart 1963, 17 f.
160 M3 Zit. nach: Auszüge aus den amtlichen Niederschriften. Akten der Reichskanzlei, Bundesarchiv Koblenz: R 43 II/291, 289.
M4 Conze, Werner: Der Nationalsozialismus, Teil 1, Stuttgart 1972, 62 f.
161 M5 Hoegner, Wilhelm: Flucht vor Hitler. Erinnerungen an die Kapitulation der ersten deutschen Republik 1933, Fischer Taschenbuch Verlag, Frankfurt/M. 1979, 98.

Bildnachweis

akg-images, Berlin: 9 M5, 13 M6, 15 M5, 24 1 (3), 24 1 (5), 28/29, 30 M1, 37 M3, 39 M3/M6, 41 M5/M7, 42 M2/M3, 50/51, 56 M1, 64 M2, 65 M5/M8, 69 M3, 74 M4, 78 M1, 79 M6, 80 M1/M3, 82 M2, 88, 89, 96 M1, 98 M1/M2/M4, 104 M2/M3, 106 M4, 114 M4, 118 M2, 120 M2, 124 M1, 129 M4, 134 2 o.li./o.re./2.v.re., 136 M2, 141 M3 (3 + 4), 142 M2, 146 M1, 147 M7, 149 M6, 151 M1, 153 M7, 155 M3, 160 M1, 161 M6, 163 5, 165 M3
Archiv der sozialen Demokratie der Friedrich-Ebert-Stiftung, Bonn: 79 M7
ARD-Magazin Monitor; Köln: 99 M9

BASF, Unternehmensarchiv, Ludwigshafen: 39 M5, 67 M5
Bayerisches Nationalmuseum, München: 11 M1, 24 1 (4)
Bildarchiv Preußischer Kulturbesitz, Berlin: 6/7, 7 o. (D. Katz), 10 M2, 16 M1 (Kunstbibliothek/SMB/K. Pedersen), 17 M2, 18 M2, 20 M1 (D. Katz), 20 M2, 25 3 (D. Katz), 25 4, 26 M1 (Kunstbibliothek/SMB/K. Peterson), 27 M5, 34 M1 (D. Katz), 36 M1, 38 M1/M2, 40 M2 (H.J. Bartsch), 45 M5, 46 M1, 53 M4 (SMB/Nationalbibliothek), 54 M2, 56 M4, 65 M6, 72 M1, 73 M7 (VG Bild Kunst), 74 M1/M2, 75 M8, 77 M4, 81 M4 li./re., 85 M1 (H. Lichte), 90 M1, 91 M6, 101 M5, 112 2, 114 M1, 126 M1, 139 u. (W. Körner), 140 M1/M2, 141 M3 (1 + 2), 143 M4, 146 M3, 150 M5, 151 M2 (J.P. Anders), 155 M5 (H. Hoffmann), 158 M1, 165 M6 (Germin)
Bismarck-Museum, Friedrichsruh: 32 M3 (Carstensen, Hamburg), 46 M2 (Carstensen, Hamburg)

cinetext Bildarchiv, Frankfurt/M.: 49 M3
corbis, Düsseldorf: 136 M3 (Bettmann)
Creativ Team Friedel & Bertsch, Heilbronn: 12 M5, 24 1 (6)
Czech News Agency, Prag: 133 M4
de.wikipedia.org: 103 M6

Deutsches Historisches Museum, Berlin: 76 M1 (A. Psille), 76 M2
Dietz Verlag, Berlin: 10 M1, 24 1 (1)

Germanisches Nationalmuseum, Nürnberg: 12 M1, 24 1 (2), 52 M3

Haus der Geschichte, Bonn: 165 M5
Henkel, Düsseldorf: 61 M4
Hessisches Landesmuseum, Darmstadt: 144 M1
Historische Spinnerei, Gartetal: 57 M2
Historisches Archiv Krupp, Essen: 61 M3, 62 M3

Imperial War Museum, London: 105 M6

Institut für Geschichtliche Landeskunde an der Universität Mainz e.V.: 109 M6
Interfoto München: 42 M1 (Zeit Bild)

Kinoarchiv Engelmeier, Hamburg: 150 M4

Landesarchiv Berlin: 144 M2
Langner & Partner, Hemmingen: 60 M1, 67 M6, 79 M4, 87 M3, 110 M1, 123 M5

Maggi GmbH, Frankfurt/M.: 72 M4
Mannesmann Demag AG, Duisburg: 58 M3
Museen der Stadt Nürnberg: 12 M3, 40 M3
Museum für Kunst- und Kulturgeschichte, Dortmund: 66 M1

Oltmanns-Seebeck, J., Burhave: 35 M1
Opel Eisenach GmbH: 51 o.
Österreichische Nationalbibliothek, Wien: 32 M1

Peterkampp, Dieburg: 9 M4
Picture Alliance, Frankfurt/M.: Titel (akg-images), 87 M4 (dpa/P. Steffen), 111 M5, 115 M5 (EPA/Swiderski), 136 M1 (RIA Nowosti), 136 5 (UPI), 137 M8 (Consolidated Nasa), 137 M9 (dpa), 164 M1 li. (dpa/Koch)

Ruhr-Universität Bochum, Lotmann Institut für russische und sowjetische Kultur/www.russianposter.ru: 131 M1

Schulmuseum, Berlin: 102 M2
Schwarzstein, J., Hannover: 68 M1
Staatliche Museen zu Berlin/Stiftung Preußischer Kulturbesitz: 43 M5
Staatsarchiv Windhuk: 97 M8
Stadtarchiv Dortmund: 66 M2
Stadtarchiv Offenburg: 26 M4
Stehle, K., München: 64 M1
Stiftung Akademie der Künste, Berlin: 157 M7 (© VG Bild-Kunst, Bonn/The Heartfield Community of Heirs)
Stöckle, Filderstadt: 96 M3
Süddeutsche Zeitung Photo, München: 108 M4 (Knorr + Hirth), 130 M2 (Scherl), 141 M4 (Scherl)
SV Bilderdienst, München: 138/139 (Scherl)

Tonn, Dieter; Bovenden: 24/25 u., 46/47, 84 u., 112 u., 134/135 u., 162 u.
TV-yesterday, München: 153 M8

ullstein bild, Berlin: 13 M9 (Archiv Gerstenberg), 14 M3 (Archiv Gerstenberg), 15 M4, 23 M3 (Archiv Gerstenberg), 26 M3 (Archiv Gerstenberg), 44 M1, 45 M6, 48 M2, 64 M4, 69 M4 (Granger Collection), 86 M1, 106 M1, 108 M3, 109 M5, 120 M1 (Granger Collection), 122 M1/M2 (Granger Collection), 124 M2 (Archiv Gerstenberg), 126 M2 (Archiv Gerstenberg), 127 M3/M4, 128 M1, 130 M1, 134 2 o.2.v.li./u.2.v.li. (Archiv Gerstenberg), 134 2 u.li./u.re. (Archiv Gerstenberg), 137 M6 (dpa), 146 M4 (Archiv Gerstenberg), 147 M6, 148 M5 (Roger Viollet), 150 M3, 152 M1 bis M4, 153 M5, 154 M2, 158 M3, 164 M1 re. (Archiv Gerstenberg), 165 M4 (dpa)

Verkehrsmuseum, Nürnberg: 59 M6.

Alle übrigen Schaubilder und Karten: Westermann Kartographie/Technisch Graphische Abteilung, Braunschweig.

Maße, Gewichte und Währungen

Längenmaße:

früher:
- Ein Zoll: altes Längenmaß; entsprach in den verschiedenen deutschen Ländern zwischen 2,36 cm (Sachsen) und 3,7 cm (Preußen); wird heute noch in England und den USA benutzt (ein Inch = 2,54 cm).
- Eine Elle: altes Längenmaß; ursprünglich der Abstand zwischen Ellenbogen und Mittelfingerspitze; entsprach in den verschiedenen deutschen Ländern zwischen 50 cm und 69,5 cm.
- Eine Meile: schon in Rom gebräuchliches Längenmaß; entsprach in Rom 1000 Doppelschritten = ca. 1470–1490 m.

heute:
- 1 cm (Zentimeter) = 10 Millimeter (Millimeter)
- 1 (Meter) = 10 dm (Dezimeter) 100 cm (Zentimeter) 1000 mm (Millimeter)
- 1 km (Kilometer) = 1000 m (Meter)
- 1 Meile (amerikanische / britische) = 1609 m (Meter)
- 1 sm (Seemeile) = 1852 m (Meter)

Flächenmaße:

früher:
- Eine Hufe: schon im Mittelalter benutztes Flächenmaß; ursprünglich die Ackerfläche, von der eine Familie leben konnte (ca. 10 ha).
- Ein Morgen: ursprünglich die Ackerfläche, die man mit einem Ochsen- oder Pferdepflug an einem Morgen beackern konnte; entsprach in den verschiedenen deutschen Ländern als Flächenmaß zwischen 2000 m^2 und 6500 m^2; hatte ab 1869 in Deutschland 2500 m^2 = 0,25 ha.

heute:
- 1 m^2 (Quadratmeter) = 1 m · 1 m
- 1 ha (Hektar) = 100 m · 100 m = 10 000 m^2
- 1 km^2 (Quadratkilometer) = 1 km · 1 km = 1000 m · 1000 m
- 1 km^2 (Quadratkilometer) = 100 ha

Raummaße (Hohlmaße):

früher:
- Ein Klafter: entsprach früher zwischen 2,8 und 3,5 m^3 geschichtetem Holz.
- Ein Schoppen: entsprach ab 1869 in Deutschland 0,5 l.
- Ein Seidel: entsprach in Bayern 0,5 l.

heute:
- 1 l (Liter) = 1 dm^3 (Kubikdezimeter) = 1 dm · 1 dm · 1 dm = 1000 cm^3 (Kubikzentimeter)
- 1 m^3 (Kubikmeter) = 1 m · 1 m · 1 m
- Ein Festmeter: entspricht 1 m^3 fester Holzmasse.
- Ein Raummeter: entspricht 1 m^3 lose geschichtetem Holz.